Bevölkerungsorientierte
Familienpsychiatrie

Klinische Psychologie und Psychopathologie

Herausgeber: Prof. Dr. med. Dr. phil. Helmut Remschmidt

Band 53

Bevölkerungsorientierte Familienpsychiatrie

Gerald Caplan

Übersetzt von
Karlheinz Brandt

Ferdinand Enke Verlag Stuttgart 1989

Prof. Dr. Gerald Caplan
Jerusalem Institute for the
Study of Psychological Stress
6 Jabotinsky Street
IL – 92 182 Jerusalem
Israel

Übersetzer:
Dipl.-Psych. Karlheinz Brandt
Kemptener Straße 80
D-8990 Lindau

CIP-Titelaufnahme der Deutschen Bibliothek

Caplan, Gerald:
Bevölkerungsorientierte Familienpsychiatrie / Gerald Caplan.
[Übers.: Karlheinz Brandt]. – Stuttgart : Enke, 1989
(Klinische Psychologie und Psychopathologie ; Bd. 53)
Aus d. Ms. übers.
ISBN 3-432-97941-X

NE: GT

Deutsche Originalausgabe

Satz: G. Heinrich-Jung, D-7120 Bietigheim-Bissingen, 10/11 Times, Linotronic 300
Druck: Betz Druck GmbH, D-6100 Darmstadt 5 4 3 2 1

Geleitwort

In diesem Buch berichtet der Altmeister der Gemeindepsychiatrie und Prävention über Interventionsansätze, die er in verschiedenen Phasen seiner langen beruflichen Tätigkeit entwickelt und angewandt hat.

Sie haben alle folgendes gemeinsam:

1) Sie sind an den Bedürfnissen spezieller *Bevölkerungsgruppen* orientiert. Dies beruht auf der Einsicht, daß psychische Probleme und Krisen, aber auch psychiatrische Erkrankungen nur im jeweiligen soziokulturellen Kontext ganz verstanden werden können. Die jetzige Tätigkeit des Verfassers in Jerusalem hat diese Sicht noch verstärkt. Er hat sich im übrigen in seinem Buch „Arab and Jew in Jerusalem. Explorations in Community Mental Health" (Harvard University Press 1980) in sehr grundlegender Weise mit den Implikationen unterschiedlicher religiöser, kultureller und politischer Auffassungen für die seelische Gesundheit beschäftigt.

2) Sie konzentrieren sich ebenso auf die *Familie* als die wichtigste und tragende Gemeinschaft im menschlichen Zusammenleben. Die Wandlungen von Familien in unterschiedlichen sozio-kulturellen Kontexten haben *Caplan* von jeher intensiv beschäftigt. Durch den Anstieg der Scheidungsrate in allen westlichen Ländern, aber auch im modernen Israel, wurde er angeregt, eine neue Einrichtung zur Betreuung von Scheidungskindern und ihren Eltern zu begründen.

3) Sie konzentrieren sich ferner auf besondere *Belastungssituationen* von Kindern, Familien und Bevölkerungsgruppen. Als Beispiel für solche wurden in diesem Buch „Kinder mit lebensbedrohlichen Erkrankungen und ihre Eltern" sowie „Scheidungskinder und ihre Eltern" herausgegriffen.

4) Sie gehen von einem *interdisziplinären Ansatz* aus, in dem zwar der Kinder- und Jugendpsychiater die koordinierende Rolle spielt, aber auch Mitarbeiter anderer Disziplinen einen festen Platz haben, auch in Leitungsfunktion.

Wer *Gerald Caplan* in seinem jetzigen und früheren Tätigkeitsfeld erlebt hat, der spürte sowohl die Energie, die hinter seinen Initiativen steht, als auch die menschliche Betroffenheit durch die seelische Not von Kindern und ihren Eltern, die ihn stets zu neuen Präventions- und Interventionsideen und ihrer Verwirklichung drängte. So hat er nach seiner Emeritierung von der Harvard-Universität eine neue kinder- und jugendpsychiatrische Abteilung an der Hadassah-Universität in Jerusalem aufgebaut. Nachdem er die Leitung dieser Abteilung niedergelegt hatte, begründete er ein Institut für Streßforschung und für die Betreuung von Scheidungskindern und ihren Familien. Es kann mit Sicherheit angenommen werden, daß weitere Initiativen bereits geplant sind.

Diese biographischen Hinweise sollen verdeutlichen, daß dieses Buch, abgesehen von seinem sachlichen und fachlichen Gehalt, auch ein sehr persönliches Buch ist. Es ist die Bilanz eines bedeutenden Kinderpsychiaters, der als Jude in

England geboren wurde, in London und in den USA tätig war, der die Summe seiner Erfahrungen zuletzt seinem Heimatland Israel zur Verfügung gestellt hat und der diesem Land hilft, mit aktuellen Problemen auf dem Gebiete der seelischen Gesundheit besser fertig zu werden.

Es ist zu wünschen, daß die mit dem Namen *Gerald Caplan* verbundenen Ansätze der Gemeindepsychiatrie und der Prävention auch in unserem Lande mehr Verbreitung finden. Dazu soll dieses Buch beitragen.

Marburg, im März 1989 *H. Remschmidt*

Vorwort

Dieses Buch soll meinen Kollegen im Bereich der Psychiatrie, im öffentlichen Gesundheitswesen, im Pflege- und Erziehungsbereich sowie in der Rechtsberatung und in den Wohlfahrtsdiensten meine jüngsten Ideen und Vorgehensweisen vermitteln. Dabei bin ich bemüht, ein zusammenhängendes Bild meiner derzeitigen Berufsauffassung und -ausübung zu präsentieren, wie sie sich aus meiner Erfahrung der letzten 15 Jahre ergeben hat. Dabei möchte ich eine Aufgliederung in die folgenden drei Stufen meiner beruflichen Karriere vornehmen:

a. Während der ersten Stufe leitete ich die Abteilung für Gemeindepsychiatrie an der medizinischen Schule von Harvard in den Vereinigten Staaten. Diese Abteilung ist ein Hochschulinstitut, in dem die psychosozialen Faktoren bei der Entstehung psychischer Störungen und die Entwicklung von Konzepten und Methoden der Präventivpsychiatrie erforscht werden sowie gemeindepsychiatrische Programme für die Pflege, Überwachung und Rehabilitation psychischer Störungen erstellt werden. Dieses Institut bietet auch Ausbildung für Spezialisten an wie Oberärzte, Psychologen, Sozialarbeiter, Pflegepersonal und Sozialwissenschaftler, die sich auf die Übernahme von Führungsposten an Universitäten und bei gemeindepsychiatrischen Projekten des Staates oder der Länder vorbereiten wollen. Der Mitarbeiterstab des Institutes ist multidisziplinär, was ebenso von den Studenten gesagt werden kann. Er setzt sich zusammen aus Psychiatern, Psychologen, Sozialarbeitern, Pflegepersonal, niedergelassenen Ärzten, Soziologen, Anthropologen, Politikwissenschaftlern, Rechtsanwälten, Wirtschaftswissenschaftlern, Architekten und Stadtplanern. Alle diese Kollegen haben einen erheblichen Einfluß auf den Inhalt meiner Ideen und Veröffentlichungen, doch das gleiche gilt für die mehr als 100 Absolventen unserer Ausbildungsprogramme für Spezialisten, die hernach Schlüsselpositionen in der Verwaltung oder im Unterrichtswesen besetzen und mich über die Jahre hinweg wissen ließen, wie sie unsere Konzepte verändert haben, um sie den Erfordernissen und Zwängen der Realität von Organisationen anzupassen.

b. Die zweite Stufe erstreckte sich von Januar 1977 bis März 1985. In dieser Zeit errichtete und leitete ich eine Abteilung für Kinder- und Jugendpsychiatrie am jüdischen Hadassah-Universitätskrankenhaus in Jerusalem, Israel. Abgesehen von der Behandlung psychisch gestörter Kinder bestand hier meine Hauptaufgabe darin, die psychosozialen Bedürfnisse von Kindern und Jugendlichen, die in den allgemeinen Krankenhäusern wegen physischer Krankheiten behandelt wurden, abdecken zu helfen. Ich bot dabei auch den Ärzten, Chirurgen und dem Pflegepersonal meine Beratung und Zusammenarbeit an, um ihnen dabei zu helfen, den psychiatrischen Bereich ihrer täglichen Arbeit zu verbessern. Dies wurde damit begründet, daß Kinderpatienten in allgemeinen Krankenhäusern eine besonders gefährdete Population in bezug auf ihre gegenwärtige wie auch zukünftige psychische Gesundheit darstellen. Während dieser Tätigkeit dehnten meine Mitarbeiter und ich unser Arbeitsgebiet auch auf die Kinder erwachsener Patienten aus, die an Krebs oder anderen lebensbedrohenden und langfristigen

Krankheiten litten, die das Familienleben schwerwiegend beeinträchtigen. Ebenso wandten wir uns den Geschwistern von Kindern zu, die an gravierenden köperlichen Erkrankungen litten. Zusätzlich zu meiner Krankenhaustätigkeit in Jerusalem arbeitete ich mit den israelischen Zivilschutzbehörden zusammen, die den Auswirkungen des Krieges und des Terrorismus begegnen wollten. Dies gab mir die Gelegenheit, mein Verständnis von Reaktionen einzelner, von Familien und von seiten der Allgemeinheit auf schwerwiegende, von Menschen verursachte Belastungen zu erweitern und wichtige Erfahrungen zu sammeln, wie man Dienste aufbauen kann, welche die schädlichen psychischen Auswirkungen solcher Ereignisse verhindern und bekämpfen.

c. Seit April 1985 arbeite ich an dem Institut zum Studium psychischer Belastung in Jerusalem, bei dessen Aufbau ich mithalf. Dabei konzentriere ich mich insbesonders auf die Entwicklung eines Programms zur Vorbeugung psychischer und sozialer Störungen bei Kindern geschiedener oder getrennter Eltern. Diese Kinder stellen die größte und wichtigste Risikogruppe bei den Kindern der Gegenwart dar, weshalb sie das wichtigste Ziel der vorbeugenden Kinderpsychiatrie sind. Bei dieser Arbeit geht es darum, ein Programm zu entwickeln, das sich in die Rechtspraxis der Gerichte einfügt und die Bereiche der Jurisprudenz, der Wohlfahrtsdienste, der Psychiatrie, der primären medizinischen Versorgung, des Erziehungswesens und der Religion berücksichtigt. Es handelt sich also um eine Aufgabe, für die alle Lektionen, welche ich in meiner vorhergehenden Berufslaufbahn gelernt habe, von Bedeutung sind und die Entwicklung innovativer Theorien und Methoden verlangt, die sich zur Anwendung im „offenen" Gemeinwesen eignen, also in der unstrukturierten und unorganisierten Lebenssituation von Menschen wie auch in der Zusammenarbeit mit bestimmten Beratungsorganisationen und Institutionen.

Diese Zusammenfassung der verschiedenen Arbeitsbereiche, in welchen ich die in diesem Buch vorgestellten Ideen entwickelte, soll die Wahl des Titels *Bevölkerungsorientierte Familienpsychiatrie* erklären helfen. Ich habe dabei den Terminus „Psychiatrie" gewählt, weil er mir präziser erscheint als „Psychohygiene". Die Psychiatrie ist ja auch der Bereich der Medizin, der mit den Ursachen der Verhütung und der Behandlung von Geisteskrankheiten befaßt ist, zu denen der gesamte Bereich psychischer Störungen zählt. Der Terminus „Psychohygiene" ist hingegen zweideutig; manchmal bezieht er sich auf erwünschtes und störungsfreies Verhalten (die sogenannte „gesunde Psychohygiene"), ein andermal bezeichnet er wiederum genau das Gegenteil, nämlich *un-gesundes* psychisches Verhalten, und ist dabei nichts anderes als ein Euphemismus, der einem die Bezeichnung „Geisteskrankheit" ersparen soll. Daher ist eine „Klinik für *Psychohygiene*" oder ein „Zentrum für psychische *Gesundheit*" gewöhnlich eine Einrichtung zur Behandlung „psychischer *Un-Gesundheit*".

Obwohl Ärzte mit ihrer spezialisierten Ausbildung und Erfahrung im Rahmen der familienorientierten Psychiatrie Schlüsselfunktionen innehaben sollten, erachte ich es für unabdingbar wichtig, daß ebenso nichtmedizinische Spezialisten aus Pflege- und Beratungsberufen an diesen Schlüsselfunktionen teilhaben und, wo dies möglich ist, auch Führungsrollen übernehmen sollten. Diese Auffassung begründe ich damit, daß sowohl bei der Verursachung ungesunden psychischen Verhaltens als auch bei der Erstellung von Vorbeugungs- und Behandlungsprogrammen für psychische Erkrankungen jeweils ein breites Spektrum biologischer, psychosozialer, soziokultureller, wirtschaftlicher, verwaltungstechnischer und politischer Faktoren mitwirkt. Daher sollten Spezialisten aus diesen Bereichen außerhalb der Medizin bei der Bekämpfung dieser Probleme mitarbeiten.

Die familienorientierte Psychiatrie unterscheidet sich von der traditionellen individuumzentrierten Psychiatrie oder der psychiatrischen Behandlung von Einzelfamilien darin, daß sie Vorbeugungs- und Behandlungsprogramme zu entwickeln sucht, welche nicht nur auf gerade in Behandlung stehende individuelle Patienten und ihre Familie zugeschnitten sind. Vielmehr sollen sie auch all denjenigen eine Hilfe sein, die an ähnlichen Problemen leiden oder ähnlichen Risikofaktoren ausgesetzt sind, unabhängig davon, ob sie bereits in Behandlung sind oder als Problemträger identifiziert wurden. Ich hoffe, daß dieses Buch den Lesern die nötige Information bieten wird, um die entscheidenden Unterschiede zwischen diesen Ansätzen erkennen zu können.

Gerald Caplan

Inhalt

1. Kapitel
Überblick 1

2. Kapitel
Kinderpsychiatrie in historischer Perspektive 9

3. Kapitel
Sozialer Rückhalt und Streßbewältigung 27

4. Kapitel
Praktische Anwendungen des Organisationsmodells „Sozialer Rückhalt“
in kinder- und jugendpsychiatrischen Projekten 51

5. Kapitel
Prinzipien und Methoden der stützenden Intervention
bei Eltern eines todkranken Kindes 73

6. Kapitel
Probleme der Mutter-Kind-Bindung 89

7. Kapitel
Vorbeugende Maßnahmen gegen das Entstehen von psychischen und
Milieuschäden bei Scheidungskindern 109

Sachregister 144

1. Kapitel

Überblick

Dieses erste Kapitel beinhaltet eine Zusammenfassung und Verknüpfung der Themen der nachfolgenden Kapitel. Um die familienorientierte Psychiatrie als sinnvolle Gesamtheit darstellen zu können, ist es notwendig, ein breites Spektrum von theoretischen und praktischen Themen mit unterschiedlichen Schwerpunkten und Komplexitätsgraden darzustellen. Dieses Spektrum reicht von gesellschaftlichen bis hin zu individuellen Aspekten, z.B. historischen, politischen, planerischen, organisatorischen, verwaltungstechnischen, familiären und persönlichen. Dieses Kapitel soll diese Aspekte so zu einem Ganzen vereinigen, daß sich daraus ein Muster ergibt, das den Leser auf die verschiedenen Schwerpunkte der nachfolgenden Kapitel vorbereiten soll; damit soll die Relevanz dieser einzelnen Aspekte, bezogen auf das zentrale Thema, verständlich werden.

Im zweiten Kapitel, Kinderpsychiatrie in historischer Perspektive, wird versucht, die bisherigen Erfahrungen auf die Planung familienorientierter Dienste hin anzuwenden, wobei der Schwerpunkt meiner Darstellungen auf der Organisationsstruktur und dem berufsständischen Vorgehen der ambulanten kinderpsychiatrischen Dienste liegt. Ich zeige dabei auf, wie kinderpsychiatrische Kliniken, welche in den Vereinigten Staaten während der zwanziger Jahre hauptsächlich deshalb gegründet wurden, um das Fortdauern psychischer Erkrankungen bei Kindern ins Erwachsenenleben hinein zu verhindern, mit Problemen konfrontiert wurden, die sie dazu zwangen, ihre Orientierung aufs Gemeinwesen hin aufzugeben und sich auf die Diagnose und Behandlung individueller kranker Kinder und deren Familien zu beschränken. Ich gehe den Problemen nach, welche diese Entwicklung bewirkten, und zeige dabei auf, wie sie zu einer Beschränkung der Ziele und einem Wandel in der Orientierung führten. Diese Problemanalyse nutze ich dann dazu, praktikable Wege vorzuschlagen, wie man den Organisationsaufbau einer Kinderpsychiatrie verändern kann und wie man die Handlungsmodelle einer solchen Einrichtung und auch die Methoden und Techniken ihrer Mitarbeiter so verändern kann, daß diese psychiatrischen Einrichtungen wieder zu ihrer ursprünglichen gemeinwesenorientierten Aufgabe und zu ihrer vorbeugenden Funktion zurückkehren können. Anhand dieser Vorschläge werde ich die Leser mit einigen der zentralen Konzepte und Methoden der familienorientierten Psychiatrie bekannt machen können, die ich im übrigen noch ausführlicher in den nachfolgenden Kapiteln beschreiben werde.

Im darauffolgenden Kapitel, sozialer Rückhalt und Streßbewältigung, stelle ich einige der konzeptionellen und methodologischen Grundlagen der familienorientierten Psychiatrie vor, die gleichsam den Rahmen für den Rest des Buches darstellen. Dieses Kapitel befaßt sich mit extremem psychologischen Streß, wie ihm die Zivilbevölkerung im Krieg oder bei Terrorismus begegnet; wahrscheinlich können jedoch daraus abgeleitete Erkenntnisse auch auf andere Art starker psychischer Belastung angewandt werden, wie sie sich z.B. bei lebensbedrohenden Erkrankungen oder bei Todesfällen in Familien ergeben. Ergänzend dazu stelle ich einen Sammelbericht verschiedener empirischer Forschungen aus der Fachliteratur vor, die die Hypothese unterstützen, daß solche Belastungen das Risiko nachfolgender psychischer Störungen bei den Betroffenen erhöhen, allerdings nur dann, wenn diese Menschen ohne einen bestimmten psychosozialen Rückhalt während der Belastungsperiode auskommen mußten. Mit anderen Worten: Das Bestehen eines solchen psychosozialen Rückhalts mildert die ansonsten schädlichen Auswirkungen solcher Belastungen.

Weiter wird in diesem Kapitel untersucht, auf welche Weise psychischer Streß die Anfälligkeit für psychische Störungen erhöht und psychosozialer Rückhalt dies verhindern kann. Dabei wird die Bedeutung der kognitiven Dimension bei der Reaktion eines Individuums auf eine von ihm als gefährlich wahrgenommene Situation diskutiert und werden die gewöhnlich auftretenden Aspekte des kognitiven Funktionsverlustes bei Menschen unter Belastung beschrieben; dazu gehören Aufmerksamkeits- und Konzentrationsverlust, Gedächtnisstörungen, eingeschränkte Urteils- und Entscheidungsfähigkeit und Unsicherheit bezüglich des Selbstkonzeptes und der Identität. Ich beschreibe die emotionalen Veränderungen, welche sich während und nach solchen Belastungen ergeben, sowie die dabei auftretenden Zugehörigkeitsbedürfnisse und die erhöhte Suggestibilität und diskutiere, wie diese Faktoren und ebenso die physische und psychische Erschöpfung die kognitiven Funktionen des Menschen beeinflussen können.

Im weiteren beschäftigt sich das Kapitel damit, wie sich belastete Menschen durch ihre eigenen Aktivitäten vor schädlichen Nachwirkungen schützen können. Sodann wird das Phänomen der „gelernten Hilflosigkeit" beschrieben, das in Tierversuchen von Psychologen erzeugt wurde; Tiere wurden schmerzhaften Reizen unter Bedingungen ausgesetzt, unter denen sie keine Möglichkeit hatten, sich zu bewegen oder zu fliehen, und wurden daraufhin passiv und untätig, d.h. kamen in einen ähnlichen Zustand wie deprimierte Menschen, die sich hilflos fühlen und keine aktiven Versuche machen, sich vor der Belastung zu schützen. In diesem Zusammenhang diskutierte ich das Phänomen der zwanghaften Neugierde, die häufig von Schaulustigen nach einem Unfall oder einer Katastrophe gezeigt wird und die ich als eine Form eines kognitiven Bewältigungsversuches verstehe, um einem Gefühl der Hilflosigkeit Herr zu werden, das sich aus der Wahrnehmung des Kontrollverlustes bei den Opfern ergibt.

Im restlichen Teil des Kapitels wird aus diesen Erkenntnissen heraus zu erklären versucht, wie bestimmte Aspekte des psychosozialen Rückhaltes Menschen bei ihrem Kampf um die kognitive Bewältigung helfen können, eine belastende Erfahrung so überstehen zu können, daß sie in der Folge keine erhöhte Anfälligkeit für psychische Störungen zeigen. Zu diesem psychosozialen Rückhalt gehören: eine entsprechende Organisation des sozialen Umfeldes, zeitweise Rückzugsmöglichkeiten, um die Auswirkung unerträglicher Reizsituationen zu reduzieren, die Möglichkeit zur Vorbeugung und Erholung von Erschöpfungszuständen sowie fürsorgliche Helfer. Diese können die Einbußen der kognitiven Funktionen des belasteten Individuums kompensieren, indem sie seine Neugierde durch Informationen befriedigen, ihm eine Stütze für seine Identität sein können, zu zielgerichtetem Handeln animieren, Hoffnung wecken und an autonomes Handeln gewöhnen können. Schließlich können sie dabei helfen, mit den aufgewirbelten negativen Gefühlen, welche die kognitiven Fähigkeiten einschränken, fertig zu werden. Dies sind die Elemente des psychosozialen Rückhaltes, der die schädlichen Auswirkungen psychischen Stresses mildert. Diese Auflistung enthält, wie im darauffolgenden Kapitel erörtert, Ansätze für vorbeugende Interventionsmaßnahmen.

Das 4. Kapitel mit der Überschrift „Praktische Anwendung des Organisationsmodells 'Sozialer Rückhalt' in kinder- und jugendpsychiatrischen Projekten" setzt den Anfang zu einer durch das ganze Buch führenden Diskussion über die konkreten Praxisbedingungen für familienorientierte Psychiater und ihre Kollegen. Anhand anschaulicher Beispiele beschreibe ich in diesem Kapitel, wie ich mit meinen Kollegen zusammen psychosoziale Unterstützungsmaßnahmen für Kinderpatienten in einem allgemeinen Krankenhaus organisierte. Bei unserem Vorgehen riefen wir unter anderem eine Gruppe von Helfern für ein bestimmtes Kind zusammen und brachten das Kind auf diese Weise mit einem Netzwerk natürlicher Helfer zusammen, d.h. mit der Familie, Freunden, Nachbarn, Schulkameraden und mit informellem Pflegepersonal sowie mit Schlüsselpersonen aus seiner ethnischen und religiösen Gemeinschaft; gleichzeitig schufen und leiteten wir einen persönlichen Hilfsdienst aus den Ärzten, Chirurgen, Krankenschwestern und dem Krankenhaushilfspersonal. Dieses Kapitel beschäftigt sich im besonderen mit den Methoden, die ich bei der Lösung dieser Aufgaben anwandte.

Im weiteren geht es dann darum, wie der vorbeugend arbeitende Psychiater den Inhalt der Unterstützung des belasteten Kindes sowie seiner Familie durch die anvisierten Helfer bestimmt; zudem wie er die Lücken füllen sollte, wenn wesentliche Elemente des psychosozialen Rückhaltes fehlen, und schließlich wie die Psychiater die Helfer durch entsprechende Anleitung und emotionale Unterstützung bei ihrer Arbeit begleiten sollen.

Die zweite in diesem Kapitel beschriebene Methode handelt vom Aufbau eines Paares für gegenseitige Hilfe. Dabei geht es darum, ein anderes, etwa gleichaltriges Kind wie das Patientenkind zu finden, das in seiner Vergangenheit eine ähnliche Krise erfahren und gemeistert hat, und diese beiden dann zusammenzubringen. Diese beiden Kinder entwickeln infolge der gegenseitigen Identifikation rasch eine Bindung zueinander. Ihre Interaktion entwickelt sich zu einer gegenseitigen Helferbeziehung, wobei der Genesene stellvertretend das Gefühl passiven Leidens infolge von Hilflosigkeit wiederempfindet, dem er damals wahrscheinlich selbst ausgesetzt war, und er gleichzeitig seinen eigenen erfolgreichen Umgang mit der Situation verstärkt erleben kann, indem er sich aktiv als Modell für die Bewältigung dieser Belastungen anbietet. Das kranke Kind hingegen gewinnt aus diesem authentischen Beispiel dessen, was es selbst zukünftig auch erreichen kann, Hoffnung und Selbstvertrauen.

Eine dritte Methode in diesem Kapitel beschäftigt sich mit dem Aufbau einer Vereinigung für gegenseitige Hilfe oder mit dem Vermitteln eines Patienten und seiner Familie zu einer bereits existierenden Vereinigung dieser Art. Solche Vereinigungen bauen sich auf dem positiven Widerhall auf, der von den Paaren für gegenseitige Hilfe ausgeht, indem noch einige hilfreiche Elemente aus dem Wissen um den Aufbau von Gruppen und Organisationsstrukturen hinzugefügt werden. Die Betonung liegt in diesem Kapitel auf dem qualitativen Unterschied zwischen dieser nicht-professionellen Hilfe, die sich aus dem Prozeß gegenseitiger Identifikation, persönlicher Nähe und Spontaneität ergibt, und jener traditionellen, einseitigen Hilfeleistung professioneller Art, die sich nicht auf Identifikation, sondern auf Empathie gründet bzw. auf professionelle Distanz und die Anwendung standardisierter Methoden.

Das Kapitel schließt mit einer Auflistung von Beispielen gegenseitiger, persönlicher Hilfsorganisationen für Kinder und Jugendliche wie „Kinder unterrichten Kinder", „Ältere helfen Jüngeren" sowie organisierte kulturelle, religiöse oder freizeitbezogene Aktivitäten für notleidende Kinder wie Kriegswaisen; des weiteren sind Beispiele über die Förderung informeller gegenseitiger Hilfe für Kinder und Eltern im Rahmen von Krankenhausstationen und von Organisationen von Eltern für gegenseitige Hilfe aufgeführt.

Im Kapitel 5 wird mein Ansatz weiterentwickelt, indem die Anwendung der Organisation sozialen Rückhaltes bezogen auf die Bedürfnisse von Eltern und Kindern mit tödlichen Krankheiten beschrieben wird. Ich berichte dort über den Fall eines dreijährigen Jungen, der an einem Hirntumor litt, und beschreibe die Unterstützungsmaßnahmen, die ich dem Kind und seinen Eltern vor und nach der Operation gab und die Art, wie ich den Eltern half, mit der Tragödie der postoperativen Beschwerden des Kindes und seines Todes fertig zu werden. Ich teile dabei im einzelnen die Schritte mit, die ich unternommen habe, und stelle damit gleichzeitig ein praktisches Beispiel des hilfreichen Intervenierens eines vorbeugend arbeitenden Psychiaters dar. Diese Interventionsformen enthalten freilich auch Hinweise für andere Angehörige von Heil- und Pflegeberufen. Mein Vorgehen untergliedert sich in folgende Einzelschritte: als erstes den Aufbau einer engagierten, warmherzigen und persönlichen Beziehung des Helfers zu den Eltern, deren Intensität jeweils dem Bedürfnis der Eltern nach Unterstützung angepaßt wurde; sodann das *Vermitteln* zwischen den Eltern und dem Krankenhaus, wozu das Sammeln, Übermitteln und Bewerten medizinischer Informationen gegenüber den Eltern, sowie das Verdeutlichen der Bedürfnisse der Eltern gegenüber den Ärzten des Kindes gehört; sodann die *direktive Anleitung* der Eltern, um ihre belastungsbedingten kognitiven Einschränkungen zu kompensieren; sodann die *Vertiefung* und *Bestätigung* des gegenseitigen Rückhaltes zwischen den Eltern sowie das Anregen und Verwirklichen von Unterstützungen durch vorhandene Freunde und Vertreter religiöser Gruppen; sodann die *Sicherstellung angemessener Ruhephasen*, um die Kräfte der Eltern zu erhalten und möglicher Erschöpfung entgegenzuwirken; sodann das Erleichtern eines *zeitweiligen Rückzuges* in Zeiten von Belastungsspitzen; und schließlich das *Aufrechterhalten der Hoffnung der Eltern* bis zum letzten Lebensmoment des Kindes bzw. das Fördern der Hoffnung, allmählich so weit zu kommen, trotz des unvermeidlichen Trauerschmerzes weiterleben und die Familie zusammenhalten zu können.

Der Fall dieses Kindes war sehr ergreifend und verdeutlicht treffend, welche kognitiven und emotionalen Herausforderungen von einem professionellen Helfer bewältigt werden müssen, der im engen Verbund mit Kindern und deren Eltern die menschlichen Leiden schwerer Erkrankungen, des Todes und der Trauer miterlebt und der für sich die Aufgabe übernimmt, den Überlebenden insoweit Rückhalt zu geben, daß ihnen und ihrer Familie geholfen werden kann, eine erhöhte Anfälligkeit für zukünftige psychische Störungen zu vermeiden.

Das 6. Kapitel mit dem Titel „Probleme der Mutter-Kind-Bindung" ist aus zwei Gründen in dieses Buch aufgenommen worden: Erstens behandelt es einen wichtigen Punkt der vorbeugenden Psychiatrie, da ja eine fehlende oder schwache Bindung einer Mutter an ihr Kind keine Seltenheit ist und einen einflußreichen Faktor in der Entstehung verschiedener schwerer physischer und psychischer Störungen der Kindheit darstellt. Dabei sollte auch erwähnt bleiben, daß einer fehlenden Mutter-Kind-Bindung weitgehend vorgebeugt bzw. sie ziemlich rasch behoben werden kann. Zweitens bringt dieses Kapitel ein gutes Beispiel für den Beitrag, den ein präventiv arbeitender Kinderpsychiater im Rahmen eines pädiatrischen Teams leisten kann, in welchem er die Verantwortung für den psychohygienischen Teil der täglichen Arbeit übernimmt; dazu gehört sowohl ein Unterstützungsangebot an die Ärzte-, Pfleger- und Sozialarbeiterkollegen wie auch der Versuch, bestimmte Aspekte einer gemeinsamen Diagnosestellung sowie eines gemeinsamen Vorgehens in der Prävention und bei der Behandlung innerhalb des klinischen Rahmens einzuführen. Diese Arbeitsweise nenne ich *Zusammenarbeit*. Sie unterscheidet sich in den folgenden Punkten von der *Konsultation:* Bei der Zusammenarbeit wird der Psychiater zu einem integrierten Teammitglied in der jeweiligen Krankenhausabteilung und ist daher dort unter der Führung der verantwortlichen Ärzte tätig. Damit übernimmt er auch die Verantwortung für die Ergebnisse der psychiatrischen Betreuung seiner Fälle. Anders bei der Konsultation: Hier kommt der Psychiater nur kurz und ab und zu in die andere Abteilung, dann nämlich, wenn die anderen ihn dazu einladen, weil sie sich einem psychischen Problem gegenüber sehen, bei dem sie seine Hilfe wollen. Er übernimmt weder für das Behandlungsergebnis noch für die Arbeit seiner Konsultanten irgendeine Verantwortung, unterbreitet ihnen die von ihm für hilfreich befundenen Ideen und überläßt es ihnen, diese zu akzeptieren, zurückzuweisen oder in Teilen zu übernehmen. Dies kann er sich leisten, weil er keinerlei Verantwortung für die Fälle übernimmt. Vom hierarchischen Status her befindet er sich auf gleicher Ebene mit seinen Konsultanten. Dies verhält sich anders, wenn er kooperierendes Mitglied eines gemeinsamen Teams ist; dort steht er über all seinen Kollegen, wenn es um psychiatrische Fragestellungen geht, untersteht andererseits aber dem Chefarzt dieser Abteilung, wenn diagnostische und therapeutische Entscheidungen anstehen. Bewertet also der Psychiater hier eine Fragestellung als sehr wichtig, so muß er seine Teammitglieder und den Chefarzt davon zu überzeugen versuchen, daß sie seine Ideen und Vorschläge mittragen, da es ihm sonst angelastet wird, wenn ein Mißerfolg eintritt. Meine Methoden der Zusammenarbeit werden in diesem Kapitel nicht ausführlich beschrieben. Die Leser werden sich also aus der Beschreibung meiner Arbeit davon ein Bild machen müssen.

Es geht mir in diesem Kapitel ausdrücklich um die Mutter-Kind-Bindung, die ich als dauerhafte persönliche Bindung einer Mutter an ihr Kind definieren möchte. Ich veranschauliche dies anhand von vier Fallberichten und bringe dann noch einen fünften, der sich zwar mit dem gleichen Thema befaßt, aber mit dem Unterschied, daß es um die Bindung eines Vaters an sein Kind geht, nachdem ihm infolge der geistigen Behinderung seiner Frau die Verantwortung für die Fürsorge seiner Kinder übertragen worden war. Bei jedem dieser Fälle beschreibe ich eine Störung in der Bindung, zeige auf, wie diese festgestellt wurde, nehme zu einigen, vermutlich ursächlichen Faktoren Stellung und beschreibe dann, wie ich mit meinen Kollegen zusammen die jeweiligen Probleme anging.

Im weiteren enthält dieses Kapitel einen Überblick über die Fachliteratur, die sich mit der Beziehung, welche sich normalerweise spontan zwischen Mutter und Kind entwickelt, und mit den Umständen beschäftigt, welche für das Wachsen dieser Bindung verantwortlich zu sein scheinen. Dazu gehören vor allem der Körperkontakt von Bauch zu Bauch und der direkte Augenkontakt zwischen Mutter und Kind. Fehlen diese wesentlichen Erfahrungen, wie bei Frühgeborenen, wenn der Säugling isoliert von seiner Mutter in einem Brutkasten liegt, oder wie bei Kindern mit angeborenen Anomalien, welche ärztliches Eingreifen und Pflege notwendig machen und damit den normalen Kontakt zur Mutter verhindern, oder wenn eine kranke Mutter stationär behandelt werden muß, so kann es dazu kommen, daß sich die Mutter-Kind-Bindung nicht entwickelt. Eine solche Bindung kann angeregt werden, indem die Mutter unter Anleitung eines Rollenmodells lernt, ihrem Säugling die nötige Fürsorge zukommen zu lassen, indem sie ihn an der Vorderseite ihres Körpers hält und den Augenkontakt mit ihm aufrechterhält.

Anschließend werden in diesem Kapitel diese Probleme bezogen auf die Fallbeispiele diskutiert und aufgelistet, welche Hinweise Kinderärzte, Pflegepersonal und andere mit Kindern arbeitende Menschen auf die Möglichkeit fehlender oder gestörter Mutter-Kind-Bindung aufmerksam machen sollten; zudem wird – als diagnostische Hilfe – das charakteristische Bindungsverhalten zwischen Müttern und Kindern beschrieben. Das Kapitel schließt mit Vorschlägen ab, wie Bindungsstörungen vorgebeugt werden kann, indem auf Frühgeborenenstationen, Intensivstationen und kinderchirurgischen Stationen für einen angemessenen Körperkontakt zwischen Müttern und Kindern gesorgt wird; des weiteren, wie das Wachsen dieser Bindung, sofern sie noch nicht stattgefunden hat, anhand von bestimmten Methoden angeregt werden kann, so durch Rollenmodelle als Vorbilder angemessenen Verhaltens und gezielte Förderung des Körper- und Augenkontaktes zwischen Müttern und ihren Säuglingen, deren Bindung ungenügend ist.

Im letzten Kapitel, mit dem Titel „Vorbeugende Maßnahmen gegen das Entstehen von psychischen und Milieuschäden bei Scheidungskindern", formuliere ich einige Gedanken, die aus meiner derzeitigen Forschungstätigkeit entspringen. Gleichzeitig stellt es ein praktisches Handlungsbeispiel für einen familienorientierten Psychiater dar. Ich versuche in diesem Kapitel philosophische, organisatorische und methodische Probleme der Verhinderung psychischer Störungen bei Kindern zu lösen, die der familiären Hauptbelastung unserer Tage, der Trennung oder Ehescheidung, ausgesetzt sind. Gleichzeitig erfahren diese Kinder eine Verringerung des sozialen Rückhaltes, weil die Eltern ganz mit ihrem Ehekonflikt beschäftigt und häufig wegen des Auseinanderbrechens der Ehe deprimiert sind. Diese Konstellation stellt das Musterbeispiel des psychischen Gesundheitsrisikos dar: hohe Belastung gepaart mit geringem psychosozialen Rückhalt.

Im ersten Abschnitt dieses Kapitels begründe und verteidige ich einen aktiven Interventionsansatz, d.h. der präventiv Arbeitende muß bei Interventionen in Scheidungsfamilien *die Initiative übernehmen,* und zwar auch dann, wenn er von ihnen nicht dazu aufgefordert wurde. Dies ist eine unausweichliche Konsequenz des Modells der primären Prophylaxe: Der vorbeugend arbeitende Psychiater hat es mit derzeit noch gesunden Menschen zu tun, die er aber als in der Zukunft gefährdet einschätzt, obwohl vielleicht nur wenige der Betroffenen selbst sich der zukünftigen Gefahren bewußt sind. Aber wie will er nun solch eine ungebetene Intervention in dem Bereich, den die meisten Menschen in einer demokratischen Gesellschaft als Privatsphäre betrachten, rechtfertigen? Wie kann er die gesellschaftliche Billigung eines solchen Übergriffes erreichen? Wie kann er dem Vorwurf liberal gesinnter Menschen entgehen, daß er sich in eine Elternrolle begibt?

Ich glaube, daß ich diese grundlegenden Fragen zufriedenstellend beantworten kann, doch betonen meine Antworten ebenso, wie wichtig es ist, sehr bedacht bei der Planung von Projekten und der Entwicklung vorbeugender Methoden und Techniken vorzugehen, um sicherzustellen, daß wir andere Menschen nicht nach unserem Gutdünken herumschubsen, sondern ihre Autonomie soweit wie möglich respektieren und fördern. Dabei müssen wir ihnen auch Möglichkeiten anbieten, unsere Intervention zurückzuweisen, wenn es uns nicht gelingt, ihre Billigung für unsere aktive Rolle in ihrem Leben zu erlangen.

Im zweiten Abschnitt dieses Kapitels stelle ich ein Modell für ein umfassendes Vorgehen der präventiven Intervention vor, das sowohl von diesen Gedanken wie auch von der Erkenntnis geleitet wird, daß die steigenden Scheidungszahlen in unserer Generation zu ausgeprägten Ungleichmäßigkeiten in der Bevölkerung führen. In Israel wird eine von sechs Ehen geschieden, in England eine von dreien und in den USA eine von zweien; die meisten Kinder leiden unter der Scheidung und ihren Konsequenzen, doch nur eine Minderheit von ihnen wird krank – immerhin aber eine große Minderheit von möglicherweise bis zu 30%. Natürlich ist der traditionelle Anspruch, „das Wohl und die Interessen des Kindes zu wahren", nur eine idealistische Formulierung, die man heutzutage ersetzen sollte durch die Formulierung: „dem Kind den geringsten Schaden zuzufügen". Wie aber kann dies durch geplante Maßnahmen erreicht werden, welche die Hindernisse, nämlich Größe und Heterogenität der Bevölkerung, in Angriff nehmen und sich zudem mit den potentiellen Gefahren beschäftigen, die im weiteren Verlauf der Kindheit drohen und nicht nur auf den Abschnitt der unmittelbaren Scheidungskrise und der Aufteilung der Familie auf zwei Elternhäuser beschränkt sind? Das von mir vorgeschlagene Modell möchte diesen Fragen durch den Aufbau eines organisatorischen Rahmens begegnen, der über viele Jahre hinweg einen wiederholten, anlaßbezogenen Einsatz professioneller Helfer erlaubt, der im weiteren von nicht-professionellen Helfern im Rahmen von Subsystemen für gegenseitige Hilfe ergänzt und unterstützt wird.

Im dritten Abschnitt dieses Kapitels beende ich das Buch mit einer Kurzbeschreibung einer Reihe von unterstützenden Methoden und Techniken, aus der sich die Leser jene aussuchen können, welche für die individuellen Bedürfnisse, Ressourcen und Grenzen ihrer Klienten geeignet sind. Meine nachfolgende These hat sich mittlerweile in der familienorientierten Psychiatrie eingebürgert: Wir müssen bereit sein, mit *allen* Gefährdeten zu arbeiten und unser Hilfsangebot auf ihre speziellen Bedürfnisse zurechtzuschneidern, anstatt eine Methode zu perfektionieren und dann Klienten zu suchen, die für diese Methode geeignet sind, während wir die „Ungeeigneten" zurückweisen. Dies verlangt von uns die Entwicklung eines breiten Spektrums von Methoden und Techniken und deren ständige Erneuerung und Entwicklung, um sie den speziellen Bedürfnissen von Individuen, Familien sowie kulturellen und sozioökonomischen Randgruppen, deren spezifische Eigenheiten unser jeweils derzeitiges Repertoire überfordern, anpassen zu können. Das ist freilich ein hoher Anspruch, und der methodologische Teil dieses Kapitels stellt demgegenüber nur einen bescheidenen Anfang dar. Ich glaube aber, daß er in die Richtung zeigt, in welche wir uns bewegen sollten, wenn wir ernsthaft die Herausforderung familienorientierter Arbeit annehmen wollen.

2. Kapitel

Kinderpsychiatrie in historischer Perspektive

Im Jahre 1948 veröffentlichten *John Bowlby* und ich einen Artikel *„Die Ziele und Methoden der Kinderpsychiatrie“* (*Caplan* und *Bowlby* 1948). Wir gaben darin unsere Einschätzung der Kinderpsychiatrie wieder, wie sie sich in entsprechenden Zentren, zumindest in Großbritannien, während der etwa 25jährigen Existenz kinderpsychiatrischer Dienste als organisierte Einheit professioneller Maßnahmen auf dem Gebiet der Psychohygiene entwickelt hatte. *Bowlby* selbst gehörte zusammen mit anderen Psychiatern wie *Emmanuel Miller, Mildred Creak, Kenneth Soddy* und *William Moody* zu der ersten Generation speziell mit Kindern arbeitender Psychiater in Großbritannien, ähnlich wie dies für *Georg Heuyer* in Frankreich, *Maurice Tramer* in der Schweiz und für *Douglas Thom, William Healey, Fred Allen* und *Georg Gardner* in den USA gilt, während ich selbst wie *James Anthony, Albert Solnit* und *Serge Lebovici* zur zweiten Generation gehöre.

Die von mir und *Bowlby* in jenem Artikel vertretenen Ansichten waren stark von unserer Zugehörigkeit zur Psychoanalyse wie auch zum Mitarbeiterstab der Londoner Tavistock Klinik geprägt, die in jenen Jahren nach dem zweiten Weltkrieg als Vorkämpferin psychohygienischer Modelle im zivilen Leben, besonders in der Industrie und im Erziehungswesen, galt. Es ging dabei um den Versuch, Ideen und Techniken aus der psychoanalytischen Individual- und Gruppentherapie mit Techniken in Einklang zu bringen, die aus gruppen- und gemeindepsychiatrischen Ansätzen stammten. Solche Techniken wurden im Rahmen der britischen Armee zur Offiziersauswahl, Rehabilitation heimgekehrter Kriegsgefangener und zur Organisation eines therapeutischen Umfeldes in Armeeinheiten und Rehabilitationseinheiten für emotional gestörte Soldaten angewandt. Dieser Ansatz wurde von uns in jenen Tagen „Soziatrie“ genannt.

Unsere Hauptthese lautete: „Das grundlegende Ziel der Kinderpsychiatrie ist die Förderung der Psychohygiene und die Verhinderung psychischer Störungen sowohl im Kindes- wie im späteren Erwachsenenalter. Es geht darum, die persönlichkeitsformenden Kräfte des kindlichen Lebensumfeldes so zu beeinflussen, daß sich psychische Stabilität und Gesundheit im Kindesalter entwickeln können; zudem kommt es darauf an, auftretende Störungen beim Kind frühzeitig zu behandeln, um sicherzustellen, daß die weitere geistige und psychische Entwicklung ins Erwachsenenalter hinein auf gesunde Weise vor sich geht.“

Des weiteren waren wir der Meinung, daß „die psychische Entwicklung des Kindes sowohl von den ererbten konstitutionellen Faktoren als auch von den Spannungen und Belastungen wie auch von den konstruktiven Kräften in seiner Umgebung abhängt, wobei wir uns auf die Faktoren des persönlichen Umfeldes als potentiell entwicklungsbeschränkende Einflüsse für die Persönlichkeit des Kindes konzentrieren müssen, denn nur diese Einflüsse sind unseren Interventionen und Veränderungsansätzen zugänglich. Der wichtigste Einfluß im Leben eines Säuglings und Kleinkindes ist die Einstellung und Verhaltensweise seiner Mutter und der Familienmitglieder . . . Die Einstellung einer Mutter gegenüber ihrem Kind hängt seinerseits von ihrer eigenen emotionalen Struktur, andererseits von ihren Ideen und Vorstellungen über den Umgang und die Erziehung von Kindern ab . . . Diese Vorstellungen leiten sich wiederum aus den Gebräuchen ab, welche in ihrem kulturellen Umfeld Gültigkeit haben, werden aber andererseits auch von den Lehrmeinungen und Überzeugungen von Ärzten, Hebammen, Familienhelferinnen und Sozialarbeitern u.a. beeinflußt."

Im Einklang mit diesen Überzeugungen befürworteten wir in einem größeren Abschnitt unseres Artikels die Zielsetzung, das Aufgabenfeld des kinderpsychiatrischen Personals auszudehnen. Wir plädierten dafür, daß das hauptamtliche Pflege- und Betreuungspersonal im Gemeinwesen über die jeweils neuesten entwicklungspsychologischen Erkenntnisse für das Säuglings- und Kindesalter unterrichtet würde und ihnen gezeigt würde, wie man Müttern, die von ihren Ehemännern und von Familienhelferinnen unterstützt werden, eine konstruktive Haltung im Verständnis der gängigen Probleme des heranwachsenden Kindes sowie bei deren gesunder Bewältigung beibringen kann.

Im weiteren erklärte der Artikel dann die Arbeitsweise innerhalb der kinderpsychiatrischen Klinik im Umgang mit Kindern, die infolge des Zusammenwirkens ungünstiger konstitutioneller Faktoren mit einer wenig hilfreichen oder gar schädlichen Umgebung ausgeprägte psychische Krankheitsbilder entwickelt hatten und deshalb zur speziellen Diagnose und Behandlung an uns überwiesen worden waren. Dabei konzentrierten wir uns darauf, den gesamten Komplex der biologischen, psychosozialen und soziokulturellen Kräfte, welche auf das Kind einwirken, zu verstehen und zu verbessern. Um dieses Ziel erreichen zu können, traten wir für die Arbeitsform im multidisziplinären Team ein, dem Psychiater, Erziehungspsychologen, Sozialarbeiter und Kinderpsychotherapeuten, die oft von Kinderärzten begleitet wurden, angehörten. Wir definierten die Funktionen und Arbeitsbereiche jedes einzelnen, indem wir ein systematisches Organisationsmuster entwarfen, um gleichzeitig mit allen an den einzelnen Fällen beteiligten ätiologischen Faktoren umgehen zu können, also mit den Faktoren, die beim Kind selbst, bei seiner Mutter, in der Ehebeziehung, in der Schule oder in anderen Bereichen lagen. Wir beschrieben in dem Artikel den Einsatz von Spielzeug bei Einzel- und Gruppentherapien mit Kindern und betonten, daß bei Kleinkindern und Schulkindern, deren emotionale Probleme in die Struktur ihrer Persönlichkeit verinnerlicht worden seien, solch eine Behandlung zwar oft sehr wichtig sei, aber auch abgestützt werden müsse. Hierzu könnten Einzelarbeit mit der Mutter, manchmal eine Ehebehandlung, wie auch spezielle Erziehungsmaßnahmen und eine Veränderung der schulischen Umgebung nützlich sein; in extremen Fällen käme die Fremdunterbringung des Kindes bei Pflegeeltern oder in einem Heim oder Internat in Frage.

Es ist für mich hochinteressant, heute, also 39 Jahre später, zu überprüfen, wieviel von diesen Grundsätzen diesen Zeitraum überdauert hat und auch inwieweit einige von ihnen infolge neuer Erfahrungen und theoretischer Fortschritte verändert worden sind. Etwa zur Hälfte dieses Zeitraumes, im Jahre 1964, habe ich diesbezüglich eine Zwischenbilanz gezogen, als ich anläßlich des 25jährigen Bestehens der psychohygienischen Gesellschaft von New Orleans den Vortrag „Jenseits der kinderpsychiatrischen Klinik" hielt. Zu jener Zeit hatte eine private Stiftung, welche bis dahin eine traditionelle kinderpsychiatrische Klinik in New Orleans unterstützt hatte, den Plan, diese Klinik in ein umfassendes psychohygienisches Zentrum im Rahmen der dortigen Universität einzugliedern. Dies geschah ein Jahr, nachdem Präsident *Kennedy* seine bekannte Aufforderung an den Kongreß gerichtet hatte, es sollten an jedem Ort der Vereinigten Staaten gemeindeorientierte psychohygienische Zentren entstehen. Diese sollten für Menschen aller Altersklassen und mit den verschiedensten Diagnosen innerhalb eines Einzugsbereiches von 80.000 bis 120.000 Einwohnern zugänglich sein und sich auf primäre Prophylaxe bzw. die Frühbehandlung von psychischen Patienten und ihren Familien konzentrieren.

Da ich selbst einer der Architekten dieses Ansatzes war, der in der Folge zur Errichtung von hunderten solcher gemeindeorientierter psychohygienischer Zentren im ganzen Land führte, unterstützte ich natürlich den New Orleans-Plan. In meiner Rede im Jahre 1964 bewertete ich daher die Leistungen und auch die Nachteile traditioneller kinderpsychiatrischer Kliniken und gab Empfehlungen, wie diese Einrichtungen, nach entsprechenden Veränderungen, in das Netz der sich neu entwickelnden Organisationsformen eingegliedert werden könnten. Mein damaliger Hauptkritikpunkt an den kinderpsychiatrischen Kliniken lautete, daß sie häufig ihre präventiven Funktionen aufgegeben hätten, die über die Kliniken hinausreichten, und sich nur noch um die langzeitige ausschließlich psychische Behandlung einer kleinen Anzahl gestörter Kinder und deren Mütter kümmerten. Zudem kritisierte ich, daß sie eine ineffiziente Art der multidisziplinären Teamarbeit unverändert fortbestehen ließen, welche bürokratisch erstarrt war; dies hatte unter anderem zu reduzierten Fallzahlen und langen Wartelisten geführt und so die Isolation der Kliniken vom Gemeinwesen verstärkt. Ich befürwortete die Eingliederung der kinderpsychiatrischen Kliniken in die neuen gemeindeorientierten Projekte, um so Wege zu finden, die Wartelisten zu verhindern und den in persönlichen Krisen steckenden Menschen prompt helfen zu können. Ich setzte mich also dafür ein, zur ursprünglichen Idee der kinderpsychiatrischen Versorgung und eines gemeindeorientierten Vorbeugungskonzeptes auf mehreren Ebenen zurückzukehren und auf diesem Wege das starre bürokratische System der Teams aus Psychiatern, Psychologen und Sozialarbeitern, das sich als so teuer und unwirksam erwiesen hatte, zu beseitigen.

In den vergangenen 23 Jahren hat uns die Erfahrung gezeigt, daß diese Empfehlungen nicht für alle Bereiche gleichermaßen förderlich waren. Zu meiner eigenen Überraschung war meine Empfehlung, die kinderpsychiatrischen Stationen mit den gemeindepsychiatrischen Diensten zu verbinden, am wenigsten förderlich für die Verbesserung der Vorbeugung und der Behandlung psychischer Störungen bei Kindern. Folgendes kam nämlich dabei heraus: Viele Kinderpsychiater, ich selbst eingeschlossen, leisteten umfangreiche Beiträge zur Entwicklung allgemeiner gemeindeorientierter psychiatrischer Dienste, dies allerdings auf Kosten der ständigen Orientierung an den speziellen Problemen der Kinder. Zweifellos haben wir aus unserem Engagement in der vielschichtigen gemeindepsychiatrischen Bewegung viel über multifaktorielle Theorie und Praxis, über die Organisation und Planung im Gemeinwesen sowie über Familien, Nachbarschaft, institutionelle Dynamik und vorbeugende wie auch therapeutische Methoden gelernt; die spezifischen Probleme von Kindern wurden hingegen als weniger wichtig eingestuft und daher in der Tendenz ziemlich vernachlässigt. Meine Rückkehr zur israelischen Kinderpsychiatrie vor 10 Jahren, als ich Professor für Kinderpsychiatrie an den Krankenhäusern der hebräischen Hadassah-Universität und Direktor ihrer kinderpsychiatrischen Kliniken wurde, war teilweise ein Ausdruck meiner Erkenntnis, daß dieser Fehler wiedergutgemacht werden sollte.

Auf der anderen Seite dieses Lernprozesses haben diejenigen, die von den neuen Einsichten und methodischen Fertigkeiten auf der gemeindepsychiatrischen Bewegung für sich profitiert haben, nun die Chance, diese familien- und gemeinwesenorientierten Ansätze in Verbindung mit einigen anderen meiner Empfehlungen aus dem Vortrag von 1964, die heute noch genauso vielversprechend sind wie damals, nutzbringend anzuwenden. Damit beziehe ich mich besonders auf die Verhinderung von Wartelisten, der Entwicklung eines wirklich effizienten multifaktoriellen Präventions- und Behandlungsdienstes und die Vermeidung der Ineffizienz starrer bürokratischer Systeme der Teamarbeit. Während der vergangenen 20 Jahre hat eine Reihe von Untersuchungen in verschiedenen Ländern gezeigt, wie weit es durchführbar und wertvoll ist, diese Empfehlungen umzusetzen, obwohl ich zugeben muß, daß sie auch heute noch als pionierhafte Unterfangen betrachtet werden müssen, deren genauere Auswertung noch abzuwarten ist.

Ich möchte jetzt im weiteren meinen heutigen Erkenntnisstand zu den einzelnen Punkten darlegen.

Verwaltungsfragen

Es ist sehr wichtig, daß eine kinderpsychiatrische Klinik so eigenständig wie möglich ist, so daß sie ihre Aktivitäten frei gestalten und auf unabhängige Weise ihre finanziellen wie auch personellen Ressourcen für den Umgang mit brennenden Problemen der Kinder und ihrer Familien organisieren kann. Ideal ist, wenn die Klinik als unabhängige Institution oder als eigenständige Einheit in Form einer kinderpsychologischen oder kinderpsychiatrischen Abteilung eines Krankenhauses, einer Einrichtung des öffentlichen Gesundheitswesens oder einer Ausbildungsinstitution dasteht. Das Ziel dieser Autonomie ist, daß die Klinik ihre Arbeitsbeziehungen mit anderen Betreuungsorganisationen im Gemeinwesen frei aushandeln kann, die besonders im Bereich der Erziehung, der Pädiatrie, der Geburtshilfe, des öffentlichen Gesundheitsweisens und der Wohlfahrtsorganisationen einen direkten Bezug zur Vorbeugung und Behandlung psychischer Störungen bei Kindern haben.

Der Leiter einer kinderpsychiatrischen Klinik sollte entweder ein Kinderpsychiater, ein klinischer Kinderpsychologe oder ein Erziehungspsychologe sein, d.h. in jedem Fall eine Fachperson, die für die Diagnose kinderpsychiatrischer Störungen und die Behandlung der Kinder und ihrer Familien kompetent ist. Die Anzahl kompetenter Spezialisten in unserem Bereich ist wohl noch für lange Zeit so klein, daß sich hoffentlich unnötige Erörterungen darüber, ob die klinische Leitung auf eine ganz bestimmte Berufsgruppe beschränkt werden soll, vermeiden lassen. Ich neige allerdings zu der Ansicht, daß unter vergleichbaren Bedingungen eine kinderpsychiatrische Klinik unter kinderpsychiatrischer Leitung größere Freiheiten und Spielräume in rechtlicher Hinsicht hat als eine Klinik unter klinisch psychologischer oder erziehungspsychologischer Leitung. Dies gilt besonders für den Bereich der Gesundheitsdienste und für die Möglichkeiten, Außenstehende in Ausbildungsprogramme einbeziehen zu können. Da wir aber mit einem sehr breiten Spektrum anderer Dienste zusammenarbeiten müssen, gebe ich gerne zu, daß ein Spielraum für verschiedenartige Organisationsformen existiert. Einige Kliniken werden engere Beziehungen mit Krankenhäusern und anderen Einrichtungen des öffentlichen Gesundheitswesens unterhalten, andere wiederum mit erziehungs-, wohlfahrts- oder gemeinwesenorientierten Einrichtungen, obwohl freilich alle idealerweise nach Verbindungen zu allen Diensten und Projekten streben sollten, die für das Wohl der eigenen Klientel der Kinder und Familien von Bedeutung sein können.

Außer einer maximalen Autonomie sollte jede kinderpsychiatrische Klinik die Verantwortung für einen bestimmten Teil der Bevölkerung haben, egal ob dieser geographisch bestimmt ist – also nach dem Einzugsgebiet – oder funktionell wie z.B. alle Patienten eines Krankenhauses oder alle Lernenden einer Schule oder alle Beschäftigten einer Organisation. Der Vorteil davon besteht nicht nur darin, daß eine realistisch betriebene Prävention mit eingrenzbaren Diagnose- und Behandlungsansprüchen gewährleistet wird, sondern auch darin, daß die Anzahl anderer Dienste und Einrichtungen, mit denen die Klinik in Verbindung stehen muß, begrenzt wird, so daß die notwendigen konsultativen und kooperativen Partnerschaften zwischen den einzelnen Diensten auf der Basis gegenseitiger persönlicher Bekanntschaft entwickelt werden können. Indem einer Klinik Verantwortung für einen bestimmten und umschriebenen Teil der Bevölkerung übergeben wird, können nicht nur die spezifischen kulturellen und sozialen Einflüsse, denen dieser Bevölkerungsteil ausgesetzt ist, erfaßt werden, sondern es wird auch die Möglichkeit für eine epidemiologische Auswertung der Auswirkung der Klinikdienste geschaffen. Zudem ergibt sich die Möglichkeit, unter den Benutzern der Klinikdienste Organisationsformen zu bilden, welche sich für eine angemessene finanzielle und personelle Ausstattung der Einrichtung einsetzen, damit diese ihre Aufgaben zielgerecht durchführen kann.

Ein Nachteil der in den USA üblichen Einrichtungen in Einzugsgebiete besteht allerdings darin, daß auf diese Weise in den großen Städten die zentral oder regional verwalteten Dienste wie z.B. Spezialschulen oder Adoptionsvermittlungsstellen oder stationäre Behandlungseinrichtungen für emotional schwergeschädigte oder psychotische Kinder nicht mit einbezogen werden. Ich glaube, dieses Problem könnte gelöst werden, wenn einige kinderpsychiatrische Kliniken zusätzlich zur Betreuung ihrer örtlichen Patientenschaft die Verantwortung für bestimmte Dienstleistungen diesen Institutionen gegenüber übernähmen.

Modellkonzepte

Wie jede andere fachspezifische Einrichtung sollte auch eine kinderpsychiatrische Klinik ihre Vorgehensweise auf genau formulierte Modellkonzepte stützen, die den Mitarbeitern eine gemeinsame Orientierung bezüglich ethischer Werte, theoretischer Modelle und methodischen Vorgehens erlaubt. Da wir in einem komplexen und multifaktoriellen Feld arbeiten, meine ich, daß nicht ein einziges

Modellkonzept bereits genügt, ganz gleich, ob es sich um die Psychoanalyse, die Lehre von den sozialen Systemen, die Lerntheorie oder die Gruppendynamik dreht. Keiner dieser Diagnose- oder Behandlungsansätze dürfte mehr als nur einem Bruchteil der aktuellen Probleme, mit denen wir konfrontiert werden, gerecht werden. Freilich hat jede Fachperson und jede Mitarbeitergruppe ihre eigenen speziellen Interessen und spezifisch geschulten Arbeitsweisen, doch glaube ich, daß jede Klinik für sich eine Reihe von Konzepten und Theorien sowie die dazu gehörigen Methoden und Techniken im Bereich der Prophylaxe, Diagnose, Behandlung und Rehabilitation ausarbeiten sollte, so daß sie ihren Arbeitsstil im Sinne individueller Antworten auf die unterschiedlichen ätiologischen Faktoren und die verschiedenen klinisch relevanten Verhaltensmuster der heterogenen Patientenschaft einrichten kann. Eine Klinik sollte sich nie auf irgendeine spezifische Methode oder Technik beschränken, wie wertvoll diese für sich selbst genommen sein mag, d.h. also nicht ausschließlich auf psychoanalytische Therapie für ein Kind und begleitender Therapie für die Mutter und/oder den Vater, je einmal pro Woche, oder auf Familientherapie oder Ritalinbehandlung für Aufmerksamkeitsstörungen oder auf Verhaltensmodifikationen oder aktivitätsorientierte Gruppentherapie oder anderes mehr. Die Sammlung der Modellkonzepte einer Klinik sollte sich in ständiger Weiterentwicklung befinden, und zwar abhängig von den in der Praxis gemachten Erfahrungen und vom jeweiligen Erkenntnisstand aus der Fachliteratur.

Im folgenden erwähne ich einige neuere Modelle, die bereits Anerkennung gefunden haben:

a. Das familienorientierte Prophylaxemodell

Es handelt sich hierbei um ein Modellkonzept aus dem öffentlichen Gesundheitswesen (*Caplan* 1964), dem ein epidemiologischer Ansatz zugrundeliegt, welcher die Probleme individueller Kinder und ihrer Familien im Kontext der gesamten kranken wie auch gesunden Bevölkerung, aus der die einzelnen Fälle stammen, betrachtet. Im Rahmen der Epidemiologieforschung sind ausgefeilte Techniken ersonnen worden, um die ätiologischen Faktoren in der gesamten Bevölkerung zu untersuchen, um Veränderungen im Ausmaß und in der Ausprägung von Gesundheit bzw. Störungen in der Bevölkerung zu überwachen und um bewerten zu können, welche Auswirkungen die Betreuungs- und Behandlungsangebote auf die Häufigkeit der Störungen haben. Diese Techniken können, mit kleineren Abweichungen, von kinderpsychiatrischen Kliniken, die die Verantwortung für Vorbeugungs- und Behandlungsprogramme bei einem umschriebenen Bevölkerungskreis übernehmen, angewandt werden.

Ein wesentliches Kennzeichen dieses Modelles, das meine eigene Arbeit in der Kinderpsychiatrie etwa 20 Jahre lang bestimmte, ist ein auf drei Ebenen angesiedeltes Konzept der Vorbeugung: Die *primäre Vorbeugung* möchte die Häufigkeit oder den Anteil neuer Fälle während eines bestimmten Zeitraumes verringern, indem sich die Vorbeugemaßnahmen auf Teile der Bevölkerung konzentrieren, die derzeit keine Störungen aufweisen; die *sekundäre Vorbeugung* möchte den Bestand oder Anteil kranker Kinder in der Bevölkerung zu einem bestimmten Zeitpunkt reduzieren, indem durch frühzeitige Diagnose und prompte Behandlung die Dauer einer bestehenden Störung verringert wird; und die *tertiäre Vorbeugung* möchte das Ausmaß ungestörten Verhaltens in einer Gruppe von Kindern, die sich von einer bestimmten Störung erholt haben, erweitern.

b. Ein Modell der primären Prophylaxe

Während der letzten 20 Jahre haben wir für die primäre Prophylaxe ein ausgefeiltes Modellkonzept entwickelt (*Caplan* 1980), in dem wir die erfolgversprechenden Interventionspunkte präzise definieren, auf welche *Bowlby* und ich in unserem Artikel aus dem Jahre 1948 in allgemeiner Form hingewiesen haben. Dieses Modell basiert auf zwei Hauptelementen: einer Liste von Risikofaktoren und einer Sammlung einflußnehmender Variabler. Die Risikofaktoren beinhalten eine Reihe biopsychosozialer Bedingungen beim Kind und in seiner Lerngeschichte, die empirisch erwiesenermaßen regelmäßig mit dem gehäuften Auftreten psychopathologischer Störungen verknüpft sind. Dies wird deutlich, wenn diese Kinder mit anderen Kindergruppen verglichen werden, die diesen Faktoren nicht ausgesetzt sind. Aber auch wenn ein Kind einem noch so schweren Risikofaktor ausgesetzt ist wie etwa zwei psychotischen Eltern, der eine Erkrankung des Kindes wahrscheinlicher macht, kann in empirischen Untersuchungen immer wieder gezeigt werden, daß ein bedeutsamer Anteil der so belasteten Kinder gesund aufwächst. Im folgenden werden die einflußnehmenden Variablen vorgestellt, um zu erklären, wieso bestimmte Kinder, die derartigen Risiken ausgesetzt sind, nicht krank werden. Die hauptsächliche Variable ist dabei gekennzeichnet durch das beständige intrapsychische Verlaufsmuster beim Kind, das wir gewöhnlich *Kompetenz* nennen. Diese Variable bildet derzeit den Schwerpunkt vieler wissenschaftlicher Untersuchungen. Neben konstitutionellen Faktoren wie Aktivitätsniveau, Reizempfänglichkeit und Ausdauer sind wesentliche Merkmale dieser Variable zum einen das Gefühl das Kindes, *etwas zustande zu bringen*, also z.B. das Gefühl zu haben, sich in seiner Umgebung durchsetzen zu können, und zum anderen sein persönliches Arsenal sozialer und materieller Möglichkeiten zur Problembewältigung. Diese Fähigkeiten entwickelt das Kind natürlich anhand der Anleitung bedeutsamer Beziehungspersonen, besonders der Familienmitglieder und der Lehrer.

Zwei weitere einflußnehmende Variablen sind in diesem Modell ebenfalls von entscheidender Bedeutung. Da sie jedoch unabhängig und nicht unbedingt in Verbindung mit dem Modell der primären Prophylaxe untersucht wurden, möchte ich sie getrennt behandeln. Es handelt sich dabei um Krisenfaktoren und Faktoren des sozialen Rückhaltes.

c. Das Krisenmodell

Dieses Modell tauchte gleichzeitig in der Kinder- und Erwachsenenpsychiatrie auf und ist von gemeindepsychiatrisch arbeitenden Wissenschaftlern und Praktikern sowie durch Untersuchungen über Streßfaktoren bei körperlichen Erkrankungen wesentlich bereichert worden. Es ist in dreifacher Hinsicht für die Kinderpsychiatrie relevant: Erstens betont es, daß sich während eines verhältnismäßig kurzen Abschnittes psychischen Ungleichgewichtes beim Kind, hervorgerufen durch einen plötzlichen und bedeutsamen Wandel in seiner bisherigen Lebenssituation, der Verlauf seiner Persönlichkeitsentwicklung, darunter auch seiner Eigenkompetenz, dauerhaft zum Besseren oder Schlechteren hin verändern kann; zweitens sind das Kind und seine Familie während dieses Abschnittes psychischen Ungleichgewichtes dem Einfluß anderer Menschen gegenüber offener; drittens sind sie zu diesem Zeitpunkt Interventionen, die oft nicht einmal eine Fachperson erfordern, leichter zugänglich, so daß die kinderpsychiatrischen Spezialisten über die Zwischenschaltung von Laienhelfern und einer größeren Auswahl des allgemeinen Betreuungspersonals in der Gemeinde sinnvoll mit größeren Anteilen der betreffenden Bevölkerung arbeiten können. Während der vergangenen 20 Jahre haben wir ein ansehnliches Spektrum von Methoden der Krisenintervention entwickelt, das sich als hilfreich erwies, um Kindern und ihren Familien die konstruktive Auseinandersetzung mit Lebenskrisen zu ermöglichen; zudem haben wir dabei gelernt, wie Gemeindefürsorger ausgebildet werden können, um ihre Interventionsstrategien und Methoden zu verbessern.

Der bedeutsamste jüngste Fortschritt auf diesem Gebiet besteht darin, daß wir bei der Krisenintervention unseren Schwerpunkt nicht mehr alleine auf die sich aufdrängenden emotionalen Belastungen einer typischen Krisensituation legen, sondern vermehrt auch den kognitiven Einschränkungen der Ich-Funktionen eines Kindes in Krise und den analogen Veränderungen in der betroffenen Familie Beachtung schenken. Gerade letzteres entscheidet häufig darüber, ob sich ein positives Ergebnis bezüglich der psychischen und physischen Gesundheit erzielen läßt (*Caplan* 1970). Ansatzweise haben wir die Natur dieser kognitiven Veränderungen bereits definiert, die mit den Stoffwechselkorrelaten der emotionalen Erregung in Verbindung zu stehen scheinen. Auf dieser Grundlage haben wir Prinzipien für eine angemessene kognitive Unterstützung und Anleitung bei der Krisenintervention entwickelt.

d. Das Organisationsmodell „Sozialer Rückhalt"

Hierbei handelt es sich um eines der wesentlichsten Modellkonzepte, welche im Rahmen der gemeindepsychiatrischen Bewegung entwickelt wurden. Es besitzt besondere Bedeutung für alle im kinderpsychiatrischen Bereich Tätigen (*Caplan* und *Killelea* 1976). Dieses Modell ergab sich aus dem Studium menschlicher Krisen, ist aber auch durch Untersuchungen zum Thema Streß und insbesondere durch eine Reihe empirischer Studien, die die Veränderung der Anfälligkeit für körperliche und psychische Krankheit infolge akuter oder chronischer Belastungen untersuchten, bereichert worden. Daraus ergab sich der wiederholte Befund, daß das Erlebnis einer starken Belastung bei einem Menschen einen Anstieg in seiner unspezifischen Anfälligkeit für eine ganze Reihe körperlicher und psychischer Erkrankungen bewirkt, allerdings *nur unter der Bedingung,* daß der Betreffende während dieser Belastungsphase keinen Rückhalt von für ihn wichtigen Einzelpersonen, Gruppen oder vernetzten Gemeinschaften erhält. Damit begannen wir, die ausschlaggebende Bedeutung eines solchen Rückhaltes für den belasteten Menschen im Sinne eines Schutzes vor vermehrter Krankheitsanfälligkeit zu verstehen. Bei der Hilfestellung geht es deshalb hauptsächlich darum, dem Betreffenden bei der Bewältigung seines emotionalen Erregungszustandes zu helfen und eine gewisse kognitive Anleitung anzubieten, um so die für Belastungen charakteristischen Einschränkungen im Bereich der Aufmerksamkeit, des Gedächtnisses, der Identität, des Urteilsvermögens, des vorausschauenden Planens und des Verwertens von Rückmeldungen auszugleichen.

Dieses Modellkonzept gibt der Bedeutung einer funktionierenden Familie und einer rückhaltgebenden Nachbarschaft für die gesunde Persönlichkeitsentwicklung von Kinder neues Gewicht und zeigt gleichzeitig Wege auf, wie biopsychosoziale Risikofaktoren durch die Organisation von Laiengruppen für gegenseitige Hilfe und für allgemeinen sozialen Rückhalt neutralisiert werden können.

Interne Organisation

Ich möchte hier diese Modellkonzepte nicht weiter im einzelnen behandeln und auch nicht eine Reihe anderer Konzepte diskutieren, die für die Kinderpsychiatrie ebenfalls relevant sind. Es muß allerdings klar sein, daß die bisher dargestellten Modellkonzepte bereits einen theoretischen Rahmen liefern, der uns einige meiner Empfehlungen aus der Vorlesung 1964 in New Orleans sehr ernst zu nehmen zwingt. Der wesentlichste Punkt ist, daß wir in unseren kinderpsychiatrischen Kliniken Vorgehensweisen und eine Organisationsstruktur entwickeln müssen, welche uns ermöglichen, die unmittelbar mit den belasteten Kindern befaßten Betreuungspersonen zu erreichen. Dann nämlich wird es möglich, bei in Krisenphasen befindlichen Kindern und Familien sofort zu intervenieren sowie diese Aufgabe mit größtmöglicher Wirksamkeit und so zu erfüllen, daß wir mit der Zahl der jeweils aktuellen Problemfälle Schritt halten können und daher Wartelisten für die Aufnahme und Behandlung vermeiden können.

Diese Empfehlung, die im Jahre 1964 ideal klang, wird nunmehr als in der Praxis verwirklichbar angesehen. Viele Kliniken haben gezeigt, daß es möglich ist, Wartelisten zu vermeiden und gleichzeitig Dienstleistungen auf hohem Niveau aufrechtzuerhalten. Eine Möglichkeit, dies zu erreichen, besteht darin, starre bürokratisierte Arbeitsschritte im Team und kostenaufwendige Routineaufnahmeverfahren (wie psychologische Testbatterien bei jeder Neuaufnahme) zu vermeiden. Zudem können wir heutzutage alle Mitarbeiter der Kinderpsychiatrie im Verständnis und der Anwendung eines ausgewogenen bio-psycho-sozialen Ansatzes ausbilden, so daß es nicht mehr notwendig ist, diese Aufgabe bei jedem einzelnen Fall durch ein multidisziplinäres Team verschiedener spezialisierter Mitarbeiter zu erfüllen. Zweifellos wird die spezialisierte berufliche Kompetenz von Psychiatern, klinischen Psychologen, Erziehungspsychologen, Sozialarbeitern in der Psychiatrie und Pädiatern auch weiterhin einen sehr wertvollen Beitrag zur Aufrechterhaltung eines qualitativ hohen Arbeitsniveaus leisten; in bestimmten komplizierten Fällen können diese spezialisierten Kompetenzen sogar von entscheidender Bedeutung für das Verständnis der Störungen eines Kindes oder für die zweckmäßigste Behandlungsform sein. Für den alltäglichen

Ablauf der Praxis haben wir aber erkannt, daß die sinnvollste Organisationsform einer Klinik darin besteht, daß ein einzelner Kliniker, egal aus welcher Berufsgruppe, persönlich für die gesamte Skala der Diagnose, Behandlung, Rehabilitation und Vorsorgemaßnahmen für das Kind, seine Familie und das erweiterte Umfeld verantwortlich ist; dazu gehören auch medizinische, Erziehungs- und Freizeitmaßnahmen, die auf das Kind einwirken.

In vielen gut organisierten Kliniken werden einzelnen Mitarbeitern spezielle Kompetenzen von ihren Kollegen zuerkannt; sie können daher von dem jeweils für einen Fall verantwortlichen Kliniker ohne weiteres als Berater oder Mitarbeiter bei einem bestimmten Fall hinzugezogen werden. Ab und zu ist es auch möglich, daß ein Kind und Mitglieder seiner Familie von zwei oder mehreren Mitarbeitern gemeinsam behandelt werden. Die häufigere Form der Zusammenarbeit findet allerdings zwischen einem klinischen oder Erziehungspsychologen und einem Psychiater oder Sozialarbeiter statt, die den Psychologen *ad hoc* um Mithilfe bei einer diagnostischen Beurteilung bitten. Umgekehrt kann auch ein Psychiater von einem Psychologen oder Sozialarbeiter um Rat bezüglich der Medikation eines Patienten gefragt werden. Die häufigste Arbeitsweise besteht jedoch darin, daß ein einzelner Kliniker dauerhaft die Verantwortung für einen Fall sowie für die Nachsorge nach der Phase der aktiven Intervention und auch für mögliche zukünftige Interventionen übernimmt.

Die Zuteilung neuer Fälle auf die einzelnen Mitarbeiter kann man recht einfach handhaben: Man richtet irgendeine Form einer wöchentlichen Aufnahmebesprechung für alle Mitarbeiter oder für Abteilungen ein, welche für bestimmte geographische Subpopulationen oder für die Klienten bestimmter Institutionen wie Sonderschulen oder Krankenhausabteilungen die Verantwortung tragen.

Solch ein Zuteilungsverfahren stellt sicher, daß alle Mitarbeiter jeweils mit einer Anzahl von Fällen beschäftigt sind, die im Einklang mit dem Dienstalter und den Kompetenzen der einzelnen Mitarbeiter stehen. Die Art und Weise, wie jeder einzelne Mitarbeiter seine Fallzahl bewältigt, wird ihm jedoch am besten ganz selbst überlassen, so wie einem niedergelassenen praktischen Arzt. Die einzelnen Mitarbeiter teilen dann ihre Zeit für die einzelnen Fälle in Übereinstimmung mit den jeweiligen aktuellen Anforderungen ein. In Abhängigkeit von der Anzahl der Neuaufnahmen werden daher Interventionen bei den einzelnen Fällen reduziert oder erweitert. So kann es mit bestimmten Patienten während eines kürzeren Zeitraumes mehrere Behandlungskontakte pro Woche geben oder aber nur einen alle paar Wochen. Einige Sitzungen mit bestimmten Kindern oder ihren Familien können nur eine paar Minuten dauern, andere wiederum mehrere Stunden; dies richtet sich jeweils danach, was der verantwortliche Kliniker für sinnvoll hält. Eine andere Möglichkeit besteht darin, Kinder oder Eltern in Gruppensitzungen zu betreuen. Mit steigenden Fallzahlen lernen die Kliniker, zunehmend die Zusammenarbeit mit Gemeindefürsorgern, Krankenpflegediensten, Wohlfahrtsdiensten, Lehrern, Kindergärtnerinnen und Hausärzten zu suchen, und zwar nicht nur, um die Phase der diagnostischen Untersuchung abzukürzen, sondern auch um eine sinnvolle Rehabilitation und Überwachung der Nachsorge einleiten zu können.

Der zweite Hauptpunkt bei der internen Organisation einer Klinik betrifft die Rangordnung und Verwirklichung von Arbeitszielen. Für mich war die aufregendste Innovation, die sich aus der Auswertung der Inhalte unserer Modellkonzepte ergeben hat, diejenige, daß wir in den modernen kinderpsychiatrischen Kliniken begonnen haben, einen Hauptteil unserer Bemühungen im Rahmen der medizinischen und chirurgischen Abteilungen zu entfalten. Dort nämlich treten für die Kinder aus den Bevölkerungsgruppen, für welche wir Verantwortung übernommen haben, die schwersten Belastungen auf. In diesen Bereichen konzentrieren sich also die Krisen, die den wahrscheinlich stärksten Einfluß auf die zukünftige psychische Gesundheit haben. In diesen Bereichen haben wir auch die besten Möglichkeiten zur Verhütung von Störungen bei Kindern und ihren Familien und zur Veränderung der Einstellungen, Ideen und des Verhaltens von wichtigen Fürsorgern oder Betreuern, Ärzten, Krankenpflegern und Sozialarbeitern.

Kinderpsychiatrische Kliniken, die keine gewachsene Verbindung mit einer medizinischen Einrichtung haben, mögen zwar dieses spezielle Vorgehensmuster nicht einhalten, dennoch glaube ich, daß dieses allgemeine Prinzip sich auch dort bewähren wird. Eine Klinik sollte in jedem Fall diejenigen Bevölkerungsgruppen, für die sie verantwortlich ist, überblicken und – statt passiv auf den spontanen Zufluß von Überweisungen zu warten – sich aktiv um diejenigen Bereiche und Einrichtungen bemühen, in denen die Kinder mit dem höchsten Risiko und mit den schwersten Krisen sowie dem geringsten oder unwirksamsten sozialen Rückhalt anzutreffen sind.

Der dritte Hauptpunkt bei der internen Klinikorganisation betrifft die Kommunikation zwischen den Mitarbeitern und die Form der Fallaufzeichnungen. In einer 1962 von *Ryan* durchgeführten Untersuchung über kinderpsychiatrische Kliniken in Boston fand man heraus, daß die Mitarbeiter mehr Zeit mit Teambesprechungen und Fallaufzeichnungen zubrachten als mit dem Kontakt zu den Kindern und ihren Familien. Eine Folge dieser Verhältnisse, die am übertriebensten in den prestigebehafteten psychoanalytisch orientierten Kliniken anzutreffen waren, drückte sich darin aus, daß die durchschnittlichen Kosten pro Patient und Sitzung, die gewöhnlich von einem Ausbildungskandidaten oder jüngeren Mitarbeiter durchgeführt wurde, bei ca. 100 DM lagen, während die teuersten dienstälteren Kinderpsychiater zu jener Zeit etwa 75 DM für eine gleichwertige Behandlung in der privaten Praxis verlangten. Meine Erfahrungen an anderen Orten weisen auf dieselben Tendenzen hin. Daraus ist freilich zu schließen, daß die Kosten-Nutzen-Rechnung bei kinderpsychiatrischen Projekten eindeutig und radikal verbessert werden muß. Die Teambesprechungen und Fallaufzeichnungen müssen deshalb auf das absolut notwendige Minimum, das für die erfolgreiche Zusamenarbeit im Team und für die unseren Ansprüchen gemäße Pflege der Patienten notwendig ist, gekürzt werden. In einer kinderpsychiatrischen Abteilung des jüdischen Hadassah-Universitätskrankenhauses, in dessen heilpädagogischer Klinik ich mehrere Jahr lang arbeitete, trafen wir Mitarbeiter uns nur einmal wöchentlich, um Verwaltungsabläufe, Fallzuteilungen, Falldiskussionen, die Verwirklichung von Arbeitszielen und die Arbeit von Kollegen zu besprechen. Da wir eine akademische Abteilung mit eigener Verantwortung für Forschung und Ausbildung waren, hielten wir auch einmal wöchentlich ein typisch akademisches Treffen in der großen Runde ab. Die Hauptarbeit der Fallbesprechungen und der Verbesserung der diagnostischen und therapeutischen Fähigkeiten der jüngeren Mitarbeiter und des im Hause wohnenden Personals wurde aber auf ökonomische Weise in Zweierbesprechungen oder Supervisionssitzungen geleistet. Da jeder einzelne Fall von einem individuellen Betreuer und nicht von einem Team begleitet wurde, gab es zudem keinen Bedarf an ausführlichen Fallaufzeichnungen. Dennoch war es freilich notwendig, ein Minimum an sachdienlichen Daten über jeden Patienten systematisch festzuhalten, damit die Kontinuität der Betreuung auch dann gewährleistet war, wenn ein Mitarbeiter ausschied oder wenn ein Patient zu einem späteren Zeitpunkt wiederkam und von jemand anderem behandelt wurde. Zudem mußten auch Einzelheiten des Vorgehens der Mitarbeiter und bestimmte Informationen über die Fälle aufgezeichnet werden, um uns die Kontrolle und Auswertung unserer Projektarbeit zu ermöglichen. Um dieses Ziel zu erreichen, entwikkelten wir ein computergestütztes Aufzeichnungssystem, das uns bei minimalem Aufwand der Mitarbeiter die Speicherung und Abrufung wesentlicher Daten erlaubte. So wurde beispielsweise jede klinische Handlung der Mitarbeiter zeitlich und inhaltlich festgehalten, ebenso wie demographische, diagnostische und therapeutische Daten über jeden Patienten in seiner Familie und in seinem sozialen Rahmen. Wir wurden dabei durch ein Eingabegerät unterstützt, das uns direkt mit dem Zentralcomputer der Hadassah-Universität in Verbindung setzte; zudem hatten wir eine Reihe von Formularen zur Verfügung, die wir teils selbst entwickelt, teils von kinderpsychiatrischen Kliniken in den USA übernommen hatten, um die Ausprägung der psychischen Gesundheit unserer Patienten in kodifizierter Form aufzeichnen zu können. Wir benützten auch die multiaxiale diagnostische Klassifikation I.C.D.9-C.M., welche unlängst von der amerikanischen psychiatrischen Vereinigung in die Form D.S.M.-3 abgeändert wurde, und verwendeten zusätzlich eine computerisierte Version der G.A.P. Symptomenliste.

Dieses Aufzeichnungssystem ermöglichte uns jederzeit, auf Anfrage und mit dem Einverständnis der Eltern Informationen über den Verlauf der Schwangerschaft, Geburt und des Krankenhausaufenthaltes jedes neuen Kinderpatienten zu erhalten, dessen Daten in der zentralen Hadassah-Universitätsdatenbank aufgezeichnet wurden. Ebenso konnten wir Informationen über die medizinische Geschichte von Familienmitgliedern des Patienten auf diesem Wege erhalten. Dies half uns, unsere anamnestischen Untersuchungen abzukürzen und ihre Stichhaltigkeit zu verbessern. Wir konnten auf diesem Wege auch die Kosten-Nutzen-Relation der Arbeitsschritte unserer Mitarbeiter überwachen und darüber hinaus die klinischen Einzelheiten unserer Patientenpopulation mit denjenigen anderer kinderpsychiatrischer Kliniken in Isral oder anderer Länder, wo vergleichbare Aufzeichnungen geführt werden, vergleichen.

Methoden und Techniken

Die innere Logik unseres multifaktoriellen biopsychosozialen Modells verlangt, daß jede ansehnliche kinderpsychiatrische Klinik ein breites Spektrum diagnostischer, therapeutischer und vorbeugender Methoden und Techniken zur Verfügung haben sollte, die dann auf die persönlichen Bedürfnisse verschiedener Kinder in ihren Familien und sozialen Kontexten maßgeschneidert werden können. Die Entscheidung über die in einem bestimmten Fall geeigneten Methoden wird am besten dem einzelnen Kliniker überlassen, wobei er durch die Beratung mit einem gleichrangigen oder dienstälteren Kollegen unterstützt wird. Es bleibt zu hoffen, daß alle eingearbeiteten Mitarbeiter einer kinderpsychiatrischen Klinik ein grundlegendes Spektrum von individuellen und Gruppenbehandlungsmethoden beherrschen. Die Aufnahmebesprechung kann dann dazu verwendet werden, die voraussichtlichen Bedürfnisse der neuen Fälle mit den besonderen Fähigkeiten und Interessen der verschiedenen Mitarbeiter in Einklang zu bringen. Eine wichtige Aufgabe für den Klinikdirektor besteht aber darin, sicherzustellen, daß seine Mitarbeiter *in toto* mit den diagnostischen und therapeutischen Bedürfnissen aller Fälle in der Klinik umgehen können. Wo es notwendig ist, können sie ergänzt werden durch teilzeitbeschäftigte Mitarbeiter für spezielle Aufgaben oder ungewöhnliche Fälle, also beispielsweise Mitarbeiter für Heilerziehung, Tanztherapie und Verhaltenstherapie, falls diese Richtungen im Stammpersonal der Klinik noch nicht vertreten sind. Eine andere Möglichkeit besteht darin, Formen der Zusammenarbeit mit anderen Einrichtungen zu entwickeln, welche in Ergänzung zur Klinik den Patienten entsprechende Angebote machen können.

Angesichts der derzeit in einigen Ländern herrschenden Vorliebe für Familientherapie möchte ich im folgenden meine eigene derzeitige Behandlungsphilosophie darstellen: Wie die meisten meiner Kollegen glaube ich, daß in den allermeisten Fällen die Störung eines Kindes durch familiäre Probleme verursacht oder beeinflußt wird, so daß in vielen Fällen die Beschwerden des überwiesenen Kindes am ehesten als direkte Folge eines aktuellen ungelösten familiären Konfliktes verstanden werden können. Bei den meisten unserer Kinderpatienten sollten wir daher danach streben, uns mit dem familiären Problem zu befassen und nicht nur die Symptome des uns überwiesenen Kindes, das unser Indexpatient ist, zu kurieren. In bestimmten Fällen kann die alleinige oder die Hauptaufgabe der Behandlung darin bestehen, Einstellungen oder Verhaltensweisen der Eltern gegenüber dem Kind zu verändern oder bei der Klärung ehelicher Schwierigkeiten zu helfen, bei der Auflösung ungesunder Machtstrukturen mitzuwirken, die Kommunikationsweisen oder Bedürfnisbefriedigung in der Familie als einem System neu regeln zu helfen oder aber individuelle psychopathologische Zustandsbilder bei einem oder bei beiden Elternteilen zu behandeln. Andererseits bin ich aber der festen Überzeugung, daß man leicht in die Falle geraten kann, diesen Ansatz in übertriebener Form anzuwenden und dabei zu vergessen, daß unsere grundlegende Verpflichtung in der Kinderpsychiatrie immer dem Kind gilt, das ja unser Patient ist. Wir müssen das Kind im Zentrum unseres Behandlungsansatzes behalten und dürfen es nicht einfach als Anlaß oder Vorwand zur Behandlung der Probleme der gesamten Familie benutzen. Dies wäre jetzt in den 80er Jahren genauso falsch wie damals in den 60er und 70er Jahren, als das Kind als Vorwand für die Behandlung der Probleme der Gesellschaft dienen sollte. In beiden Fällen werden die Interessen des Kindes als Person nur allzu leicht zur Seite gefegt.

Für die Praxis heißt das, daß der verantwortliche Kliniker in jedem Fall einen auf das Kind zugeschnittenen Behandlungsplan formulieren sollte, der sich auf die Heilung der möglichen psychopathologischen Störung konzentrieren sollte, wobei das Kind als einzelnes behandelt werden sollte, wann immer dies notwendig erscheint. Je nach Situation können die Mutter oder der Vater einzeln oder als Paar begleitend dazu behandelt werden oder aber die gesamte Familie als eine Einheit. Die Klinik sollte auf jeden Fall eine systematische Vorgehensweise vermeiden, die ausschließlich Familientherapien zuläßt, ohne Rücksicht auf die besondere Verfassung des Indexpatienten, der dabei lediglich als Signal für die Notwendigkeit einer Familientherapie betrachtet wird. Ein Mißbehagen erfaßt mich, wenn ich Kliniken besuche, in denen selten, wenn überhaupt, Kontakt zu den Kinderpatienten alleine aufgenommen wird, sobald der diagnostische Prozeß abgeschlossen ist. In solchen Kliniken, besonders in Großbritannien, beschränkt sich die Einzel- oder Gruppenpsychotherapie der Kinder oft auf den abgegrenzten Aufgabenbereich der sogenannten Kinderpsychotherapeuten. Doch auch diese verbringen, ganz ähnlich wie die übrigen Klinikmitarbeiter, sehr viel Zeit damit, Therapiesitzungen mit ganzen Familien abzuhalten.

Ein anderer Punkt im Vorgehen bei der Behandlung ergibt sich aus der Prämisse, für einen bestimmten Bevölkerungsanteil verantwortlich zu sein. Nur wenn wir in unseren Behandlungszielen bescheiden sind, wird es uns gelingen, eine optimale Zahl an Fallaufnahmen zu bewältigen und dabei den angenommenen 5 bis 10% der Kinderpopulation, bei denen das Auftreten von Störungen anzunehmen ist, ohne Warteliste ein angemessenes Niveau unserer Dienstleistungen zu bieten. Der Wiederaufbau der Persönlichkeit bei schwer gestörten Kindern kann daher nur einen kleinen Arbeitsbereich im Rahmen einer kinderpsychiatrischen Klinik verkörpern. Zwar sollten einige intensive Langzeitbehandlungen durchgeführt werden, um mit der Forschung und mit Ausbildungszielen der Mitarbeiter voranzukommen, doch in der Mehrzahl der Fälle sollten wir uns auf Kriseninterventionen einstellen, die nur ein paar Sitzungen in Anspruch nehmen, oder aber auf Interventionen, die einerseits auf eine Erleichterung der Symptomatik abzielen und andererseits auch dem Kind und seiner Familie oder dem schulischen und sozialen Umfeld helfen sollen, gesündere Wege für den Umgang mit den grundlegenden Spannungen oder Konflikten zu finden, die die Störung des Kindes hervorriefen oder verschlimmerten. Diese letzte Interventionsform benötigt gewöhnlich 12 bis 25 Behandlungskontakte, die sich über drei bis sechs Monate verteilen. Da diese beiden Interventionsformen dasselbe Ziel haben, nämlich den *Status quo ante* wieder herbeizuführen, mit psychohygienischen Korrekturen der ätiologischen Faktoren, und daher keine „radikale Behandlung von Grund auf" anstreben, glaube ich, daß Fallakten in einer kinderpsychiatrischen Klinik nicht einfach als abgeschlossen betrachtet werden können. Das Verlaufsmuster für die einzelnen Fälle sollte eher wie folgt aussehen: Am Ende eines Interventionszeitraumes, der immer so kurz wie möglich gehalten sein und das Ziel haben sollte, aktuelle Störungen zu lindern und die krisenauslösenden Faktoren abzuschwächen, dürften das Kind und die Familie auf einem für sie gesünderen Weg sein, so daß jetzt versucht werden kann, die Erfüllung der Bedürfnisse des Kindes in der Schule und in seiner sozialen Umwelt zu verbessern. Alle Beteiligten sollten dann dazu ermuntert werden, den Kontakt mit der Klinik zu erneuern, falls und sobald es weiterer Hilfe bedarf, was dann ohne neue Aufnahmeformalitäten möglich ist.

Diese Auffassungen hängen mit meinem Bild der kinderpsychiatrischen Klinik zusammen, die ich als Analogon zur primären medizinischen Nahversorgung betrachte, welche in vielen entwickelten Ländern heutzutage als finanzielle und administrative Aufgabe von Länder- und Zentralregierungen angesehen wird. Diese Nahversorgung besteht aus Diensten, die in unmittelbarem Kontakt mit den Betroffenen stehen und sich mit Vorbeugung, Gesundheitsüberprüfungen, Diagnosen und auch mit der Behandlung einer großen Anzahl leichter bis mittelschwerer Fälle in deren heimischem Umfeld befassen wie auch eine fortwährende Überwachung chronischer Fälle gewährleisten. Eine wesentliche Funktion der Nahversorgung ist auch die Überweisung komplizierter Fälle an spezialisiertere Diagnose- und Behandlungseinrichtungen, welche für ganze Regionen zuständig sind. Solche Institutionen, die sich mit den schwersten und chronischen Fällen wie Psychosen oder schweren Charakterstörungen befassen, werden gewöhnlich aus öffentlichen Mitteln finanziert, daneben gibt es noch einige private oder von philanthropischen Organisationen finanzierte Einrichtungen dieser Art.

Im Rahmen der Kinderpsychiatrie gibt es eine interessante Gruppe von Kindern, die derzeit zumeist noch durch die Maschen des sozialen Netzes fällt: Es handelt sich um diejenigen Kinder, die wegen des Schweregrades der psychopathologischen Störung oder wegen des Ausprägungsgrades sozialer und psychischer Störungen in der Familie für eine Behandlung in den Einrichtungen der Nahversorgung nicht geeignet sind, aber auch von spezialisierten regionalen Einrichtungen nicht aufgenommen werden können. Im Regelfall sind dies Kinder, die in Sonderschulen, welche aus Regierungsmitteln im Rahmen der Pflichtschulerziehung finanziert werden, unterrichtet werden. Die Behandlungsmöglichkeiten für diese Kinder sind zumeist völlig unangemessen, obwohol andererseits erhebliche Beträge öffentlicher Gelder für den Unterricht dieser Kinder aufgewendet werden. Wenn ich mich dafür einsetze, daß sich kinderpsychiatrische Kliniken in der Hilfe für diese Kinder im Rahmen der Sonderschulen engagieren sollen, so heißt dies nicht, daß ich glaube, daß die wesentlichen Probleme dieser Kinder dadurch von Grund auf gelöst würden. Ich hoffe aber, daß solch eine Zusammenarbeit einen Informationsgewinn bringen könnte. Schließlich soll sie Druck erzeugen, der dazu führen kann, daß sich die politische Administraton dafür verantwortlich zeigt, angemessene Behandlungsprogramme für diese Kinder bereitzustellen, ganz so wie dies bereits für die weniger gestörten und die am stärksten gestörten Kinder in der Bevölkerung geschieht.

Zusammengefaßt heißt dies, daß ich nicht die Vision habe, die kinderpsychiatrische Klinik müßte das gesamte Spektrum psychopathologischer Störungen beim Kind beheben. Stattdessen sollten sich diese Kliniken auf ein recht großes, umschriebenes Segment dieser Störungen konzentrieren und auf diese Art und Weise ihrer öffentlichen Aufgabe, so wie ich sie verstehe, gerecht werden.

Ein gemeinwesenorientierter Ansatz verlangt allerdings nicht nur, daß der Behandlungsansatz in der kinderpsychiatrischen Klinik darauf ausgerichtet sein sollte, die Interventionen auf dasjenige Minimum zu beschränken, welches zur Linderung des Leidens und zur Neuregelung des Kontaktes zwischen Kind und sozialer Umgebung von Bedeutung ist – beides keineswegs unbedeutende Ziele –, sondern daß wir dabei auch einen Schritt weitergehen sollten. Wo immer das möglich ist, müssen wir Kontakt aufnehmen mit den für die betreffende Kinderpopulation bedeutsamen Lebensbedingungen und ähnliche Ziele wie in der Klinik durch die Einschaltung von Gemeindefürsorgern und Laien erreichen, die nicht das Etikett des kinderpsychiatrischen Spezialisten mit sich herumtragen und die daher auch nicht mit dem beruflichen Stigma und den Erwartungen an jene Spezialisten belastet sind.

In diesem Bereich sind die in den letzten 15 Jahren in gemeindepsychiatrischen Zentren erarbeiteten Methoden der Beratung, Zusammenarbeit und Aktivierung natürlicher sozialer Rückhalte von größtem Wert für die Mitarbeiter der Kinderpsychiatrie. Es gibt bereits eine große und weiter wachsende Anzahl von Veröffentlichungen über gemeinwesenorientierte Beratung und die Organisation sozialen Rückhaltes. Insbesondere haben meine Kollegen und ich in Harvard während der letzten paar Jahre eine Reihe von Büchern und Artikeln geschrieben, in denen wir den Aufbau dieser Methoden zu definieren und zu erklären versuchten (*Caplan* 1970, 1972). In meinem Buch *Araber und Juden in Jerusalem: Gemeindepsychiatrische Untersuchungen* (*Caplan* 1980) habe ich mich mit den Erweiterungen der traditionellen Beratungsmethode auf das Gebiet der Konfikte im Gemeinwesen hin beschäftigt, die unmittelbaren Einfluß auf einige der ätiologischen und therapeutischen Probleme bei der Psychopathologie von Kindern haben.

Der Brennpunkt im Bereich der präventiven Methodik konzentriert sich derzeit auf die Erfüllung einer analogen Aufgabe, nämlich der Untersuchung, Definition, Erklärung und Auswertung von Methoden der Zusammenarbeit. Dabei geht es darum, den sinnvollsten und wirksamsten Weg zu finden, wie ein Mitarbeiter der Kinderpsychiatrie Kontakt zu einem für die psychische Gesundheit der Kinderpopulation bedeutsamen Rahmen wie der Schule, dem Krankenhaus, einer staatlichen Ambulanz oder einem Gemeindezentrum aufnehmen kann und dort in Zusammenarbeit mit seinem Kollegen im Rahmen der bereits bestehenden Pflege und Unterstützung von gestörten oder mit Risiken belasteten Kindern Verantwortung übernehmen kann. Das bedeutet, daß wir Mitarbeiter der Kinderpsychiatrie uns nicht wie bei der Beratung oder Anregung für den Aufbau sozialen Rückhaltes auf die Förderung sinnvoller Hilfsmaßnahmen durch andere beschränken, sondern wir übernehmen selbst eine Teilverantwortung und tragen aktiv zum Erreichen von Veränderungen beim Kind und seinem Milieu bei, ohne es aber in den stigmatisierten Arbeitsrahmen der kinderpsychiatrischen Klinik einzugliedern.

Derzeit ist der Rahmen, von dem aus Kliniker Kontakte und Dienste im Bereich der Beratung, des Aufbaues sozialen Rückhaltes und der Zusammenarbeit anbieten, für gewöhnlich die kinderpsychiatrische Klinik, da sie diejenige Einrichtung ist, die am selbstverständlichsten das Mandat der Prophylaxe übernimmt. Im Laufe unserer Untersuchungen zur Methodik der Zusammenarbeit können wir allerdings in Zukunft einen Punkt erreichen, an dem Einrichtungen wie Kinderstationen oder Sonderschulen Kliniker aus dem Bereich der Kinderpsychiatrie in ihre Arbeitsteams dauerhaft integrieren. Wenn wir solch einen Fortschritt erzielen, wird dies die Notwendigkeit für die kinderpsychiatrischen Kliniken, solche Kontakte und Dienste im Bereich der Prophylaxe herzustellen, verringern.

Schlußfolgerung

Bei diesem Überblick über den derzeitigen Stand der Kinderpsychiatrie bin ich mir der Grenzen meines Versuches bewußt, eine sich aktiv verändernde komplexe Materie zum derzeitigen Zeitpunkt in meiner persönlich gefärbten Einschätzung darzustellen. Meine Hoffnung gilt jedoch gerade der Dynamik dieser Entwicklung und der sicherlich lebendigen Abfolge kreativer Neuerungen. Diese werden durch hochmotivierte, ideenreiche Fachleute hervorgebracht, die ständig neue konzeptuelle Systeme schaffen und diese für explorative Untersuchungen nutzen sowie zur Veränderung ihrer Modelle, wie sie sich mit dem Wandel von Werten, den Anforderungen kompetenter Laien und der Rückmeldung der Auswertung klinischer Erfahrung ergeben. Für Veteranen wie mich ist die Tatsache, daß die kinderpsychiatrische Klinik als durch die öffentliche Hand finanzierte Gemeinschaftseinrichtung nicht nur die letzten 70 Jahre überlebt hat, sondern trotz der heutigen wirtschaftlichen Schwierigkeiten zunehmende öffentliche Unterstützung erhält, als solche bereits eine Quelle der Befriedigung. Ich hoffe, dies ist auch ein Zeichen dafür, daß die psychohygienische Bewegung unserer Zeit eine soziale Einrichtung aufbauen und fördern half, die in der Zukunft unsere Hoffnungen, daß sie ein wirksames Mittel für die Verbesserung der psychischen Gesundheit unserer Kinder und Enkel sein wird, erfüllen wird.

Zitierte Literatur

Caplan, G.: Masters of Stress. American Journal of Psychiatry, April 1981.

Caplan, G.: An approach to preventive intervention in child psychiatry. Canadian Journal of Psychiatry 25 (1980), 672–682.

Caplan, G.: Principles of Preventive Psychiatry. Basic Books, New York, 1964.

Caplan, G.: The Theory and Practice of Mental Health Consultation. Basic Books, New York 1970.

Caplan, G. und *J. Bowlby:* The aims and methods of child Guidance. Health Education Journal 1948, 1–8.

Caplan, G. und *M. Killilea* (Hrsg.): Support Systems and Mutual Help. Grune and Stratton, New York 1976.

Caplan, G. und *R.B. Caplan:* Arab and Jew In Jerusalem: Explorations in Community Mental Health. Harvard University Press, Cambridge 1980.

Caplan, R.B.: Helping the Helpers to Help. Seabury Press, New York 1972

Ryan, W.J.: Mental Health Survey of Boston. Massachusetts Associaton for Mental Health, Boston 1962.

3. Kapitel

Sozialer Rückhalt und Streßbewältigung

Streß, sozialer Rückhalt und Krankheit

Dohrenwend und *Dohrenwend* verfaßten eine Übersicht über neuere Forschungsergebnisse, die eine kausale Verbindung zwischen belastenden Lebensereignissen und Krankheit aufzuzeigen versuchen. Ihr Buch ist in mindestens zweierlei Hinsicht sehr bemerkenswert: Hinsichtlich der Sauberkeit im theoretischen und methodischen Aufbau und hinsichtlich der Einmütigkeit ihrer Untersuchungsergebnisse.

Möglicherweise wird es nicht gelingen, mit ausgefeilten Forschungsmethoden zu beweisen, daß belastende Lebensereignisse zu unmittelbaren oder späteren Krankheiten führen, weil sich unsere Annahmen über die schädlichen Auswirkungen von Streß auf die Gesundheit auf ungültige und allzu vereinfachende Untersuchungen stützen.Ich bin aber der Ansicht, daß mit recht großer Wahrscheinlichkeit bei den meisten der neueren Untersuchungen ein bedeutsamer Faktor ausgelassen wurde, nämlich die Schutzwirkung des sozialen Rückhaltes. Da das Vorhandensein oder die Abwesenheit eines solchen Rückhaltes in den Untersuchungspopulationen selten genannt oder methodisch eingestuft wird, können die krankmachenden Ergebnisse starker und schwächerer Belastungen nicht angemessen verstanden werden. Meiner Meinung nach führt eine hohe Belastung bei einer Gruppe von Menschen mit starkem sozialen Rückhalt nicht zu vermehrter Krankheit; solch eine hohe Belastung wird sich nur bei denjenigen Menschen schädlich auswirken, die einen schwachen sozialen Rückhalt haben.

Dies ergibt sich aus den von *Cassel* durchgeführten Tierversuchen (1974), in welcher er aufzeigt, daß eine erhöhte, mit steigender Belastung verbundene Morbidität und Mortalität in der davon betroffenen Tiergruppe nicht gleichmäßig verteilt ist. Untergruppen der Versuchstiere, die netzwerkartig miteinander interagieren, erweisen sich als anscheinend immun gegen die erhöhte Belastung. Dieser Befund war eine der Grundlagen für die von unserer Harvard Gruppe (*Ruth Caplan* 1973, *Gerald Caplan* 1974, *Caplan* und *Killilea* 1976) entwickelten Theorie der Systeme des sozialen Rückhaltes im Sinne eines Schutzfaktors, die das Erleben des einzelnen und seine Reaktionen in bezug auf Belastungssituationen beeinflußt, was wiederum das Risiko einer gestörten oder pathologischen Entwicklung verringert.

Antonovsky (1974) schlägt in dem Buch von *Dohrenwend* und *Dohrenwend* 1974) ein ähnliches, auf mehrjährigen Überlegungen basierendes Konzept vor. Im Jahr 1968 prägte er den Ausdruck „Quellen der Widerstandskraft“, und in seinem Kapitel im Jahre 1974 stellte er einen vorläufigen Bericht zu einer Studie über belastende Lebenssituationen und Gesundheitszustand vor, in welcher er bei jedem einzelnen Fall das Ausmaß allgemeiner Quellen der Widerstandskraft einstufte. Er unterteilte diese Quellen wie folgt:

a) Flexibilität zur Aufrechterhaltung der Homöostase (also eine innere Widerstandskraft);
b) intakte Verbindungen zu anderen Menschen;
c) Verbindungen zu einer größeren Gemeinschaft.

Was *Antonovsky* „Flexibilität zur Aufrechterhaltung der Homöostase" nennt, entspricht dem Begriff der „Sozialen Kompetenz", den viele Forscher in den letzten paar Jahren als primären Entscheidungsfaktor für die Störungsanfälligkeit eines mit Belastungen und Risiken lebenden Menschen untersucht haben (*White* 1978, *Garmezy* u.a. 1978).

In einer Vorlesung, die ich in Belgien hielt (*Caplan* 1978), betonte ich die Wichtigkeit, diesen inneren Faktor der sozialen Kompetenz von demjenigen des sozialen Rückhaltes zu trennen und stellte ein Modellkonzept vor, das ich in letzter Zeit als gedanklichen Leitfaden für die Beziehung zwischen Risiko und negativem Ergebnis entwickelt habe. Dieses Modellkonzept ist eine Weiterentwicklung meiner früheren Arbeit über Reaktionen während andauernder Krisen; es ist mithin von *Garmezy* (1971), *Antony* (1974) und den Beiträgen dreier wichtiger Kongresse beeinflußt worden, welche von *George W. Albee* an der Universität von Vermont in den Jahren 1975, 1976 und 1977 ausgerichtet wurden (*Albee* und *Jaffe* 1976, *Forgays* 1978 und *Kent* und *Rolfe* 1978). Der kurzgefaßte Inhalt dieses Modellkonzeptes lautet: Eine Reihe bestimmbarer Faktoren wie genetische Faktoren, biologische Schädigung vor, während und nach der Geburt und psychosoziale Faktoren, einschließlich soziokultureller Entbehrungen, können in ihrem längerfristigen Zusammenwirken das Risiko steigern, daß die von ihnen betroffenen Menschen in der Folge an sozialer Fehlanpassung oder an geistigen oder psychischen Störungen leiden. Nicht alle Menschen mit einem vergleichbaren Niveau an Risikofaktoren werden aber in ähnlicher Weise Schaden nehmen. Um dies genauer zu verstehen, müssen wir folgendes System intervenierender oder vermittelnder Variablen verstehen: Viele der Forscher auf diesem Gebiet haben sich, wie zuvor schon bemerkt, auf den inneren Faktor der sozialen Kompetenz konzentriert oder, wie *Anthony* ihn nennt, auf die „Unverletzlichkeit" (1974). In meinem eigenen Modellkonzept lege ich die Betonung jedoch ebenso auf kompetenzförderndes Verhalten wichtiger Bezugspersonen, besonders der Eltern, die während der Kindheit eine Vermittlerrolle zwischen dem Kind und seiner Umgebung einnehmen und ihm zum Erwerb der mehr oder minder beständigen Fähigkeiten verhelfen, welche die soziale Kompetenz ausmachen.

Als weitere vermittelnde Variable hebe ich in meinem Konzept die Ausprägung der Reaktion des einzelnen auf sich wiederholende krisenhafte Lebenssituationen hervor. Während jeder dieser Krisen befindet sich der einzelne in der Gefahr, das durch die Belastung verursachte psychosoziale Ungleichgewicht mit sozial unannehmbaren und unrealistischen Reaktionen zu beantworten, welche zum Aufbau gestörter oder psychopathologischer Verhaltensweisen in der Zukunft führen können. Andererseits besteht aber auch die Möglichkeit, daß der einzelne unerwartete Ressourcen entdeckt und mobilisiert und so die verwirrende Situation durch die Entwicklung neuer Reaktionsformen bewältigt, welche in der Folge zu einem stabilen Teil seiner Persönlichkeitsressourcen werden. Dies wird zu einer dauerhaften sozialen Kompetenz für den sozial annehmbaren und realistischen Umgang mit späteren Belastungssituationen beitragen.

Die Folgen solcher wiederholter Krisensituationen hängen also von den jeweiligen Auswirkungen einer Reihe von Umständen ab: Von dem Zusammenwirken der vorhandenen Risikofaktoren, von dem jeweiligen Stand der inneren sozialen Kompetenz und von dem für meine gegenwärtige These besonders bedeutsamen Umstand, nämlich dem jeweiligen sozialen Rückhalt durch wichtige Bezugspersonen und Gruppen und durch die Gemeinde. Die Aktivierung der verschiedenen Formen sozialen Rückhaltes (*Ruth Caplan* 1973, *Gerald Caplan* 1974, *Caplan* und *Killilea* 1976) kann Krisen an ihrem Entscheidungspunkt zum Positiven hin beeinflussen; zudem können Systeme sozialen Rückhaltes leichter durch prophylaktische Interventionen verändert werden als dies bei den anderen oben aufgeführten Faktoren und Umständen der Fall ist. Die besondere Bedeutung sozialen Rückhaltes für den Einfluß auf die Folgen von belastenden Lebenssituationen ist in letzter Zeit von verschiedener Seite und unabhängig voneinander bestätigt worden. *Cobb* (1976) hat eine Reihe von Untersuchungen überprüft, die zwar nicht die These von der Bedeutung des sozialen Rückhaltes zum Gegenstand hatten, deren Ergebnisse aber erlauben, die Auswirkung verschiedener Ausprägungsgrade belastender Lebenssituationen und sozialen Rückhaltes auf die Häufigkeit eines daraus resultierenden Krankheitsgeschehens zu analysieren. In Tabellen, in denen jeweils zwei Variable einander gegenübergestellt werden, wird gezeigt, daß eine hohe Belastung bei geringem sozialen Rückhalt zu einem signifikant höheren Ausprägungsgrad von Krankheit führt als eine hohe Belastung und ein großer sozialer Rückhalt, geringe Belastung und ein großer sozialer Rückhalt und geringe Belastung und geringer sozialer Rückhalt, wobei zu bemerken ist, daß zwischen den letzten drei Vergleichsgruppen keine signifikanten Unterschiede auftreten.

In den nachfolgenden Tabellen seien die Ergebnisse von *Cobb*s Untersuchung veranschaulicht (*Cobb* 1976):

1. Prozentsatz von Komplikationen des Schwangerschaftsverlaufs, entsprechend der Ausprägung lebensverändernder Ereignisse und des sozialen Rückhaltes (*Nuckolls* u.a. 1972):

Ausprägung lebensverändernder Ereignisse	Sozialer Rückhalt	
	groß	gering
starke Ausprägung	33	91
geringe Ausprägung	39	49

2. Durchschnittliche Tagesdosen an Steroiden in Milligramm für Asthmapatienten je nach Ausprägung der lebensverändernden Ereignisse und des sozialen Rückhaltes (*de Araujo* u.a. 1973):

Ausprägung lebensverändernder Ereignisse	Sozialer Rückhalt	
	groß	gering
starke Ausprägung	5.6	19.6
geringe Ausprägung	5.0	6.7

3. Prozentuale Aufgliederung einer weiblichen Zufallsstichprobe mit kurzfristig bestehenden affektiven Störungen, ermittelt anhand der belastenden Ereignisse und des sozialen Rückhaltes (*Brown* u.a. 1975):

Belastende Ereignisse	Sozialer Rückhalt	
	groß	gering
starke Ausprägung	4	38
geringe Ausprägung	1	3

4. Die Auswirkung sozialen Rückhaltes beim Auftreten von Gelenksschwellungen nach Verlust des Arbeitsplatzes (*Cobb* 1974):

Personen mit zwei oder mehr geschwollenen Gelenken (in %)	Sozialer Rückhalt		
	groß	mittel	gering
	4	12	41

Esther Halpern (1978) berichtet über die Ergebnisse einer Studie, die sie speziell zur Untersuchung unserer These der Bedeutung des sozialen Rückhaltes durchführte. Ihre Ergebnisse gleichen denjenigen von *Cobb,* nämlich daß Waisenkinder, die nach dem Yom-Kippur-Krieg ein hohes Maß an sozialem Rückhalt erhielten, sich an die neue Situation viel besser anpassen konnten als Waisen, die wegen einer Vielzahl von Umständen nur ein geringes Ausmaß an sozialem Rückhalt erhielten.

Ich hoffe, daß in den nächsten Jahren zunehmend mehr Untersuchungen durchgeführt werden, welche genau auf die Überprüfung dieser These ausgerichtet sind, und hoffe, daß auch weitere Forschung zur Untermauerung und Bereicherung anderer Aspekte unseres Modellkonzeptes unternommen wird. Inzwischen möchte ich in diesem Kapitel einige mögliche Mechanismen besprechen, wie sozialer Rückhalt die Bewältigung von Belastungssituationen fördern kann, besonders der gravierenden akuten Belastungen, wie sie bei Katastrophen in Friedenszeiten oder bei terroristischen und militärischen Angriffen auf die Zivilbevölkerung entstehen. Ich beschäftige mich dabei mit verschiedenen Aspekten des sozialen Rückhaltes, möchte aber dann bei den kognitiven Elementen bleiben, einerseits weil sie in solchen Situationen sehr bedeutend sind und andererseits, weil sie im Rahmen der Interventionsprogramme sehr wichtig sind. Im Rahmen meiner Besprechung dieser Mechanismen möchte ich „Bewältigung“ im Sinne mittelfristiger und langfristiger Auswirkungen definieren, und zwar als Zunahme (oder zumindest als Gleichmaß) definierbarer sozialer Kompetenz und als Fehlen gestörten Sozialverhaltens und von Krankheitsformen, die den jeweiligen Ereignissen zugeschrieben werden könnten. Wie sich später herausstellen wird, läßt uns dieses Vorgehen einige der Fallstricke vermeiden, die sich ergeben, wenn wir die derzeitigen berufsspezifischen Werturteile über „gute“ und „schlechte“ Arten des Umganges mit belastenden Situationen anwenden.

Kognitive Merkmale von Phasen nach erschütternden Ereignissen

Das allgemeine Muster der zu erwartenden kognitiven Reaktionen von Menschen auf eine Katastrophe ist mittlerweile recht gut bekannt (*Tyhurst* 1957, 1951, *Crawshaw* 1963, *Shader* und *Schwartz* 1966, *Blaufarb* und *Levine* 1972). Unmittelbar nach der Einwirkung des Ereignisses kommt es zumeist zu einer Phase der Verwirrung und einer veränderten Bewußtseinslage, die bis zu mehreren Stunden hin andauern kann und der ein Gefühl des Unwirklichen folgt, verbunden mit dem Versuch, die Bedeutung des Ereignisses zu leugnen oder zu umgehen, was seinerseits einige Tage lang dauern kann. Mit dem Schwinden dieser Reaktion auf das Ereignis beginnt diejenige Phase, die *Tyhurst* (1957) „Aufruhr" genannt hat. Man nimmt im allgemeinen an, daß ihre Merkmale von dem emotionalen Umbruch herrühren, der die mehr oder weniger realistische Erkenntnis über das Ausmaß des Verlustes begleitet, mit dem der einzelne nun fertig werden muß.

Von rühmenswerten Ausnahmen wie *Janis* (1951)[1] abgesehen, haben sich die meisten Forscher in den letzten Jahren nur sehr wenig mit einer detaillierten Untersuchung der kognitiven Auswirkungen beschäftigt, die während der ersten Tage und Wochen nach der Einwirkung einer gravierenden Belastungssituation auftreten. Bis nämlich wissenschaftliche Untersucher an dem Ort des Geschehens eintreffen, haben die organisierten Notdienste längst alle Hauptfunktionen übernommen und sind der natürliche Brennpunkt des Interesses. Zu diesem Zeitpunkt ziehen auch die dramatischen Gefühlsreaktionen von Betroffenen besondere Aufmerksamkeit auf sich, da diese Reaktionen und die menschlichen und medizinischen Grundbedürfnisse der Bevölkerung Noteinsätze verlangen. Es werden sich also nur wenige finden, die Zeit und Energie auf das Aufzeichnen der weniger augenfälligen kognitiven Abweichungen bei einzelnen Betroffenen verwenden können. Die retrospektiven Berichte der Betroffenen nach einigen Tagen sind aber infolge der auftretenden Gedächtnisverzerrungen ohne praktischen Wert für die Untersucher.

Der Hauptbereich, in dem professionelle Gründlichkeit während einer Katastrophensituation in der Regel zur Anwendung kommen kann, ist der Bereich der militärischen Medizin und Psychiatrie. Eine Übertragung der Erkenntnisse aus diesem Bereich in denjenigen ziviler Katastrophen ist aber in bezug auf die kognitiven Veränderungen bei den Betroffenen von fraglichem Wert. Durch die organisierte Gruppenstruktur des Militärs und die gezielte Ausbildung der Soldaten in reglementierten Bewältigungstechniken im Rahmen der Truppe sowie durch intensivere und ausgedehntere Belastung in Kampfsituationen, ist bei Soldaten grundsätzlich eine andere Reaktion zu erwarten als bei Zivilisten, die von einer Naturkatastrophe oder von einem Angriff auf Zivilisten betroffen sind.

Ich kann mich in dem vorliegenden Kapitel leider nicht auf eine sorgsam durchgeführte empirische Unterstützung stützen, auch wenn ich mir das gewünscht hätte. Ich möchte daher meine These mit einer gewissen Behutsamkeit vortragen und hoffe, daß sie ebenso behutsam aufgenommen wird. Mir ist der Umgang mit zivilen Verteidigungsgruppen nichts Fremdes, da unser Land durch wiederholte terroristische Angriffe auf die Zivilbevölkerung uns leider nicht wenig Gelegenheit gibt, Beobachtungen zu diesem Thema quasi aus erster Hand zu machen. Hauptsächlich sind meine Erfahrungen aber stark von der Verarbeitung meiner klinischen Erfahrungen beeinflußt, bei denen es um ver-

---

[1] Während des Zweiten Weltkrieges haben eine Reihe von Forschern die psychologischen Reaktionen der Zivilbevölkerung auf Luftangriffe beschrieben wie z.B. *Glover* (1942), *Schmidberg (1942), Vernon (1941) und Matte* (1943). Ihre Beiträge sind gründlich in demjenigen von *Janis* (1951) eingearbeitet worden.

gleichsweise weniger dramatische und gravierende Belastungssituationen in Lebenskrisen wie schwerer Krankheit, Trauerfällen und anderen plötzlichen persönlichen Tragödien geht. In meinen Überlegungen verdanke ich vieles meinen Kollegen aus der Abteilung für Gemeindepsychiatrie in Harvard, die mich bei meinen Untersuchungen viele Jahre lang begleitet haben; besonders möchte ich dabei *Norris Hansell* hervorheben, der ursprünglich mein Student und später mein geschätzter Kollege war und dessen Buch *„Der gequälte Mensch"* (1976) wesentlichen Einfluß auf meine Gedanken hatte.

Bevor ich die Einzelheiten kognitiver Aspekte individueller Reaktionen auf Katastrophen hin bespreche, möchte ich einen mir wichtig erscheinenden Punkt betonen: Nämlich daß die zu erwartenden kognitiven Veränderungen nicht auf den Zeitraum unmittelbar nach dem erschütternden Ereignis beschränkt sind. Sie ziehen sich durch die Phase des Aufruhrs hindurch, wenn auch in geringerer Ausprägung und übertönt durch die dramatische und schmerzhafte emotionale Bestürzung dieser Phase. Wenn wir uns darüber hinaus mit den späteren Versuchen des einzelnen beschäftigen, die Belastungssituation zu bewältigen und sein Leben neu und auf die Folgen der Katastrophen abgestimmt einzurichten, so sind auch hier kognitive Elemente unentwirrbar mit affektiven und angeborenen Elementen bei der Art des Anpassungsverhaltens des einzelnen verwoben, besonders was sein vorausschauendes Planen und den Einbezug von Veränderungen in seiner Umgebung sowie seine Bemühungen, sich der neuen Situation anzupassen, angeht.

Kognitive Desorganisation

Die eindrücklichste Reaktion unvorbereiteter Zivilpersonen auf die Erschütterung einer Katastrophe besteht in einer ausgeprägteren Veränderung des Bewußtseinszustandes, der je nach der Unerwartetheit und der Schwere des Ereignisses von völliger Unbewußtheit über einen Zustand von Verwirrung und Desorientiertheit bis zu einer Bewußtseinstrübung, einem traumartigen Zustand mit mangelndem Realitätsbezug und einem gewissen Fehlen des Bewußtseins für die Umgebung reicht. Es ist wichtig darauf hinzuweisen, daß diese Bandbreite von Reaktionen auch eine weniger auffällige Desorganisation der kognitiven Funktionen umschließt, die – wie früher bereits angedeutet – der Reaktion in der unmittelbaren Erschütterungsphase folgen und in irgendeiner Form mehrere Wochen lang bestehen kann. Vor etlichen Jahren beschrieben *Deutsch* und *Murphy* (1955) den „traumartigen Zustand", den Menschen in unmittelbarer Folge einer erschütternden Lebenskrise erleben und der durch eine Verschlechterung des gewohnten Fähigkeitsgrades, Information geordnet aufzunehmen und zu verarbeiten und sich ein rationales Urteil zu bilden, gekennzeichnet ist. Ich glaube, daß die Veränderung des Bewußtseinszustandes mit einem selbstregulierenden, unbewußten Abwehrmechanismus beginnt, der die Aufgabe hat, die Erschütterungen der Katastrophe so zu puffern, daß die bewußte Wahrnehmung eingeschränkt wird, bis allmählich die neue Information aufgenommen werden kann. Die nachfolgende kognitive Desorganisation hält diesen Schutzmechanismus auch im weiteren aufrecht. Wie bei vielen Abwehrmechanismen besteht auch leider hier der Preis für den Schutz gegen furchterregende Affekte darin, daß sich die Fähigkeit, mit den aktuellen Problemen in der realen Welt fertig zu werden, verringert. In einer Katastrophensituation, in der die rasche Lösung dringlicher konkreter Probleme notwendig ist, kann dies ein bedeutsamer Nachteil sein, es sei denn, die entsprechende Gemeinde organisiert effiziente Hilfsdienste zur Rettung und Pflege der Überlebenden.

Im folgenden werden die Hauptmerkmale von regelmäßig auftretenden kognitiven Reaktionen in Katastrophensituationen dargestellt:

a. Der Verlust der geordneten Aufmerksamkeit und Konzentration

Hierbei tritt eine Abweichung des für den Betroffenen normalen Aktivitätsniveaus – in Richtung auf Überaktivität oder aber verminderte Aktivität – auf; dies wird mit einer Störung der systematischen Erfassung der Umwelt in bezug auf bedeutsame Information in Zusammenhang gebracht. Dieses Problem wird durch die zwanghafte Beschäftigung mit Gedanken an das aktuelle Unglück und an Opfererfahrungen und Versagenssituationen in der Vergangenheit verschlimmert. Diese um die Vergangenheit kreisenden Gedanken behindern ein geordnetes Denken im Hier und Jetzt.

b. Der gestörte Zugang zu Erinnerungen

Hierbei ist die Bedeutung der aktuellen Wahrnehmungen durch eine Störung der Fähigkeit, sie mit Assoziationen bedeutsamer Erlebnisse der Vergangenheit zu verbinden, getrübt. Es ist, als ob der Zugang zu wichtigen Erinnerungen durch die eingeengte Konzentration der Aufmerksamkeit auf die jüngste Katastrophe und auf symbolisch damit verbundene frühere traumatische und Versagenssituationen blockiert sei.

c. Einschränkung des Urteils- und Entscheidungsvermögens

Das Urteilsvermögen verliert an Rationalität. Stattdessen werden impulsiv und ohne Überzeugung und Engagement Entscheidungen getroffen; sie basieren nicht auf der Einschätzung von Erkenntnissen und der bewußten Wahl zwischen Alternativen. Die kognitiven Funktionen unterliegen hierbei eher dem Zufall. Dies wird verschlimmert durch den Verlust der normalen Zeitorientierung und einer teilweisen räumlichen Desorientierung, welche durch die Zerstörung gewohnter räumlicher Orientierungspunkte und die Unterbrechung des gewohnten Tagesablaufes hervorgerufen wird.

d. Unschärfe oder Verwirrung des Selbstkonzeptes

Ein besonders wichtiges Beispiel des gestörten Zuganges zu Erinnerungen besteht darin, daß der Betroffene zeitweise seine Identität aus der Zeit vor der Katastrophe zu vergessen scheint. Die Kontinuität innerhalb seiner persönlichen Vergangenheit ist gestört, und er schätzt sich auf der Grundlage seines aktuellen Gefühles der Verwirrung und des Unvermögens ein, was durch sein Verweilen bei vergangenen Opfersituationen und Versagenserlebnissen noch verschlimmert wird. Daraus ergibt sich dann ein Selbstbild der Ohnmacht und Hilflosigkeit, das zu Unentschiedenheit und Antriebsverlust führt, weil der Betroffene glaubt, daß er ohnehin nur versagen könne.

e. Die Auswirkungen des zunehmenden Zugehörigkeitsbedürfnisses und der vermehrten Suggestibilität auf die Kognition

Viele mit diesem Bericht befaßte Untersucher haben die kindhafte Abhängigkeit und die wahllose oberflächliche Anhänglichkeit gegenüber Zuschauern während der akuten Erschütterungsphase beschrieben, Verhaltensweisen, die mit einer Erhöhung der Suggestibilität einhergehen. *Taval* (1971) hat diese Verhaltensänderungen im Rahmen einer empirischen Studie bei unverheirateten Studentinnen in der Phase der unehelichen Schwangerschaft und der Entbindung untersucht. Im Gegensatz zu einer Kontrollgruppe zeigten die in der Krise befindlichen Studentinnen eine signifikant erhöhte Suggestibilität und auch einen erhöhten Mangel an Klarheit in ihrem Selbstkonzept. Die Auswirkungen dieser beiden Faktoren erzeugen leicht einen Teufelskreis, weil sich das Katastrophenopfer beim Versuch der Selbstdefinition in unangemessener Weise von den Wahrnehmungen seiner Identität, so wie sie ihm von seinem sozialen Umfeld mitgeteilt werden, abhängig macht. Da das Katastrophenopfer andauernd Signale der Hilflosigkeit, Hoffnungslosigkeit und des Unvermögens von sich gibt, können Zuschauer, besonders Fremde, auf diese Weise leicht den Eindruck gewinnen, daß das Opfer sich wirklich nicht zu helfen weiß. Sie verhalten sich ihm gegenüber dann dementsprechend und teilen sich ihm besonders auf nonverbale Weise in einer Art mit, die seine krisenbeschädigte Identität bestätigt. Dies wird das Unvermögen des Opfers weiter steigern und sein abgewertetes Selbstkonzept bestätigen.

f. Affektive und stimmungsbedingte Einbußen an kognitiver Kompetenz

Während der Phase unmittelbar nach einem erschütternden Ereignis („Erschütterungsphase" von *Tyhurst* 1957) tritt gewöhnlich eine emotionale Starre auf, die ihrerseits den Fluß des Gedankenprozesses zum Stocken bringt. Während der nachfolgenden Phase des inneren Aufruhrs werden die meisten Katastrophenopfer von turbulenten Gefühlen des Grauens, der Angst, ungehemmter Wut, von Schuld, Trauer und anderem mehr überschwemmt, die die natürlichen Begleiterscheinungen der allmählichen Erkenntnis der Verluste und der gewaltsamen Veränderung ihrer Welt darstellen. Diese Gefühle drängen sich wiederholt ins Bewußtsein und beeinflussen die unbewußte Steuerung der Aufmerksamkeit, und dies trägt zur weiteren Erschwernis der Funktionen der kritischen Überprüfung, der Aufmerksamkeit, der assoziativen Wahrnehmung, des Urteilsvermögens und anderer Funktionen bei.

Nach einem Katastrophenereignis sind auch Stimmungsveränderungen von großer Bedeutung. Gegen Ende der akuten Erschütterungsphase, d.h. einen oder zwei Tage lang nach der Katastrophe, machen viele Opfer eine euphorische Phase durch, die manchmal einer hypomanischen Reaktion gleicht. *Crawshaw* (1963) spricht von „einer Reaktion gesteigerter Erregung, die sich in einer karnevalartigen oder festzeltartigen Atmosphäre ausdrückt" und beschreibt damit die Reaktion von Menschen in Oregon unmittelbar nach einem Wirbelsturm. Er beobachtete, „daß sie sich unbekümmert mit Fremden über ihr persönliches ‚Glück im Unglück' unterhielten". Diese Stimmungslage führt zu einer Beschleunigung von Assoziationen, ganz ähnlich wie bei der Ideenflucht der Hypomanie.

Ein treffendes Beispiel dieser Reaktion war unlängst im israelischen Fernsehen zu sehen, und zwar einen Tag nach einem Terroristenangriff auf eine Küstenstraße nahe des Country Club von Tel-Aviv. Ein Fernsehteam am Ort des Vorfalles traf und befragte zufällig eine Familie, die dem gekaperten Bus während der Schießerei entkommen war und nun zum Tatort zurückkehrte, um nach Überresten ihrer Habe zu suchen. Das Auffällige und von vielen Fernsehzuschauern störend Empfundene war die europhorische Stimmung der Familienmitglieder; daran änderten auch ihre Aussagen über die Tragik ihrer jüngsten Erfahrungen nichts. Sie lachten häufig und stießen beispielsweise Freudenrufe aus, wenn sie irgendwelche unbedeutenden Überreste ihrer Habe in dem Schutt am Tatort wiederfanden.

Diese euphorische Phase verwandelt sich gewöhnlich nach zwei bis drei Tagen in eine Stimmungslage der Depression, Frustration und der Wut. Dies wiederum führt zu einer Verlangsamung des Denkprozesses und zur Beschäftigung mit irgendeinem projektiven Ziel, das als Sündenbock zur Abreaktion der Wut dienen könnte.

g. *Die Auswirkungen von Erschöpfung auf die Kognition*

Die erregte Überaktivität während der Phase unmittelbar nach dem erschütternden Ereignis mit all den Rettungsmaßnahmen für sich selbst und für die anderen und mit der Errichtung von Notunterkünften und Versorgungseinheiten führt, zusammen mit der späteren Last des inneren emotionalen Aufruhrs, gewöhnlich zu einer enormen Erschöpfung. Sie wird durch Schlaflosigkeit und wiederkehrende Alpträume, die sich mit dem traumatischen Vorfall beschäftigen, weiter verschlimmert. Viele Katastrophenopfer, vor allem diejenigen mit Verantwortung für ihre Familie oder Funktionen im Gemeinwesen, glauben, sie dürften sich keine Ruhe gönnen, oder sind dazu einfach zu rastlos. Dabei kommt häufig ein Teufelskreis in Gang: Je erschöpfter, desto weniger willens, sich auszuruhen, ähnlich wie ein kleines Kind am Ende eines aufregenden Tages. Analog zu dem Kind besteht auch hier die Auswirkung der steigenden Erschöpfung in einer Verschlimmerung der kognitiven Desorganisation.

Die Rolle der Aktivität bei der Streßbewältigung

In einem Artikel, der sich auf ihren Beitrag zum Streßkongreß 1975 in Tel-Aviv gründet, haben *Gal* und *Lazarus* (1975) eine Reihe von eigenen Untersuchungen und solche anderer Forscher überprüft, welche die Hypothese stützen, daß ein Mensch, der in einer bedrohlichen Situation aktiv wird, damit Angst verringern, die Bewältigung der Situation erleichtern und damit das Gefühl verstärken kann, die belastende Situation zu meistern.

Sie zitieren *Pervin* (1963), der der Ansicht war, daß „eine Aktivität, die einem Menschen das Gefühl gibt, am Fluß der Ereignisse teilzunehmen und sie so vielleicht bewältigen zu können, besser und weniger angsterregend sei als überhaupt keine Aktivität zu ergreifen oder aber eine, die der betreffenden Person das Gefühl gibt, ein hilfloses Opfer unvermeidlicher Ereignisse zu sein". *Gal* und *Lazarus* kommentieren dies: „Mit anderen Worten kommt es auf das *Gefühl* der Bewältigung an, das die Person aus der die Angst und Hilflosigkeit verringernden Aktivität gewinnt, auch wenn sie in Situationen stattfindet, in denen die Aktivität keine *wirkliche Kontrolle* über die Situation erbringt." Sie zitieren auch die Untersuchung von *Grinker* und *Spiegel* bei Luftwaffenpiloten während des Zweiten Weltkrieges (1945), die zu dem Schluß kommen, daß ein Gefühl mangelnder Bewältigungsmöglichkeiten das Grundelement von Streßreaktionen darstellt.

Im Zusammenhang mit meiner eigenen These möchte ich betonen, daß diese Forscher zwar das Wort „Gefühl" benutzen, wenn sie über die Bewußtheit von Bewältigungsmöglichkeiten sprechen, sie sich dabei aber eindeutig eher auf eine kognitive als auf eine affektive Funktion beziehen, auch wenn sich die Folgen dieser Funktion im emotionalen Bereich niederschlagen. Wesentlich dabei ist, daß die der Belastung ausgesetzte Person glaubt, daß sie sich auf zweckmäßige Weise verhält, um die Gefahr zu verringern oder den Schaden einzudämmen, anstatt sich passiv der Rolle des hilflosen Opfers zu ergeben. Diese Befunde unterstreichen den Inhalt meiner vorhergehenden Besprechung der kognitiven Reaktionen, besonders der Gedanken über die eigene Identität, denn all diese Abläufe summieren sich zu einem untauglichen Verhalten der Betroffenen und der damit verbundenen Bewußtheit oder Überzeugung, ein ohnmächtiges und hilfloses Opfer zu sein.

Übrigens erbringen *Gal* und *Lazarus* auch den Nachweis, daß sogar solche Aktivitäten, die nicht auf die Verringerung der Streßauswirkungen gerichtet sind, und auch nicht diesen Zweck verfolgen sollen, eine Verringerung von Angst zur Folge haben. Sie glauben, daß Aktivitäten, die nicht gegen die Bedrohung gerichtet sind, aus verschiedenen Gründen hilfreich sind: teilweise, weil sie eine Möglichkeit der Entladung aufgestauter Energie bieten, welche der Organismus im Sinne einer Kampf- oder Fluchtreaktion auf die Bedrohung hin aufgebaut hat, und teilweise, weil die Aktivitäten zeitweise die Aufmerksamkeit von belastenden Wahrnehmungen ablenken. Dieser letzte Punkt stimmt mit meiner früheren Behauptung überein, daß die Verwirrung und kognitive Desorganisation in der ersten Phase nach einem erschütternden Ereignis deshalb für den Organismus wertvoll ist, weil er so vor der bewußten Wahrnehmung des Grauens dieser Situation geschützt wird.

Die gelernte Hilflosigkeit

Weitere Beiträge zu unserem Thema liefern Untersuchungen experimenteller Psychologen, die bei Versuchstieren einen Zustand erzeugt haben, den sie

„gelernte Hilflosigkeit“ nennen. *Seligman* (1976), einer der Pioniere auf diesem Gebiet, hat unlängst seine eigene Arbeit mit Hunden wie auch die Untersuchungen vieler anderer Psychologen mit ganz verschiedenen Tieren wie Katzen, Ratten, Fischen, Affen und Mäusen zusammengefaßt. *Thoraton* und *Jacobs* (1971) und *Hiroto* (1974) haben die wesentlichen Befunde dieser Arbeiten auch im Bereich des Menschen bestätigt.

Seligman (1976) hat den grundlegenden Aufbau dieser Experimente dargestellt: Ein Hund wird in einen sogenannten Sprungkasten geführt, der in der Mitte durch eine schulterhohe Wand unterteilt ist. Eine Hälfte des Bodens ist verdrahtet, so daß der Hund elektrisch geschockt werden kann. Bei Anwendung dieser Schocks springt der Hund jaulend herum und landet, wenn er dabei zufällig über die Trennwand springt, auf dem unverdrahteten Teil des Bodens, wodurch sein Schockerlebnis unterbrochen wird. Beim nächsten Versuch überspringt der Hund die Trennwand schon schneller, und dies beschleunigt sich weiter in den nachfolgenden Versuchen, bis der Hund gelernt hat, das Schockerlebnis durch einen sofortigen Sprung über die Trennwand zu unterbrechen. Normalerweise lernen alle Hunde diesen Ablauf in dieser Reihenfolge.

Wird ein Hund aber in einer Hängematte festgebunden, so daß er sich nicht bewegen kann und werden ihm dann einige Tage lang in gewissen Abständen für ihn unvermeidbare elektrische Schocks verabreicht, so zeigt er danach, wenn er in den Sprungkasten geführt wird, folgende Reaktionen: Bei Beginn des elektrischen Schocks springt der Hund zunächst herum und jault, setzt oder legt sich aber bald ruhig hin und winselt, bis der elektrische Schock beendet wird. Springt er während dieses Ablaufes zufällig über die Trennwand, so lernt er nicht, diese Erfahrung für sich positiv zu verwerten; denn beim nächsten Versuchsdurchgang liegt er wieder nur passiv da und läßt die elektrischen Schocks solange über sich ergehen, bis sie beendet werden.

Ich möchte an dieser Stelle nicht auf die weiteren Experimente von *Seligman* eingehen, die uns zeigen, daß nicht der Schock selbst, sondern die Tatsache, daß der Hund den Schock nicht kontrollieren kann, ausschlaggebend dafür ist, daß er sich im Sprungkasten passiv verhält anstatt zu fliehen. Des weiteren zeigen sie uns, daß es sich hierbei um einen kognitiven Ablauf handelt, d.h. die Tatsache, daß der Hund in der Hängematte lernt, daß die Schocks und seine eigenen Reaktionen unabhängig voneinander sind, erschwert dem Hund hernach das situative Lernen im Sprungkasten, daß ihm also ein Sprung über die Trennwand Erleichterung bringen könnte. Er lernt dies offenbar nicht einmal dadurch, daß ihn der Sprung über die Trennwand von den negativen Empfindungen der elektrischen Schocks befreit.

Die gelernte Hilflosigkeit kann dennoch wieder verlernt werden. Dies wird erreicht, indem der Hund während der Schockphase ein paar Mal an einer Leine über die Trennwand in den unverdrahteten Teil herübergezogen wird. Nach einer Reihe solcher Versuche erholt sich der Hund von seiner gelernten Hilflosigkeit und beginnt, sich wieder normal zu verhalten.

Seligman diskutiert 1976 die Ähnlichkeit der Phänomene der gelernten Hilflosigkeit und der klinischen Depression. Mein eigenes Interesse gilt eher dem Wert der Ergebnisse dieser Tierversuche, die uns ein vertieftes Verständnis menschlicher Reaktionen auf Katastrophenbelastungen bringen können. Anscheinend liegt ein bedeutsamer Aspekt der Katastrophenerfahrung eines feindlichen

Bombenangriffes oder einer Naturkatastrophe, z.B. einer Überflutung, einer Feuersbrunst oder eines Tornados darin, daß die Betroffenen erkennen, daß das Geschehnis außerhalb ihrer persönlichen Kontrolle liegt. Analog zu dem Hund in der Hängematte sind auch hier das schmerzhafte Ereignis und das persönliche Verhalten unabhängig voneinander. Ein solches Ereignis, besonders wenn es sich wiederholt, führt nicht nur zu einem Gefühl der Hilflosigkeit, sondern auch zu einem passiven, der Situation unangemessenen Verhalten und zu einer verringerten Fähigkeit, aus Realitätserfahrungen für sich etwas zu lernen.

Natürlich wissen wir nicht, was Tiere in einem Zustand der gelernten Hilflosigkeit denken, falls sie dies überhaupt tun. Es scheint jedoch vernünftig anzunehmen, daß Menschen in einem analogen Zustand, in dem sie zu Opfern einer für sie unkontrollierbaren Situation werden, sich nicht nur hilflos fühlen, sondern auch ihre Lage als hoffnungslos begreifen lernen. Gewiß ist ein häufiges Merkmal des Gedankeninhaltes einer klinisch depressiven Person die Hoffnungslosigkeit, und sie rationalisiert für gewöhnlich ihren Mangel an Initiative zur Bewältigung des Zustandes durch die Erwartung, daß nichts, was sie tun könnte, ihr unvermeidbares Schicksal ändern könnte (*Beck* 1970).

Obwohl die Depression nur eine der häufigen Erscheinungen des emotionalen Umbruches während der Phase des inneren Aufruhrs darstellt, möchte ich behaupten, daß die Hoffnungslosigkeit zusammen mit dem Gefühl der Hilflosigkeit zu einer Verringerung der Bewältigungsmöglichkeiten des einzelnen Betroffenen, der die Belastung der Katastrophe nicht meistern kann, führt. Sowohl bei der gerlernten Hilflosigkeit der Versuchstiere wie auch bei dem anfänglichen Reaktionsunvermögen nach einer Katastrophe tritt eine Phase der passiven Unterwerfung unter die Situation auf; diese scheint die Folge einer Erfahrung zu sein, die den einzelnen lehrt, daß er das Opfer von für ihn nicht kontrollierbaren Kräften ist. Im Lichte der Ähnlichkeit dieser Reaktionen wird es nun klarer, wieso Aktivitäten, die in einer Katastrophensituation irgendwie gegen die Bedrohung gerichtet sind, ein so wichtiger Faktor zur Förderung eines zweckmäßigen Anpassungsverhaltens sind. Im besonderen wird dadurch klarer, wieso die Überzeugung des einzelnen, sein aktives Verhalten habe irgendeinen Einfluß auf sein Wohlergehen in dieser Situation, so bedeutsam ist. Diese Überzeugung wirkt dem Gefühl, das völlig hilflose Opfer zu sein, entgegen – ein Gefühl, das anscheinend so belastend ist, daß es dem Menschen seine Hilflosigkeit auch in weiteren Situationen einimpft.

Wenn diese Beurteilung des Mechanismus, daß eine gegen die Bedrohung gerichtete Aktivität für die situative Anpassung wertvoll ist, korrekt ist, so müßten sich ähnlich gute Ergebnisse durch die Überzeugung selbst erzielen lassen oder aber durch eine reduzierte Aktivität in Form ritueller Gesten, die nur wenig aktive Anstrengung erfordern. Tatsächlich berichtet eine Reihe zeitgenössischer psychologischer Forscher über eine Vielzahl irrationaler Überzeugungen und abergläubischer Praktiken, die von Zivilpersonen während der Luftangriffe des Zweiten Weltkrieges als eine Art kognitive Strategie benutzt wurden, um sich einzureden, daß sie während der Bombenangriffe eine wirkliche Kontrolle über das schicksalhafte Geschehen ausüben könnten (*Matte* 1943, *Schmidberg* 1952, *Glover* 1942, *Vernon* 1941). Bei der Auswertung dieser Veröffentlichungen und anderer, die sich mit den offenkundigeren magischen Praktiken beschäftigten, welche in Japan während des Luftkrieges üblich waren, kommt *Janis* (1951) zu dem Schluß, daß sie anscheinend den Wert hatten, der Bewältigung dieser Erlebnisse förderlich zu sein.

Meine eigenen Erfahrungen als Zivilist während der Luftangriffe des Zweiten Weltkrieges fügen sich hier sinnvoll ein: Ich arbeitete in einem Krankenhaus in einer der Hauptangriffszonen. In den Nächten, in denen ich keinen Dienst hatte, legte ich mich gewöhnlich in einem Teil des Krankenhauskellers schlafen, den ich sorgsam als den sichersten Fleck im ganzen Gebäude ausgesucht hatte. Meine Kollegen dachten, ich wäre in dieser Hinsicht eiskalt, da ich auch während der schwersten Bombenangriffe einfach durchschlief. Ich selbst wußte aber, daß ich fürchterliche Angst hatte und daß mein gesunder Schlaf eine Art Abwehr des Schreckens war. Andererseits hatte ich mir alles genau durchdacht: Da ich keinerlei Einflußmöglichkeiten besaß, das Verhalten der deutschen Angreifer zu verändern, war das Beste, was ich tun konnte, den sichersten Schlafplatz zu suchen. Das würde mir die besten Überlebenschancen sichern, wenn das Krankenhaus getroffen würde, was durchaus wahrscheinlich war, da die Bomben Nacht für Nacht in unserer unmittelbaren Umgebung einschlugen.

Ich glaubte auch weiter an meinen überlegten Scharfsinn in dieser Angelegenheit, bis ich dann, nach der Rückkehr vom Militärdienst, mein früheres Krankenhaus wieder besuchte. Ich ging in den Keller hinab, um einen alten Freund in der Vorratsabteilung zu begrüßen, und entschloß mich, meinen früheren „Luftschutzunterstand" aufzusuchen. Als ich ihn gefunden hatte, entdeckte ich zu meinem Entsetzen, daß ich meinen Schlafplatz genau unter einigen Rohren gewählt hatte, die ich nun als die Hauptleitungen für das Heißwasser des Heizungssystems erkannte. Wäre das Krankenhaus getroffen worden, so wären diese Rohre wahrscheinlich geplatzt und ich wäre an meinem „sicheren Unterschlupf" tödlich verbrüht worden. Aber wie sehr ich mich auch mit meinen Annahmen über die Sicherheit dieses Ortes geirrt haben mag, half mir meine damalige Überzeugung, daß ich mich so gut wie irgend möglich in Sicherheit gebracht hätte, sicherlich dabei, meine Fassung zu wahren und die Belastungen jener Situation zu meistern.

Die Schaulust

Unmittelbar nach einem Katastrophenereignis beginnen die Menschen, aus der näheren Umgebung in das Zentrum des Geschehens zu strömen. Dies dauert oft mehrere Stunden lang und zieht sich manchmal auch über mehrere Tage hinweg. Die Menschen tun dies mit einem derart starken Antrieb, daß sie sich oft unachtsamerweise beim Aufsuchen des Katastrophenortes in Gefahr bringen. Trotz der Warnungen und der Absicherungsmaßnahmen der Polizei und der Zivilschutzorganisationen drängen sie sich hartnäckig vor und behindern dabei häufig durch Verstopfung der Zugänge und Ausfallstraßen die Rettungsarbeiten.

Die ersten Menschen, die in das Unglücksgebiet kommen, sind gewöhnlich darum bemüht, die Überlebenden zu retten. Sie werden von Freunden, Nachbarn und Verwandten möglicher Katastrophenopfer begleitet, die etwas über das Schicksal ihrer Bekannten und Verwandten erfahren wollen. Kurz danach aber, über Stunden und manchmal Tage hinweg, drängt sich ein von Schaulust getriebener Menschenstrom zu dem Unglücksort hin. Sie drängeln nach vorne, um möglichst nahe an dem Ort der Zerstörung zu stehen, starren die Szene an und sind oft wie angewurzelt vor lähmendem Entsetzen. Die späteren Schaulustigen kommen dagegen eher wie aufgeregte Zuschauer daher. Während eines Krieges mit häufigen Luftangriffen bleiben die meisten Menschen eher in ihren Luftschutzkellern, bis die Entwarnungssirenen ertönen; dann aber tauchen viele von ihnen aus den Verstecken auf und bevölkern die Straßen um die frisch zerbomten Gebäude herum, wo die Rettungsarbeiten noch in Gang sind.

Wir haben noch keine sicheren Erkenntnisse über die Bedeutung dieses Reaktinsmusters, das *Janis* die „Gafferreaktion" nannte. Sie scheint die Kennzeichen eines primitiven biologischen Triebes zu besitzen; zumindest scheint dies für diejenigen zu gelten, die zuerst herbeieilen und versuchen, die Opfer zu retten. Viele Katastrophenforscher haben dieses Phänomen beschrieben (z.B. *Tyhurst* 1957, *Blaufarb* und *Levine* 1971, *Crawshaw* 1963, *Shader* und *Schwartz* 1966, *Janis* 1951, *Matte* 1943, *Glover* 1942, *Schmidberg* 1942, *Vernon* 1941).

Der gemeinsame Nenner dieser Untersuchungen scheint darin zu bestehen, daß es eine zweifache psychologische Motivation für dieses Phänomen gibt:

a. Indem der einzelne an dem Geschehen als Augenzeuge teilnimmt, entlastet er sich von dem Zustand der Verwirrung und Hilflosigkeit. Das aktive Aufnehmen von Informationen gibt ihm ein Gefühl der kognitiven Bewältigung. Die Wahrnehmung der tatsächlichen Realität, wie entsetzlich sie auch immer sein mag, ist immer noch besser, als sich auf irgendwelche Vorstellungen des Geschehens verlassen zu müssen; denn die Realität hat Grenzen, und das trifft nicht unbedingt auf Phantasien zu, die auf Angst und Schuldgefühlen aufbauen. Diese Aussage hat allerdings ihre Grenzen: *Janis* (1951) hat aufgezeigt, daß die durch die Atombomben in Japan hervorgerufenen Verwüstungen schlimmer waren als das, was sich die meisten Menschen zu jener Zeit in ihren schlimmsten Alpträumen ausmalen konnten.

b. Während der Gafferreaktion können womöglich viele Schaulustige ihre Gefühle und Einstellungen gegenüber der Möglichkeit, selbst vernichtet zu werden, „durcharbeiten" (*Matte* 1943). Zum wiederholten Male läßt sich also feststellen, daß eine Form der kognitiven Bewältigung hierbei beteiligt sein dürfte, nämlich ein sich selbst regulierendes, allmähliches Abfinden mit dieser furchterregenden Möglichkeit in einer Situation, in der man dieses Schicksal eindeutig nur aus zweiter Hand miterlebt und sicher kein kann, daß man ihm wenigstens dieses Mal selbst entwischt ist. Dieser Prozeß ist vielleicht demjenigen ähnlich, den *Ruth Caplan* (1976) in ihrer Untersuchung über Sterbebräuche im England des 18. Jahrhunderts beschrieb; dort war es unter den gläubigen Christen Sitte, sich auf den eigenen Tod durch wiederholte Besuche am Sterbebett anderer Menschen vorzubereiten und aktiv an dem Ritual der Begleitung der sterbenden Person in ihren letzten Stunden und Minuten teilzunehmen. *Friedrich von Schiller* (1790) befaßt sich in seinem Aufsatz *„Über das Sublime"*[1] im wesentlichen mit demselben Thema: „Das Pathetische ist ein künstliches Unglück, und wie das wahre Unglück setzt es uns in unmittelbaren Verkehr mit dem Geistergesetz, das

---

[1] Schillers Sämtliche Werke, 12. Band, Philosophische Schriften 2. Teil, Cotta'sche Buchhandlung Nachf., Stuttgart und Berlin 1904

in unserem Busen gebietet. Aber das wahre Unglück wählt seinen Mann und seine Zeit nicht immer gut; es überrascht uns oft wehrlos, und was noch schlimmer ist, es macht uns oft wehrlos. Das künstliche Unglück des Pathetischen hingegen findet uns in voller Rüstung, und weil es bloß eingebildet ist, so gewinnt das selbständige Prinzipium in unserm Gemüte Raum, seine absolute Independenz zu behaupten. Je öfter nun der Geist diesen Akt von Selbsttätigkeit erneuert, desto mehr wird ihm derselbe zur Fertigkeit, einen desto größeren Vorsprung gewinnt er vor dem sinnlichen Trieb, daß er endlich auch dann, wenn aus dem eingebildeten und künstlichen Unglück ein ernsthaftes wird, im stande ist, es als ein künstliches zu behandeln und – der höchste Schwung der Menschennatur! – das wirkliche Leiden in eine erhabene Rührung aufzulösen. Das Pathetische, kann man daher sagen, ist eine Inokulation des unvermeidlichen Schicksals, wodurch es seiner Bösartigkeit beraubt und der Angriff desselben auf die starke Seite des Menschen hingeleitet wird."

Das Wirken von Systemen des sozialen Rückhaltes

Wir sind nun in der Lage, all die Erkenntnisse über die Reaktonen von Überlebenden bei Katastrophen zusammenzufassen und dabei zu klären, wie Formen des sozialen Rückhaltes Menschen bei ihrem Kampf um die kognitive Bewältigung des Unglückes helfen können, so daß sie diese belastende Erfahrung meistern können. Im Interesse einer kurz gehaltenen Darstellung wähle ich eine idealtypische Beschreibung von wirksamen Formen sozialen Rückhaltes, wobei mir freilich klar ist, daß in einer jeden prakischen Situation einige der Elemente, die ich anführe, fehlen oder auf unangemessene Weise wirken können.

1. Die Organisation des sozialen Rückhaltes

Im günstigsten Fall ergreifen ein oder mehrere Mitglieder des natürlichen sozialen Netzes der Opfer sofort nach dem Unglück Maßnahmen, um eine Helfergruppe zu versammeln. Dies geschieht durch das Herbeirufen von Freunden, Nachbarn, Gemeindefunktionären und Fürsorgern wie politischen und religiösen Führern und Vertretern der Gesundheits- und Wohlfahrtseinrichtungen sowie durch das Herbeiziehen entfernterer Familienmitglieder und ähnlicher Personen. Besonders gefragt sind Menschen, die persönliche Erfahrungen mit einer vergleichbaren Katastrophe haben und daher, auf der Basis des Erfahrenen, Anleitung und Unterstützung anbieten können.

Sind keine natürlichen Führungspersonen zur Bildung einer solchen Helfergruppe vorhanden oder handelt es sich um Opfer, die eher schwache Bande zu ihrer Nachbarschaft besitzen, weil sie Neulinge in diesem Gebiet oder aber eine Randgruppe darstellen, so erfüllen Vertreter der Laienfürsorgeeinrichtungen und der hauptamtlichen Fürsorgeinstitutionen diese Beistandsfunktion. Sie kümmern sich auch um ein übereinstimmendes Vorgehen der natürlichen Helfergruppe mit den Zivilschutzorganisationen, die sich mit der Brandbekämpfung, Rettungseinsätzen, Erste-Hilfe-Diensten, mit dem Abtransport von Verletzten und Toten und mit der Evakuierung Obdachloser in Notunterkünfte beschäftigen.

2. Die Erleichterung vorübergehender Rückzugsreaktionen

Sowohl die Gruppe der natürlichen Helfer wie auch die Zivilschützer bemühen sich darum, die anfänglichen psychischen Rückzugsreaktionen wie Unbewußtheit des Geschehens, Verwirrung und veränderten Bewußtseinszustand nicht voreilig zu unterbrechen. Diese Reaktionen werden respektvoll als sich selbst regelnde individuelle Abwehrmechanismen betrachtet. Die Helfer und Zivilschützer beschränken sich darauf, ruheloses Umherwandern in gefährlichen Zonen zu unterbinden, die Katastrophenopfer zu dem sichersten Ort in der unmittelbaren Nachbarschaft zu bringen, ihnen Sitz- oder Liegemöglichkeiten anzubieten, ruhig mit ihnen in einfachen, beruhigenden Worten in ihrer Muttersprache zu sprechen und sie durch körperlichen Kontakt und nonverbale Mitteilungen zu trösten. Sie stellen ihnen keine Fragen und lassen sich nicht auf theoretische Diskussionen ein. Zusammengefaßt kann man sagen, daß die Helfer eine ähnliche Rolle wie fürsorgliche Erwachsene bei erschreckten Kindern einnehmen, also sich dem vorübergehenden Zustand der Regression und der hilflosen Abhängigkeit der Opfer angemessen verhalten.

Erfahrene Helfergruppen halten wohlmeinende, aber unerfahrene Ärzte und Krankenschwestern davon ab, den Opfern während der ersten Phase nach der Katastrophe Beruhigungsmittel zu injizieren. Die erhöhte Abhängigkeit und Suggestibilität der Opfer macht sie äußerst zugänglich für beruhigende Worte und Gesten, so daß sie nicht noch zusätzlich zu ihren bereits bestehenden Schwierigkeiten mit Pharmaka belastet zu werden brauchen.

Der Umstand, daß selbst in der Phase eines ausgeprägten psychischen Rückzuges die Betroffen gemäß ihrer kulturellen Traditionen reagieren, hat mich sehr beeindruckt. Anscheinend gibt es ruhige, passive und schwerfällige Kulturformen und andere, die laut, ruhelos und überaktiv sind. Wenn sich die Helfergruppe aus Mitgliedern des gleichen Kulturkreises wie die Opfer zusammensetzt, wissen sie, was sie zu erwarten haben und lassen sich, anders als diesem Kulturkreis fremde Personen, nicht von den charakteristischen Verhaltensmustern aus dem Konzept bringen. Zudem haben sie zumeist Erfahrung darin, welche Art des Schutzes und des Trostes bei den Betroffenen notwendig ist.

Die Mitglieder des rückhaltgebenden sozialen Umfeldes erleichtern nicht nur den ausgeprägten Rückzug in veränderte Bewußtseinszustände während der ersten Erschütterungsphase, sondern beobachten die Betroffenen auch in der Phase des inneren Aufruhrs. Wenn sie den Eindruck gewinnen, daß der Spannungszustand eines Betroffenen über ein vertretbares Maß hinaus ansteigt, unterstützen sie seine Bemühungen, sich zu zerstreuen oder sorgen von sich aus für entsprechende Ablenkung. Dabei kommt einem wieder das Bild des Verhaltens einer klugen Mutter und ihres erschreckten Kindes in den Sinn.

In der Vergangenheit akzeptierte ich kritiklos das traditionelle Wertesystem der dynamischen Psychiatrie, demzufolge Verleugnung und Flucht etwas Schlechtes ist, während die aktive und offene Auseinandersetzung mit der Realität als der richtige Weg für die Streßbewältigung gewertet wird. Meine Einstellung wandelte sich jedoch durch meine Erfahrungen mit Menschen, die sich mit Katastrophen auseinandersetzten, sowie mit dem Verhalten von Helfergruppen aus verschiedenen Kulturkreisen und besonders mit sachverständigen Laienhelfergruppen.

Dieser Einstellungswandel wird durch neuere Forschungsergebnisse bestätigt. So fanden wir beispielsweise in unseren Harvard-Untersuchungen heraus, daß die psychischen Auswirkungen des Witwenstandes nicht notwendigerweise bei denjenigen Witwen schlimmer sein müssen, die sich während des ersten Trauerjahres gegen eine zu schmerzhafte direkte Auseinandersetzung mit den Problemen der Verlassenheit abschirmen und ihre Trauerarbeit nicht in Übereinstimmung mit dem Zeitplan und den Verhaltensmustern, wie sie von *Lindemann* (1944) für gesund gehalten werden, ableisten (*Glick, Weiss* und *Parkes* 1974). In einem hochinteressanten Artikel von *Wallerstern* und *Kelly* (1974) über eine Untersuchung bei Jugendlichen, die mit den Belastungen der Ehescheidung der Eltern kämpfen, stellen die Autoren fest, daß alle von ihnen untersuchten Jugendlichen Wege der psychischen Distanzierung und des Rückzuges benutzten, um sich gegen die schmerzvolle Erfahrung des Auseinanderbrechens der Familie zu schützen. Diejenigen Jugendlichen, die sich gefühlsmäßig am wirkungsvollsten von der Situation distanzieren und, im Sinne eines strategischen Rückzuges, ihre Aufmerksamkeit von der Belastung abwenden konnten, hatten schließlich später als junge Erwachsene den besten Erfolg bezüglich der persönlichen Reife und des Einfühlungsvermögens, der Wärme und des Mitleides gegenüber zumindest einem der beiden Elternteile.

3. Vorbeugende und heilsame Maßnahmen gegen Erschöpfung

Eine Spielart desselben Themas ist meine wiederholte Beobachtung, daß erfahrene Helfer dem Grad der Erschöpfung bei den Opfern besondere Aufmerksamkeit schenken. Dies gilt besonders für die Phasen des inneren Aufruhrs und der späteren Situationsanpassung. Sie beugen der Erschöpfung dadurch vor, daß sie innerhalb der Familie konkrete Aufgaben übernehmen, die ansonsten dem einzelnen, der mit den Belastungen der Situation fertig zu werden versucht, das Leben weiter erschweren würden. Sie helfen den Familienmitgliedern dabei, für den Grad der Erschöpfung jedes einzelnen sensibel zu sein. Sie befürworten Ruhephasen und übernehmen zeitweilig die Rollenfunktionen einzelner Personen, so daß der Betreffende sich wirklich Ruhe gönnen kann. Zudem fordern sie die erschöpften Personen zu erholsamen Beschäftigungen auf. Erst wenn sich die Betroffenen soweit erholt haben, holen sie sie zu ihren angestammten Aufgaben zurück; sie nehmen also mit anderen Worten dem einzelnen während der Phase, in der sein eigenes Handlungs- und Urteilsvermögen eingeschränkt ist, die Handhabung und den Umgang mit seinem Erschöpfungszustand ab.

4. Ergänzende Hilfen im kognitiven Bereich

Eine leistungsfähige Helfergruppe überwacht den jeweiligen kognitiven Zustand des einzelnen Betroffenen und bietet ihm, wenn er beginnt, sich der Auseinandersetzung mit seiner Situation gewachsen zu fühlen, Rat und Anleitung an; sie teilt mit ihm seine Bemühungen bei der Einschätzung, Beurteilung, Planung und Ausführung von Handlungen, welche mit den Problemen der Notsituation und dem beginnenden Prozeß der Rehabilitation zu tun haben. Sie hilft ihm, eine realistische Perspektive zu gewinnen, die Art der durch die Katastrophe in seiner Welt entstandenen Veränderungen zu verstehen, und arbeitet einzelne praktische Schritte mit ihm durch, damit er allmählich einen Überblick gewinnt und im Laufe der Zeit planen kann, wie er sich selbst und seine Familie wiederherstellen kann. Besonders wichtig ist hier die Hilfe bei der Suche nach Notdiensten und Rehabilitationshilfen in der Gemeinde und die Hilfe bei der Entscheidung, was in dieser verwirrenden und komplizierten Situaton vorrangig ist. Dabei kommt es gewöhnlich darauf an, ihm zunächst zu helfen, sich auf die unmittelbar anstehenden Fragen zu konzentrieren und sich nicht durch die störenden Erinnerungen der unmittelbaren oder ferneren Vergangenheit durcheinanderbringen zu lassen, um dann später den Bereich seiner Aufmerksamkeit auf die Planung und Ausführung von Maßnahmen für seine persönliche Zukunft zu erweitern.

Dabei kommt es nicht nur darauf an, dem Betroffenen und seiner Familie Möglichkeiten zu bieten, die für sie wichtigen Umstände und Wahlmöglichkeiten zu diskutieren, sondern sie auch zur gemeinsamen Durchführung zu bewegen und sie sogar beim Herstellen der notwendigen Kontakte mit Einrichtungen in der Gemeinde zu begleiten wie auch vielleicht ihre Kinder zu beaufsichtigen, während die Eltern dabei sind, solche Hilfseinrichtungen aufzusuchen.

5. Die Übermittlung von Informationen und die Befriedigung von Schaulust

Zivilschutzorganisationen, die die Bedeutung des Triebes der Menschen aus der Umgebung des Unglücksorts verstehen, Augenkontakt mit dem Katastrophengeschehen aufzunehmen, errichten keine Barrikaden, um den Zugang zum Unglücksort zu verhindern und lassen sich in keine Handgemenge ein; sie organisieren den Zustrom der Schaulustigen so, daß sie nahe genug, aber mit sicherem Abstand das Geschehen verfolgen können, um dann zu einem nahen, günstig gelegenen Punkt weiterzugehen, der ihnen weiteres Beobachten erlaubt oder wo ein Mitglied der Rettungsmannschaft, das in Funkverbindung mit den übrigen Rettern steht, einen laufenden Kommentar über die Geschehnisse abgeben kann.

Ich weiß nicht, ob irgend jemand es schon technisch ausgetüftelt hat, wüßte aber gerne, ob solch ein organisiertes Vorgehen nicht noch durch die Einrichtung einer Fernsehübertragung vor Ort verbessert werden könnte, so daß die Schaulustigen die Geschehnisse auf einem großen tragbaren Fernsehschirm einige hundert Meter vom Ort des Geschehens entfernt mitverfolgen könnten.

Die Informationen über die Identität und den Zustand von Verletzten werden am besten durch ein System vieler Informationsbüros in den verschiedenen Teilen der Stadt oder Gegend übermittelt, so daß die sich andrängenden Menschenmengen sich nach kurzer Zeit bewegen lassen, nach Hause zu gehen mit der Sicherheit, daß sie durch verläßliche neue Informationen sobald wie möglich auf dem laufenden gehalten werden. In allen Fällen, in denen militärische Sicherheitsmaßnahmen keine Rolle spielen, können diese Informationen auch über die Massenmedien zugänglich gemacht werden.

Die Informationen, die für die Verwandten und Freunde von Opfern, von den Getöteten, von den Verletzten und von den in Notunterkünfte Evakuierten bestimmt sind, sollen durch ein dezentralisertes Mitteilungssystem frei zugänglich gemacht werden. Besondere Bedeutung kommt dabei der Arbeit der Mitglieder des sozialen Umfeldes beim Sammeln und Überbringen dieser wichtigen Informationen zu. So begleiten beispielsweise Mitglieder der betroffenen Familie andere verletzte Mitglieder ins Krankenhaus und berichten dem Rest der Familie in der Notunterkunft von Zeit zu Zeit persönlich oder über Mitglieder der Helfergruppe über deren Genesungsfortschritt. In seiner Biographie berichtet der Bürgermeister *Teddy Kollek* (1978), daß er während der Bombardierung von Jerusalem im Jahre 1967 viel Zeit dafür aufwandte, Botschaften zwischen Eltern, die in ihren Wohnungen eingeschlossen waren, und ihren Kindern in den Luftschutzkellern der Schulen hin und her zu tragen.

6. Unterstützungsmaßnahmen für den Erhalt der Identität

Eine ausschlaggebende Funktion bei einer wirkungsvollen Hilfestellung besteht darin, das Selbstbild des Katastrophenopfers als hilflosen unvermögenden Menschen, als der er sich im Moment vorkommt, dadurch zu entkräften, daß er an seine Stärken vor dem Unglück und an seine bisherigen Erfolge bei der Bewältigung schwieriger Situationen erinnert wird. Aus diesem Grund ist es wichtig, daß das System des sozialen Rückhaltes Freunde und Nachbarn umfaßt, die den Betreffenden daran erinnern können, wie er zuvor war. Für den ungewöhnlichen Fall, daß die Helfergruppen nur aus Fremden bestehen, kann zumindest betont werden, daß das Selbstbild aller Menschen unter einer Katastrophe leidet. Zudem kann die Erwartung mitgeteilt werden, daß die Katastriophenopfer nach Abklingen der akuten Bestürzung zu ihren früheren Stärken und Fähigkeiten zurückfinden werden und daß die Gefühle der Hilflosigkeit und Ohnmacht eine normale, wenn auch unangenehme Nebenwirkung der Katastrophe darstellen.

7. Maßnahmen zur Erweiterung der Identität

Indem eine Helfergruppe einem erschütterten Menschen Rückhalt bietet, leistet sie einen Beitrag zum Erhalt seiner Identität. Die Aufnahme in der Gruppe und die daraus erfolgende Identifizierung mit ihr erweitert zusätzlich sein Gefühl der Identität. Er gewinnt den Eindruck, daß seine persönliche Stärke durch die Gruppe gesteigert wird, und dieser Eindruck ist existentiell gesehen richtig, weil die Gruppenmitglieder in der Praxis demonstrieren, daß sie seine kognitiven Funktionen ergänzend unterstützen und ihn mit ihren eigenen Gütern und Dienstleistungen versorgen.

Von besonderer Bedeutung ist im weiteren die, wenn auch nur kurzfristige, persönliche Anwesenheit hochrangiger Vertreter der Gemeinde, sowie politischer und religiöser Führungspersonen in unmittelbarer Nähe der Betroffenen. Der erschütterte Mensch erlebt so eine Erhöhung seines Selbstwertgefühles, weil sich diese Menschen aktiv um ihn während dieser Phase kümmern. Dieses Erlebnis wird noch verstärkt durch sein erhöhtes Bedürfnis nach Zugehörigkeit und seine erhöhte Suggestibilität.

8. Strukturieren, ordnen und in Reihefolge bringen

Helfergruppen bringen Struktur und Ordnung in die Umgebung und die Lebensbezüge von Katastrophenopfern und wirken so dem Chaos entgegen, das durch die Zerstörung von Material und Menschen erzeugt wird. Ihrem Gefühl der zeitlichen und räumlichen Desorientiertheit wird durch Einführung geordneter Abläufe erwartungsgemäßen Verhaltens, das mit zeitlichen und räumlichen Erkennungszeichen verbunden wird, entgegengewirkt.

9. Aktivitäten fördern und die Hoffnung aufrechterhalten

Der wesentliche Beitrag sozialer rückhaltgebender Gruppen besteht darin, gewisse Handlungen als wertvoll für die Verringerung von Gefahr oder für die Vermeidung möglicher schädlicher Auswirkungen der Katastrophe zu definieren. Diesen Beitrag leisten hauptsächlich formelle Vorschriften der Vorsteher des Gemeinwesens sowie Traditionen und Regeln der verschiedenen Bezugsgruppen, denen die Betreffenden angehören. Das Einschärfen der Überzeugung, daß der einzelne darauf hoffen kann, sein eigenes und das Schicksal seiner Familie durch solche Handlungen zu verbessern, spielt dabei eine wichige Rolle. Das Aufrechterhalten der Hoffnung ist ein ganz wichtiger Faktor, der sowohl durch die Ankündigungen der Gemeindevorsteher und der Schlüsselpersonen in den weniger formalen Helfergruppen wie auch durch die unausgesprochenen Leistungen der organisierten Zivilschützer bewirkt wird, die zur Erreichung bestimmter Ziele wie Brandbekämpfung, Einrichtung von Luftschutz-, Gas- oder Atomschutzräumen oder ähnlichem die Aktivitäten in der Gemeinde strukturieren. Wenn diese Maßnahmen von anerkannten Führungspersonen geleitet werden, so wirken sich die damit verbundenen Anstrengungen als einflußreiche Quelle der Hoffnung auf die Betroffenen aus. *Glover* (1942) berichtete, daß während der Luftangriffe auf London die Kampfmoral unter der Bevölkerung jeweils dann stieg, wenn die Flugabwehrgeschütze laut und anhaltend zu hören waren, weil die Menschen dann das Gefühl hatten, sie würden wirkungsvoll verteidigt und sie würden gegen die deutschen Bomber zurückschlagen, selbst wenn das Schweigen der Flugabwehrgeschütze gewöhnlich bedeutete, daß britische Jagdflugzeuge in Luftkämpfe mit dem Feind verwickelt waren, was eine wesentlich wirkungsvollere Form der Verteidigung darstellte.

Im Krieg wie auch in Friedenszeiten lösen Katastrophen bei vielen Menschen eine Welle freiwilligen Einsatzeifers aus. Wenn diese Energien von Hilfs- und Rettungsorganisationen in der Gemeinde in ihre Einsätze eingebunden werden, so können auch Menschen, die sonst zur hoffnungslosen Passivität neigen würden, in den aktiven Kampf gegen die allgemeine Bedrohung mit einbezogen werden.

Völker oder Bevölkerungsgruppen mit gewachsenen ideologischen Banden wie einer religiösen oder politischen Ideologie können zumeist leichter zu hoffnungsfördernden Aktivitäten bewegt werden, weil sie gelernt haben, überlieferte Ziele wertzuschätzen und glauben, daß sie durch persönlichen Einsatz erreichbar sind. Das erinnert mich an einen Autoaufkleber, den ich unlängst in Jerusalem sah. Man könnte ihn übersetzen mit: „Hilf mit, die Wiederkehr des

Messias zu beschleunigen. Trage jeden Tag Gebetsriemen!“ Dieser Werbespruch wurde ergänzt durch ein Bild eines ausgestreckten Armes mit Gebetsriemen, der den Messias herbeiwinkte.

10. Die moralische Bewältigung

Der stärkste Einfluß dieser Art von Unterstützung zeigt sich dann, wenn die Führungspersonen einer ideologisch in sich geschlossenen Bevölkerung die Katastrophensituation nicht in materiellen, sondern in geistigen Begriffen beschreiben. Indem sie die gegenwärtige Situation als eine Phase in einem geistigen Kampf definieren, in welchem das unwiderrufliche Schicksal durch den Glauben, symbolische Gedanken und rituelle Handlungen manipuliert werden kann, helfen sie ihrer Bezugsgruppe, sich über die Leiden der aktuellen Situation und Realität zu erheben, auch wenn diese die Unvermeidlichkeit von Marterqualen und Tod beinhaltet. Solch eine Unterstützung bietet den Angesprochenen die Gewißheit des Triumphes des menschlichen Geistes, was immer auch das physische Resultat der Katastrophe sein mag. Diese Form der Unterstützung strukturiert und schreibt eine Reihe von Aktivitäten vor wie Gebete, religiöse Praktiken und kulturelle Aktivitäten so wie sie beispielsweise in Theresienstadt und in anderen Ghettos und Konzentrationslagern von den dem Tode geweihten Juden unter der Naziherrschaft ausgeübt wurden. Sie verliehen der Fähigkeit des menschlichen Geistes, physische und psychische Unterdrückung zu überwinden, mächtigen und wirkungsvollen Ausdruck.

11. Aufnahme in die Hilfsdienste

Eine weitere einflußreiche Form der Aktivität, die von erfahrenen Helfergruppen gefördert wird, ist die Aufnahme von Katastrophenopfern in die Reihe derjeniger, die ihren Mitmenschen Hilfe anbieten. In jeder Gruppe, die einer Erschütterung ausgesetzt ist, wird es immer einige Menschen geben, die ihr Bemühen eher darauf richten, anderen zu helfen als sich selbst. Dies mag mit langfristig eingeübten Rollenmustern zusammenhängen, wie sie Eltern gegenüber Kindern oder Führungspersonen gegenüber anderen vor der Krise eingenommen haben, oder es ist auf Persönlichkeitsmerkmale zurückzuführen, die der Übernahme einer informellen Führung in Belastungssituationen förderlich sind. Ein leistungsfähiges System von Helfern überwacht das Verhalten von Katastrophenopfern aufmerksam und erkennt, welche Personen offensichtlich ihre Phase verstärkter Abhängigkeitsreaktionen abschließen, so daß sie folgerichtig dazu angeleitet werden können, denjenigen in ihrer Gruppe zu helfen, die noch verwirrt und abhängig sind. Besonders wichtig ist dabei der Umstand, daß dies nicht nur dazu führt, daß das frühere passive Katastrophenopfer aktiv wird; durch die Hilfe gegenüber seinen Mitmenschen, mit denen es sich identifiziert, erlebt es ein Gefühl der Situationsbewältigung und verstärkt so seine eigenen Bewältigungsmöglichkeiten; es bringt zudem auch ein Ansteigen der Selbstachtung mit sich, wenn dieser Mensch die Reihen der Opfer verläßt und in den Reihen der Helfergruppen aufgenommen und akzeptiert wird.

12. Die Gewöhnung an Selbständigkeit

Die oben beschriebene Entwicklung ist Teil eines allgemeineren Prozesses. Zunächst ist das Bedürfnis, sich auf die ichstützenden Maßnahmen des sozialen Umfeldes zu verlassen, eine wesentliche Phase in der Anpassung an die Katastrophensituation. Es beinhaltet allerdings die Gefahr, daß diese Phase ungebührlich ausgedehnt wird und eine schrittweise Bewältigung der Situation verhindert. Eine solche Entwicklung ist einerseits zurückzuführen auf den sekundären Gewinn für den einzelnen Betroffen, der sich an die Bequemlichkeit und Sicherheit einer Situation gewöhnt, in der er sich einfach auf die anderen verläßt, und andererseits auf die Verstärkung von Überlegenheitsgefühlen bei den Helfern, die auf diese Weise, indem sie die Verwüstungen der Katastrophe wiedergutzumachen helfen, die Auseinandersetzung mit ihrer eigenen letztendlichen Ohnmacht vermeiden können. Ein sinnvoll arbeitendes Helfersystem gewöhnt die Betroffenen, denen es beisteht, durch eine Reihe abgestufter Schritte daran, die selbständige Kontrolle über ihre Ich-Funktionen allmählich wieder zu übernehmen, ähnlich wie ein kluger Elternteil ein Kind allmählich an erwachsene Selbständigkeit gewöhnt, während gleichzeitig auch weiterhin berechtigte Abhängigkeitsbedürfnisse früherer Entwicklungsphasen befriedigt werden.

13. Die Bewältigung der Gefühle

Wenngleich sich die oben beschriebenen ichstützenden und icherweiternden Maßnahmen von Helfersystemen auf kognitive Probleme konzentrieren, so ermöglichen sie es dem einzelnen Betroffenen doch gleichzeitig, besser und auf eigenständige Art mit seinem gefühlsmäßigen Wirrwarr fertig zu werden. Zudem wirkt ein leistungsfähiges Helfersystem insbesondere daran mit, daß sich die Betroffenen mit ihrem Gefühlsdruck auseinandersetzen können: Die Helfer beruhigen und trösten sie, um die Angst zu dämpfen; sie ermutigen zur emotionalen Abreaktion, indem sie wiederholt die Geschichte des Opfers über den Verlauf der Katastrophe anhören; sie helfen damit dem einzelnen Betroffenen zu begreifen, daß er sein Möglichstes getan hat, falls Verwandte und Freunde getötet wurden und er sich wegen seines Überlebens schuldig fühlt. Die Helfergruppe fängt einiges von der spontanen und ungezielten Feindseligkeit auf und verhindert irrationale Projektionen, indem sie die wohlwollende Absicht der Gemeinde und ihrer Führungspersonen erklärt und demonstriert. Sie teilt mit den Betroffenen auch die Trauer über die Verluste und dämpft auf diese Weise depressive Verstimmungen. Besonders wichtig ist, daß das Helfersystem den gefühlsmäßigen Wirrwarr klar und deutlich als natürliche Begleiterscheinung einer gesunden Auseinandersetzung mit der Katastrophe definiert und als eine Phase auf dem Weg zu ihrer Bewältigung. Sie betont, daß diese Gefühle, wie ungewöhnlich und fremdartig sie auch sein mögen, keineswegs ein Zeichen von Schlechtigkeit oder Verrücktheit sind.

Zitierte Literatur

Albee, G. und *J.M. Joffe* (Hrsg.): Primary Prevention of Psychopathology, Vol. I: The Issues. University Press of New England, New Hampshire 1977.

Anthony, E.J.: A Risk-Vulnerability Intervention Model for Children of Psychotic Parents. In: *Anthony, J.* und *C. Koupernik* (Hrsg.): The Child In His Family: Children at Psychiatric Risk. John Wiley & Sons, New York 1974, 99–121.

Antonovsky, A.: Conceptual & Methodological Problems in the Study of Resistance Resources and Stressful Life Events. In: *Dohrenwend, B.S.* und *B.P. Dohrenwend* (Hrsg.): Stressful Live Events. John Wiley & Sons, New York 1974.

Beck, A.T.: The Phenomena of Depression: A Synthesis. In: *Offer, L.* und *D. Freedman* (Hrsg.): Clinical Research in Perspective. Basic Books, New York 1970.

Blaufarb, H., und *J. Levine:* Crisis Intervention in an Earthquake. Social Work 17 (4) 1972, 16–19.

Brown, G.W., M.N. Bhrolchain und *T. Harris:* Social Class and Psychiatric Disturbance among Women in an Urban Population. Sociology 9 (1975) 225?251.

Caplan, G.: The Primary Prevention of Mental Disorders in Children: Developments during the period 1962–1977 (Manuskript). Vorlesung an der Universität Leuven, Belgien, gehalten am 26. Mai 1978.

Caplan, G.: Support-Systems and Community Mental Health. Behavioral Publications, New York 1974.

Caplan, G. und *M. Killilea* (Hrsg.): Support-Systems and Mental Health. Grune & Stratton, New York 1976.

Caplan, R.: Helping the Helpers to Help. Seabury Press, New York 1972.

Cassel, J.C.: Psychiatric Epidemiology. In: *Caplan, G.* (Hrsg.): American Handbook of Psychiatry, Vol. II. Basic Books, New York 1974, 401–411.

Cobb, S.: Social Support as a Moderator of Life Stress. psychosomatic Medicine 38 (5) 1976, 300–314.

Cobb, S.: Physiological Changes in Men Whose Jobs were Abolished. Journal of Psychosomatic Res. 18 (1974), 245–258.

Crawshaw, R.: Reactions to Disaster. Arch. Gen. Psychiat. 9 (2) 1963, 157–162.

deAraujo, G., P.P. Van Arsdel, T.H. Hughes und *D.L. Dudley:* Life Change, Coping Ability and Chronic Intrinsic Asthma. Journal of Psychosomatic Res. 17 (1973), 359–363.

Deutsch, F. und *W.F. Murphy:* The Clinical Interview, Vol. I, Diagnosis. Int. Univ. Press, New York 1955.

Dohrenwend, B.S., und *B.P. Dohrenwend* (Hrsg.): Stressful Life Events. John Wiley & Sons, New York 1974.

Forgays, D.G. (Hrsg.): Primary Prevention of Psychopathology, Vol. II: Environmental Influences. University Press of New England, New Hampshire 1978.

Gal, R. und *R.S. Lazarus:* The Role of Activity in Anticipating and Confronting Stressful Situations. Journal of Human Stress 1 (4) 1975), 4–20

Garmezy, N.: Vulnerability Research and the Issue of Primary Prevention. American Journal of Orthopsychiatry 41 (1971), 101–116.

Garmezy, N. et al.: The Nature of Competence in Normal & Deviant Children. In: *Kent, M.* und *Koli* (Hrsg.): Primary Prevention of Psychopathology, Vol. 3: Social Competence in Children. University Press of New England, New Hampshire 1978.

Glick, I.O., R.S. Weiss und *C.M. Parker:* The First Year of Bereavement. John Wiley & Sons, New York 1974.

Glover, E.: Notes on the Psychological Effects of War Conditions in the Civilian Population. Int. J. Psychoanal. 23 (1942), 17–37.

Halpern, E.: Effect of Support on Adjustment of War Orphans. Vortrag bei der zweiten internationalen Konferenz über psychische Belastung in Krieg und Frieden, Jerusalem 1978.

Hansell, N.: The Person in Distress. Behavioral Publications, New York 1976.

Hiroto, D.S.: The Relationship Between Learned Helplessness and Laws of Control. Journal Exp. Psychol. 1974.

Irving, J.: Air War and Emotional Stress. McGraw-Hill, New York 1951.

Kent, M. und *J.E. Rolf* (Hrsg.): Primary Prevention of Psychopathology. Vol. 3: Social Competence in Children. University Press of New England, New Hampshire 1978.

Kollek, T.: For Jerusalem. Steimatzky's Agency, Jerusalem 1978.

Lindemann, E.: The Symptomatology and Management of Acute Grief. American Journal of Psychiatry 101 (1944), 141–148.

Matte, I.: Observations of the English in Wartime. Journal of Nervous Mental Diseases 97 (1943), 447–463.

Nicholls, K.B., J. Cassel und *B.H. Kaplan:* Psychosocial assets, Life Crisis and the Prognosis of Pregnancy. American Journal Epidemiol. 17 (1972), 359–363.

Pervin, L.A.: The Need to Predict and Control Under Conditions of Stress. J. Pers. 31 (1963), 570–587.

Schiller, Friedrich: Sämtliche Werke, 12. Band. Philosophische Schriften, 2. Teil, Cotta'sche Buchhandlung Nachf., Stuttgart und Berlin 1904

Schmideberg, M.: Some Observations on Individual Reactions to Air Raids. Int. J. Psychoanal. 23 (1942), 17–37.

Seligman, M.E.P.: Depression and Learned Helplessness. In: *Van Prag, Utrecht, Bohn, Scheltena* und *Holkema* (Hrsg.): Research in Neurosis. 1976, 72–107.

Shader, R.I. und *Schartz, A.J.:* Management of Reactions to Disaster. Social Work 11 (2) 1966, 99–104.

Tayal, S.: Suggestibility in a State of Crisis. DAI, 32(12–3). Juni 1972, 7325-B.

Thornton, J.W. und *Jacobs, P.D.:* Learned Helplessness in Human Subjects. Journal Exp. Psychol. 87 (1971), 369–372.

Tyhurst, J.S.: The Role of Transition States – Including Disasters – In Mental Illness. Symposium über soziale und präventive Psychiatrie. Walter Reed Army Institute of Research, Washington D.C. 1957, 148–172.

Tyhurst, J.S.: Individual Reactions to Community Disaster. the Natural History of Psychiatric Phenomena. Amer. J. Psychiat. 1951, 107–764.

Vernon, P.L.: Psychological Effects of Air Raids. J. Abnorm. Soc. Psychol. 36 (1941), 452–476.

Wallerstein, J.S. und *J.B. Kelly:* The Effects of Parental Divorce: The Adolescent Experience. In: *Anthony, E.J.* und *Koupernik* (Hrsg.): The Child in His Family: Children at Psychiatric Risk. John Wiley & Sons, London 1974, 479–507.

White, R.: Competence as an Aspect of Personal Growth. In: *Kent, M.* und *J.E. Rolf* (Hrsg.): Primary Prevention of Psychopathology, Vol. 3: Social Competence in Children. University Press of New England, New Hampshire 1976.

4. Kapitel

Praktische Anwendungen des Organisationsmodells „Sozialer Rückhalt“ in kinder- und jugendpsychiatrischen Projekten

Eine Reihe deskriptiver und experimenteller Untersuchungen hat gezeigt, daß Menschen, die ohne angemessenen sozialen Rückhalt hohen Belastungen ausgesetzt sind, in der Folge eine erhöhte Anfälligkeit für körperliche und psychische Erkrankungen aufweisen. Vergleichbare Menschen, die aber ein hohes Maß an sozialem Rückhalt genießen, zeigen sich, wenn sie ähnlichen Belastungen ausgesetzt sind, deutlich weniger anfällig für Krankheiten. Diese erhöhte Anfälligkeit der Menschen ohne sozialen Rückhalt scheint sich aus ihrem Mißerfolg bei dem Versuch, die Belastung zu bewältigen sowie aus den nachfolgenden, selbstbeschädigenden Formen psychischer und körperlicher Spannungsreduktion zu ergeben.

Das Mißlingen der Streßbewältigung bei Menschen ohne sozialen Rückhalt scheint in der bei ihnen stattfindenden Erregung dysphorischer Gefühlsreaktionen begründet zu sein, die ihre kognitiven und Problemlösefähigkeiten gewöhnlich in Mitleidenschaft ziehen. Charakteristischerweise zeigt sich dies in einer Störung bei der Informationssammlung und -auswertung, im Urteils- und Planungsvermögen sowie in der Handlungsfähigkeit. Erschütterte Menschen leiden zumeist auch daran, daß sie in bezug auf ihr Selbstbild verwirrt sind und deshalb in einer verworrenen und frustrierenden Situation in ihrem Willen schwankend und in ihrer Ausdauer geschwächt sind.

Im Organiationsmodell „Sozialer Rückhalt“ wird dargestellt, wie die Wirkung des sozialen Rückhaltes auf dem Einsatz der Helfer als ichstützende Personen gründet, die diese belastungsbedingten kognitiven und bei der Problemlösung auftretenden Einbußen wettmachen und bei Aufgaben der Belastungsbewältigung Anleitung und konkrete Hilfe anbieten. Auf diese Weise kommen sie dem Bedürfnis nach körperlich und psychisch schädigenden Formen des Spannungsabbaues zuvor.

Dieses Organisationsmodell veranlaßt uns, dafür zu sorgen, daß Kinder in Belastungssituationen gemeinschaftliche soziale Unterstützung erfahren sollten, und dies hat uns zur Entwicklung der folgenden Methoden zur Erreichung dieses Zieles geführt.

1. Die Bildung einer Helfergruppe für ein bestimmtes Kind

Das Ziel besteht darin, mit einer Gruppe oder einem Netzwerk von Helfern zur Zeit der stärksten Belastung bei dem Kind zu sein, um ihm zu helfen, seinen Gefühlswirrwarr in Grenzen zu halten und um ihm beim Zurechtkommen mit der Belastung und den Gefahren seiner mißlichen Lage Anleitung und Hilfestellung zu geben.

Die Helfer können sowohl aus den einschlägigen Berufen kommen als auch keinerlei Expertenstatus haben, das heißt, es können Familienmitglieder, Freunde, Nachbarn, Mitschüler, inoffizielle Fürsorgepersonen (die sogenannten natürlichen Helfer) und Schlüsselpersonen der ethnischen oder religiösen Gemeinschaft sein. Wenn die Helfer durch einen Angehörigen der psychiatrischen Dienste zusammengerufen werden, so sollte er absichern, daß dem Einsatz der Helfer kein psychiatrisches Etikett angeheftet wird. So kann er verhindern, daß ein Stigma einer psychopathologischen Störung entsteht und irrationale und regressive Tendenzen gefördert werden. Stattdessen ist unsere Aufgabe, einen normalen, aktiven Anpassungskampf ausdrücklich zu fördern, mit der Erwartung, daß das Kind und seine Familie im Normalfall mit gewöhnlicher Hilfe anderer Menschen ihre unvermeidlichen Beschwerden und Probleme überwinden können. Die Hilfe anderer soll ihnen im weiteren ermöglichen, durch aufgabenorientiertes Vorgehen konstruktiv mit den Belastungen der schwierigen Lebenssituation und ihren kurz- und langfristigen Folgen fertig zu werden.

Zur Veranschaulichung ein Beispiel: Ein Kinderpsychiater eines allgemeinen Krankenhauses wurde durch den Sozialarbeiter einer Station herbeigerufen, um mitzuhelfen, einen 14 Jahre alten Jungen auf die Amputation seines rechten Beines am folgenden Tag vorzubereiten. Der Junge litt an einem Osteosarkom des Oberschenkels. Mitgliedern seiner Familie war die Diagnose und die Notwendigkeit eines sofortigen radikalen Eingriffs bereits mitgeteilt worden. Der Junge selbst war jedoch noch nicht informiert worden, weil er sich während der drei Tage Beobachtungsaufenthalt im Krankenhaus ausgesprochen negativ und sehr rebellisch verhalten hatte. Man befürchtete, er würde völlig unkontrollierbar werden und sogar wegrennen, wenn er von der notwendigen Amputation erführe.

Dem psychiatrischen Konsulenten war klar, daß der Junge ohne Verzögerung informiert und für den Opfergang am darauffolgenden Tag vorbereitet werden mußte. Der erste Schritt mußte aber darin bestehen, eine Helfergruppe zusammenzurufen, die ihm beistehen sollte, den Belastungen seines schweren Schicksals entgegenzutreten, um so die Intensität einer fehlangepaßten Abwehrreaktion in Form eines explosiven Kontrollverlustes zu verringern und mit einer begleitenden Unterstützung zu beginnen, die während der kommenden Wochen mit ihrer chirurgischen Behandlung, mit der onkologischen Chemotherapie und der beginnenden Rehabilitation intensiv weitergeführt würde.

Der psychiatrische Konsulent sprach deshalb mit dem diensthabenden Oberarzt in der Orthopädie und bat ihn, eine dringende Sitzung seiner chirurgischen, krankenpflegerischen und sozialarbeiterischen Kollegen einberufen; die Mutter des Patienten und andere Verwandte, die gerade auf Besuch waren, sollten gebeten werden, mit dabei zu sein, wenn der Chirurg mit Unterstützung des Psychiaters dem Jungen das diagnostische Bild erklären würde und mit ihm die bevorstehende chirurgische Behandlung und ihre Folgen besprechen würde. Obwohl der psychiatrische Konsulent den Anstoß zu dieser dringlichen Sitzung gab, bat er ausdrücklich den Chirurgen, sie einzuberufen, und überließ es auch dem Chirurgen, sie zu leiten und in ihr die Akzente zu setzen. Für den Jungen und seine Verwandten war somit klar, daß die Aufmerksamkeit ganz seiner körperlichen Erkrankung und dem Eingriff am folgenden Tag galt, wenngleich dabei auch ihre zu erwartenden menschlichen Reaktionen berücksichtigt wurden. Damit wurde den Beteiligten deutlich gemacht, daß alle Mitarbeiter der Abteilung dem Jungen und seiner Familie bei der Bewältigung der schwierigen Situation helfen wollten.

Während der über einstündigen Sitzung erklärte der chirurgische Oberarzt die Angelegenheit in einfachen Worten und gab dann dem Jungen und seiner Familie genügend Zeit zu reagieren, zu fragen und Einwände vorzubringen. Wie zu erwarten, war der Junge schockiert, begann aber nach einer Weile, sich der Situation zu stellen, indem er erste Anzeichen von Trauer über das zu verlierende Bein zeigte und, zwischen wütenden Protesten und Fluchtdrohungen, erste Anzeichen, mit der Tragödie fertig zu werden, zeigte.

Der psychiatrische Konsulent beteiligte sich an der Diskussion nur wenig. Er wurde zu Anfang als Mitglied der Stationsabteilung vorgestellt. Er begnügte sich damit, ab und zu klärende Fragen oder Feststellungen zu äußern, die im wesentlichen beabsichtigten, die Sitzung in Gang zu halten, bis der Junge erste Anzeichen eines Anpassungsprozesses an die Situation zeigen würde. Seine Gegenwart hatte hauptsächlich die Bedeutung, dem Chirurgen deutlich zu machen, wie wichtig es war, in einer Notfallsituation soviel Zeit für diese Besprechung mit allen Beteiligten zu verwenden. Nachdem der Junge und seine Verwandten den Raum verlassen hatten, half der Psychiater den Chirurgen und Krankenpflegern, die Bedeutung der Reaktionen des Patienten zu verstehen, die einen Rahmen für die Organisation eines Helfersystems in den Reihen der Mitarbeiter während des bevorstehenden Anpassungskampfes bei dem Jungen und seiner Familie bilden konnten. Da der Vater des Jungen drei Jahre zuvor gestorben war und sein älterer Bruder zu jener Zeit Wehrdienst in der Armee leistete, schlug der psychiatrische Konsulent zudem vor, die Mitarbeiter der Abteilung sollten die Militärbehörden kontaktieren und für den Bruder einen Sonderurlaub beantragen, damit er zusammen mit der Mutter am Bett des Jungen während des Krankenhausaufenthaltes Krankenwache halten könnte. Dies war deshalb um so wichtiger, weil die Familie mehrere Stunden entfernt von dem Krankenhaus wohnte und keine Verwandten in der näheren Umgebung besaß.

In einem anderen orthopädischen Fall wurde der psychiatrische Konsulent herbeigerufen, um daran mitzuwirken, einem 10 Jahre alten Jungen, der zwei Stunden zuvor wegen einer Oberschenkelfraktion infolge eines Unfalles mit dem elterlichen Auto aufgenommen worden war, zu sagen, daß seine Mutter den Verletzungen erlegen war. Der psychiatrische Konsulent riet dem Stationsteam, mit dieser Mitteilung mehrere Tage abzuwarten, bis der Junge sich von seinen akuten körperlichen und psychischen Reaktionen auf den Unfall erholt hätte; zudem riet er, daß die schlechte Nachricht wenn möglich vom Vater des Jungen, der das Auto gefahren hatte und sich auf einer anderen Station von den verhältnismäßig geringfügigen Verletzungen seinerseits erholte, überbracht werden sollte. Die Mitteilung sollte in Anwesenheit einer möglichst großen Anzahl von Mitgliedern der erweiterten Familie sowie zusammen mit dem zuständigen Arzt, dem Sozialarbeiter der Station und der Stationsschwester gemacht werden. Der psychiatrische Konsulent hielt es für besser, bei diesem Anlaß nicht zugegen zu sein, obwohl er bis dahin bereits eine gute Beziehung zu dem Jungen aufgebaut hatte. Er besuchte ihn dafür kurz danach, um mit ihm über die Reaktionen auf diese Mitteilung zu sprechen.

Ein wichtiger Teil der Rolle des psychiatrischen Spezialisten beim Einberufen einer Helfergruppe besteht darin, daß er derjenige sein sollte, der die Mitglieder dieser Helfergruppe auswählt. Wenn sie sich selbst überlassen werden, können sowohl hauptberufliche Fürsorger wie auch hilfsbereite Laien nicht nur die dringende Notwendigkeit der Einberufung einer Helfergruppe zu dem betreffenden Zeitpunkt übersehen, sondern auch bestimmte Personen unberücksichtigt lassen, die sie diesbezüglich für unwichtig erachten, Personen wie den älteren Bruder des Patienten mit dem Osteosarkom. Im Rahmen eines Krankenhauses werden Fallbesprechungen von Mitarbeitern traditionellerweise als Stations- oder Fallbesprechungen definiert, und damit sind die Teilnehmer gewöhnlich auf die Mitarbeiter des Krankenhauses beschränkt. Es läßt sich fast mit Sicherheit sagen, daß sie den Patienten und seine erweiterte Familie nicht einbeziehen werden, wenn wir von einer kurzen anfänglichen Kontaktaufnahme am Bett des Patienten einmal absehen. Wenn der psychiatrische Spezialist hingegen den Hauptzweck einer solchen Sitzung in der Unterstüzung des Patienten und seiner Familie sieht, kann es für ihn wichtig sein, die Teilnahme daran auf bestimmte Mitglieder des Krankenhauses zu beschränken oder aber auf so viele Mitarbeiter und auch Laien wir nur irgend möglich auszuweiten.

Hierzu ein Beispiel: Ein 14 1/2 Jahre altes Mädchen, die an Anorexia nervosa litt, wurde auf einer pädiatrischen Abteilung behandelt. An einem kritischen Punkt in ihrer Behandlung fühlte sie sich unter großem Druck, weil sie den Eindruck hatte, sie würde zum Essen gezwungen und gefährlich dick werden. Sie versuchte dagegen anzugehen, indem sie an alle um sie herum appellierte, zuzustimmen, daß sie übermäßig zunehme und daß sie vermutlich einen Zusammenbruch in Form einer Depression mit Suizidgefährdung erleiden würde, wenn sie weiter zu ihrem Essensprogramm gezwungen würde. Der Kinderpsychiater und der Kinderarzt, die beide zusammen für ihre Behandlung zuständig waren, erkannten, daß das Mädchen in ein Netz zwischenmenschlicher Unterstützung eingebunden werden mußte; dadurch sollte sie in der Erwartung unterstützt werden, daß sie die innere Kraft hätte, ihre emotionalen Schwierigkeiten durchzuarbeiten und besser zu erkennen, daß ihre Selbstwahrnehmung, derzufolge sie übermäßig fett wurde, nicht mit der Wirklichkeit übereinstimmte (in Wirklichkeit sah sie ausgemergelt aus). Zuvor war bereits vereinbart worden, daß sich nur bestimmte Mitarbeiter der Station aktiv mit ihrem Fall beschäftigen sollten, und dieses Behandlungsteam hielt tägliche Sitzungen ab, um Informationen über sie auszutauschen und therapeutische Strategien zu entwickeln. Die übrigen Mitarbeiter der Station wurden angewiesen, sich nicht einzumischen, wie etwa durch Versuche, sie zum Essen zu bewegen. Als sich die Depression des Mädchens jedoch verschlimmerte, wurde entschieden, daß jeder Mitarbeiter der Station an einer gesamthaften Helfergruppe und einem rückhaltgebenden Netzwerk teilnehmen sollte. Eine Reihe von Sitzungen wurde einberufen, so daß die Mitarbeiter aller Schichtdienste über die jeweilige Verfassung des Mädchens und über die starke Belastung, die sie erlebte, informiert werden konnten. Das Ziel dabei war, einen gemeinsamen Verband zu schaffen, der sie mit einem Netz positiver Erwartungen umgeben sollte, um ihren Genesungsfortschritt zu fördern. Ihren Eltern und ihrem jüngeren Bruder wurde nahegelegt, sie so oft wie möglich zu besuchen, und die Mitarbeiter wurden dazu angeleitet, dauerhaft in Kontakt mit ihnen zu bleiben.

Spezialisten im psychiatrischen Bereich sollten sich im klaren darüber sein, daß ihnen womöglich bestimmte potentielle Unterstützungspersonen nicht sofort einfallen, wenn sie überlegen, wen sie in die Helfergruppe für ein belastetes Kind eingliedern könnten. Zu solchen möglicherweise in Frage kommenden Unterstützungspersonen gehören der Klassenlehrer des Kindes oder andere Angehörige der Schule, die Mitschüler oder Spielkameraden, die durch den Lehrer zu einem Besuch im Krankenhaus oder im Zuhause des Kindes bewegt werden können, weiters die Leiter von Pfadfindergruppen oder die Berater eines Gemeindezentrums. Im Krankenhaus selbst könnte einem Pflegeschüler oder einem freiwilligen Besucher die besondere Aufgabe gegeben werden, sich mehrere Stunden pro Woche um das Kind während seines Krankenhausaufenthaltes zu kümmern.

So wurde eine Pflegeschülerin damit beauftragt, sich um den Jungen mit dem Osteosarkom am Tag nach seiner Amputation zu kümmern. Sie verbrachte dann täglich mehrere Stunden bei ihm und hielt die Beziehung auch aufrecht, als er auf die Krebsstation überwiesen wurde. Sie begleitete ihn gewöhnlich auf seinem Gang zur Physiotherapie und zur Beschäftigungstherapie und führte ihn später aus zu kleinen Fahrten mit dem Rollstuhl in den Gängen des Krankenhauses oder zur Cafeteria. Als der Junge ein Jahr nach seiner Entlassung zu einer Nachuntersuchung ins Krankenhaus kam, suchte er speziell diese Pflegeschülerin auf, mit der er inzwischen in Briefkontakt gestanden hatte. Genau in ihrer Begleitung stattete er auch dem Psychiater einen überraschenden Besuch ab.

Koordinierende Fallbesprechungen mit verschiedenen Betreuungsinstanzen sind, trotz ihres Aufwandes, im gemeindepsychiatrischen Bereich beim Umgang mit Problemfamilien oder ihren Kindern mittlerweile üblich geworden. Die Einberufung einer solchen Gruppe ist daher nichts Neues, aber es bleibt erwähnenswert, daß dieses Instrument nicht nur dazu beitragen kann, die Überschneidung und die Unvereinbarkeit einzelner Dienste zu verhindern bzw. möglichen Lücken in der Betreuung zuvorzukommen, sondern auch ein systematischs Netz rückhaltgebender persönlicher Verbindungen in belastungsreichen Zeiten zu knüpfen. Hierzu folgendes Beispiel: Ein 13jähriges Mädchen, das wegen einer lang anhaltenden, ihren Lernerfolg behindernden emotionalen Störung in eine Sonderschule ging, erlebte eine besonders belastende Phase. Ihre Mutter litt an Nierenversagen, war dialyseabhängig und wurde für eine Nierentransplantation vorgesehen. Das Mädchen selbst wurde auf einen Eingriff der plastischen Chirurgie vorbereitet, der eine ausgeprägte, zuvor erfolglos behandelte, angeborene Mißbildung des Kiefers beheben sollte. Ihr Vater, der vor einigen Jahren die Familie verlassen hatte und nach Übersee gegangen war, hatte zunächst seine Rückkehr angekündigt, es sich dann aber wieder anders überlegt. In der Schule reagierte das Mädchen auf diese Situation mit einer lästigen Verhaltensstörung und völliger Lernunfähigkeit. Der psychiatrische Konsulent der Schule bat den Direktor, eine Zusammenkunft zwischen ihm und dem Klassenlehrer des Kindes, dem Schulpsychologen, dem Sozialarbeiter, der Krankenschwester, dem Erziehungsleiter und einem Berater, der das Mädchen in ihrem Gemeindezentrum betreute, zu organisieren. Bei dieser Zusammenkunft wurde beschlossen, mit den zuständigen Krankenhausmitarbeitern, die ihrerseits die chirurgische Betreuung der Mutter und des Kindes vorbereiteten, in Kontakt zu treten. Der Sozialarbeiter wurde beauftragt, an den Fallbesprechungen im Krankenhaus wie auch in der Schule teilzunehmen und eine Verbindung zwischen den beiden Bereichen aufzubauen. Der Kinderpsychiater besprach sich mit dem Chirurgen, der die plastische Operation bei dem Mädchen vorbereitete. Der Sozialarbeiter besuchte die städtische Fürsorge, die dann eine Familienhelferin in die Wohnung der Mutter schickte, um dort das Nötige zu tun, während die Mutter im Krankenstand war. Bei der Organisation dieses Helferverbandes kam es zunächst hauptsächlich darauf an, sicherzustellen, daß sich alle Beteiligten während der Phase der größten Belastung zusammenfinden würden und aktiv von sich aus dem Mädchen und seiner Familie die erforderliche Hilfe anbieten würden, die von einem gemeinsamen Verständnis der vielfältigen Schwierigkeiten des Mädchens getragen würde. Bedeutsamer als die Einzelheiten dieses Planes und des Zusammenspieles der verschiedenen Einrichtungen und Betreuer war vielleicht die Mobilisierung eines massiven Rückhaltes und Mitgefühles; dies ermöglichte dem Mädchen und seiner Familie, während ihrer mißlichen Lage die gemeinsame Fürsorge aller Beteiligten zu erleben. Obwohl der Psychiater derjenige war, der für die Mobilisierung aller Beteiligten zu diesem Zeitpunkt sorgte, versuchte er in keiner Phase, dieses groß angelegte Vorgehen als psychiatrisch zu kennzeichnen, sondern achtete darauf, daß es jeweils mit dem Namen der einzelnen beteiligten Einrichtungen und Dienste versehen war.

Bei diesem Vorgehen fehlte aber noch ein wesentliches unterstützendes Element, nämlich die Mobilisierung von Laienhelfern: die erweiterte Familie des Kindes, Nachbarn und Freunde der Familie, Laienfürsorger, religiöse und ethnische Schlüsselpersonen sowie die Mitschüler. Diese Helfergruppe sollte durch die Wahl einer oder mehrerer Personen aus ihren Reihen einbezogen werden, der oder denen dann übertragen wird, weitere Helfer aus diesen Gruppen anzuwerben und ihnen die Bedeutung ihrer Aufgabe, diesen Helferverband zu erstellen, verständlich zu machen. Zusätzlich sollten die Helferverbände der Fachleute und der Laien miteinander verknüpft werden, um so das Netz zu vervollständigen, in welchem das betroffene Kind aufgefangen werden soll.

Ein wichtiges Element der Rolle des im Hintergrund dirigierenden psychiatrischen Konsulenten besteht darin, Zeitpunkt und Intensität des Helfereinsatzes mit der Intensität der Belastung und ihrer allmählichen Veränderung abzustimmen. Als Modell für diese Abstimmung kann durchaus die Struktur religiöser Traditionen und Rituale dienen, die gewöhnlich das Versammeln von Helfergruppen zu Zeiten belastender Lebensereignisse erfordert, wie z.B. bei einer Geburt, Heirat, schwerer Krankheit und bei einem Trauerfall; zudem schreiben diese Traditionen und Rituale eine sich wiederholende Versammlung von Verwandten, Freunden und Nachbarn zusammen mit Vertretern der jeweiligen Konfession vor, und zwar an Zeitpunkten, die für die Anpassung an die Belastungssituation günstig sind, wie z.B. in der Trauerwoche nach einem Begräbnis und an Jahrtagen und Gedenkgottesdiensten.

2. Der Rückhalt für die Helfer

Eine Hauptaufgabe des psychiatrischen Konsulenten besteht darin, die spontanen Ereignisse in dem Helfersystem des Kindes zu überwachen und persönlich

Akzente zu setzen, wann immer ein wichtiges Glied in dieser Helfergruppe zu fehlen scheint. Bei einem Kind, das einer intakten, in der Gemeinde verwurzelten Familie angehört, ist die Zusammenkunft einer leistungsfähigen Helfergruppe in Belastungszeiten wahrscheinlich ein natürlicher Vorgang. Zudem dürften die Helfer eine Reihe von Beistandsfunktionen anbieten, die dem Kind und seiner Familie eine Bewältigung dieser Situation erlauben, und zwar ohne eine erhöhte Anfälligkeit für Folgeerkrankungen. Auch wenn eine solche optimale Situation nicht vorliegt, kann sich der Konsulent, der die Laienunterstützung durch die erweiterte Familie, Freunde, Nachbarn, Mitschüler, Laienfürsorger und Schlüsselpersonen der ethnischen und religiösen Gemeinschaft des Kindes organisiert, auf die Wahrscheinlichkeit verlassen, daß die Summe der auf gesunden Menschenverstand und menschliches Einfühlungsvermögen begründeten Bemühungen aller Beteiligten ausreichen wird, um die zu erwartenden Defizite des Kindes und seiner Familie auszugleichen.

Verläßt sich der psychiatrische Konsulent hingegen mehr auf die Unterstützung von Fachleuten, steigt paradoxerweise die Wahrscheinlichkeit, daß diese Unterstützung unangemessen ist. Dies rührt daher, daß die einzelnen Fachgebiete eng umrissene Grenzen besitzen und daß Methoden und Techniken der sozialen Unterstützung keine integrierten oder hochbewerteten Bestandteile vor allem der medizinischen Arbeitswelt darstellen, sondern gewöhnlich dem informellen Bereich des ganz persönlichen Handlungsspielraums der einzelnen Fachperson überlassen werden. Nicht alles, was dabei herauskommt, kann als gut und sinnvoll bewertet werden. Fachleute im psychiatrischen Bereich sollten dies zu verbessern suchen, indem sie für die Förderung unterstützender Interventionen als wesentliche Bestandteile fachlichen Handelns eintreten und die dazu gehörigen Methoden und Techniken im einzelnen herausarbeiten. Sowohl für Fachleute wie auch für Laien kann es wichtig sein, die Bedeutung solcher Unterstützungsmaßnahmen herauszustreichen, um damit die Helfer anzuregen, Zeit und Energie in angemessener Weise für diese Aktivitäten aufzuwenden.

Der orthopädische Oberarzt, der bestimmt ohne Zögern 1 1/2 Stunden oder länger für einen Notfall im Operationssaal aufbringen würde, wäre wohl kaum bereit gewesen, sich diese Zeit an einem arbeitsreichen Tag zu nehmen, um wegen des Jungen mit dem Osteosarkom eine informelle Zusammenkunft mit dem Jungen und seiner Familie zu organisieren, wenn der psychiatrische Konsulent ihn nicht dringend, im Sinne einer Notfallbesprechung, darum gebeten hätte.

Bei diesem Fall setzte der psychiatische Konsulent seine unterstützende Intervention bei dem Kind nach dem ersten Zusammentreffen fort. In den Phasen erhöhter Belastung verstärkte er jeweils seine Kontakte zu dem Kind und seiner Familie. Während der drei Tage nach der Amputation besuchte er den Patienten mehrmals täglich 5 bis 15 Minuten lang und wiederholte dies, als der Junge später in die Krebsstation überstellt wurde und mit der Chemotherapie begonnen wurde, die wiederkehrende Phasen schwerer Übelkeit mit Erbrechen zur Folge hatte. Während dieser Phasen kam der psychiatrische Konsulent immer wieder in das Zimmer des Jungen, wobei er ihm nicht nur half, mit diesen Nebenwirkungen fertig zu werden, sondern auch seine Mutter und seinen Bruder anspornte, ihm beim Durchhalten der Prozedur zu helfen. Außerdem bat er die Ärzte und Pfleger, ihm besondere Aufmerksamkeit und „liebevolle Fürsorge“ zu gewähren.

Bei der Überwachung der Aktivitäten des Helfersystems und bei der Entscheidung, welche fehlenden Elemente die Helfer einführen sollten, können dem psychiatrischen Konsulenten folgende Punkte dienlich sein, die die allgemeine Struktur einer guten unterstützenden Intervention kennzeichnen:

a. Die Helfer bieten sich als akzeptierende Zuhörer an, denen sich das Kind und seine Familie während und nach der akuten Belastung offen mitteilen kann.

b. Die Helfer stellen dem Kind und seiner Familie Fragen, die es ihnen ermöglichen, die sie betreffenden Ereignisse in Form bedeutungsvoller Erfahrungsmuster für ihr Leben wahrzunehmen.

c. Die Helfer korrigieren Wahrnehmungsverzerrungen, welche durch ängstliche Phantasien oder Fehlinformationen hervorgerufen werden. Sie bieten sich als Berater an, wie zusätzliche Informationen gesammelt werden können, und helfen dabei tatkräftig mit, sofern dies notwendig ist. Sie helfen dem Kind bei der Bewertung dieser neuen Informationen und stehen ihm und seiner Familie bei der Entscheidung, wie sie umgesetzt werden sollen, bei.

d. Die Berater helfen bei der notwendigen Aktivierung von Ressourcen zur Problemlösung mit. Sie können bei der Ausführung einer bestimmten Maßnahme eine aktive Rolle übernehmen und ebenso aktiv bei der Auswertung ihrer Ergebnisse und der Entscheidung über weitere Schritte mitwirken. Mit anderen Worten haben sie die Funktion eines Hilfs-Ichs bei der kognitiven Einschätzung, Beurteilung, Planung und Ausführung einzelner Maßnahmen sowie bei der Neuplanung nach Auswertung der Ergebnisse, und sie bieten bei einzelnen Aufgaben auch konkrete Hilfen an.

e. Die Helfer geben dem Kind und seiner Familie die Sicherheit, daß sie bei dem Versuch, die Belastungssituation zu bewältigen, nicht allein gelassen werden, sondern ihnen während der gesamten Belastungsphase Hilfe von Menschen, deren Leistungsfähigkeit durch die Belastung nicht eingeschränkt wird, zuteil wird. Nichtsdestoweniger werden das Kind und seine Familie ermuntert, ihre Probleme so aktiv anzugehen wie ihre zu erwartende Verworrenheit, Beschwerden und Erschöpfung es erlauben. Es soll ihnen damit grundsätzlich mitgeteilt werden, daß vernunftgesteuerte Aktivität zur Bewältigung der Situation führen wird, während eine von Hilflosigkeit geprägte Passivität lediglich einem Opferdasein und dem Versagen förderlich ist. Andererseits müssen natürlich außenstehende Helfer wie auch die Familienmitglieder selbst empfänglich bleiben für die subjektive Belastung des Kindes und für sein instinktives Gefühl dafür, daß es sich in Momenten erhöhter Belastung durch aktiven Rückzug in selektive Unaufmerksamkeit, Apathie und Verweigerung gegen die überfordernden Reizeindrücke wehren muß. Bemerken die beteiligten Helfer solch ein Bedürfnis nach Rückzug, so sollten sie dem Kind helfen, indem sie es darin bestärken, daß der Rückzug ein gesunder Anpassungsschritt an seine Situation darstellt, und indem sie ihm versichern, daß es in der Zukunft ausreichend Möglichkeiten geben wird, erneut seine Fähigkeiten zur Auseinandersetzung mit Situationen zu beweisen.

Hierzu ein Beispiel: Als der Junge, der in den Autounfall verwickelt war, sich am zweiten und dritten Tag vom ersten körperlichen Schock und der anfänglichen psychischen Verwirrung einigermaßen erholt hatte sowie eine Vertrauensbeziehung zu dem zuständigen Psychiater aufzubauen begann, war er bei seiner Erzählung des Unfalles in bezug auf einige Aspekte eigenartig vrschwiegen. Er hatte das Bedürfnis, immer wieder den Hergang des Unglückes zu erzählen, und der Psychiater ermutigte ihn dazu, indem er ihm bereitwillig zuhörte. Sobald es aber um bestimmte Abschnitte des Geschehens ging, wie beispielsweise den Transport ins Krankenhaus mit einem Armeehubschrauber, wurde er in seiner Erzählung vage und offensichtlich verworren. Schließlich meinte er: „Wissen Sie, es gibt da Momente in dieser Geschichte, über die ich nicht gerne nachdenken möchte.“ Der Psychiater antwortete: „Nach einem so schrecklichen Unfall wie diesem mußt du dir selbst Zeit geben. Versuche nicht, jetzt über alle Einzelheiten nachzudenken; sie werden dir im Laufe der Zeit ganz von selbst einfallen.“ Am nächsten Tag klagte der Junge darüber, daß er zwar die Besuche von seinen vielen Verwandten gerne hatte, sich von ihnen aber bedrängt fühlte, wenn sie ihn fortlaufend danach fragten, was nach dem Unfall geschehen war. Der Psychiater meinte dazu, daß so viele Gespräche tatsächlich ermüdend wirken können, und ermutigte ihn, sich keinen Zwang anzutun und seinem Besuch zu sagen, daß er einfach zu müde sein, um immer wieder die Einzelheiten des Geschehnisses zu wiederholen. Nachdem ihm sein Vater vom Tod seiner Mutter erzählt hatte, gestand der Junge dem Psychiater, daß diese Neuigkeit ihn eigentlich nicht überrascht habe, da er sich nämlich jetzt daran erinnern könne, wie die Ärzte in dem Rettungshubschrauber um seine Mutter herum versammelt gewesen waren, und ihm dadurch klar geworden war, daß sie in Lebensgefahr sein mußte. Er sagte weiters: „Irgendwo in mir wußte ich dies die ganze Zeit, ich konnte es einfach nicht ertragen, darüber nachzudenken; auch jetzt fühle ich mich wie betäubt und kann nicht wirklich glauben, daß sie tot sein soll.“ Der Psychiater erklärte ihm, daß ein solcher gefühlloser Zustand in dieser Situation völlig normal sei und er in dieser Hinsicht nichts erzwingen solle. „Wenn du soweit bist und dich von dem Schock erholt haben wirst, wird es dir allmählich gelingen, echte Gefühle darüber zu empfinden.“ Es war verblüffend, wie ein 10 Jahre alter Junge, auch wenn er hochintelligent war, dieses Maß an Einsicht bezüglich seines Bedürfnisses nach einem vorübergehenden inneren Rückzug entwickeln konnte. Vor nur ein paar Jahren noch hätten viele Fachleute im psychiatrischen Bereich vielleicht versucht, den Jungen dazu zu bringen, seine Abwehr aufzugeben und sofort mit seiner Trauerarbeit zu beginnen. Mittlerweile haben wir aber gelernt, Respekt gegenüber der Fähigkeit selbst eines kleinen Kindes zu entwickeln, dasjenige Ausmaß an Belastung, das es ertragen kann, selbst zu regeln, und wir haben erkannt, wie wichtig es ist, diese Kinder dabei zu unterstützen, wenn sie sich selbst gegen zu schmerzhafte Erkenntnisse und Gefühle am Höhepunkt einer Krise schützen.

f. Die Helfer fungieren als eine Art Gedächtnisspeicher für die Identität des Kindes vor dem belastenden Ereignis und leiten die Familie und Freunde dazu an, das Kind immer wieder an seine vorhandenen, im Moment allerdings vergessenen Stärken zu erinnern und ihm aufzuzeigen, daß es in der Vergangenheit unter Beweis gestellt hat, daß es mit ähnlich schwierigen Situationen trotz körperlicher Beschwerden fertig werden konnte. Damit erfüllen sie einen wichtigen Teil unseres Anliegens, beim Kind die Erwartung zu wecken und zu erhalten, daß es durch eigenes Bemühen und mit Hilfe der freiwilligen und wohlmeinenden Unterstützung seiner Helfer allmählich seine derzeitigen Schwierigkeiten aufarbeiten und die Probleme der Belastungssituation meistern kann.

g. Die Helfer streben auch danach, die Selbstachtung des Kindes und seiner Familie aufrechtzuerhalten, indem sie den kognitiven und emotionalen Wirrwarr der Betroffenen wiederholt für völlig normal erklären und so der Befürchtung der Betroffenen entgegenwirken, es handle sich hierbei um eine beginnende psychische Erkrankung; ebenso wirken sie damit möglichen Scham- oder Verlegenheitsgefühlen entgegen, wenn die Betroffenen andere um Hilfe bitten müssen und dies womöglich als Zeichen von Schwäche deuten.

Die Helfer unterstützen das Kind und seine Familie bei der Milderung der emotionalen Betroffenheit, so daß es ihnen möglich wird, ihre Energien stärker darauf zu konzentrieren, wie sie sich an die neue Situation anpassen und sie bewältigen können. Mögliche Schritte in diese Richtung können eine Stärkung der intrapsychischen Abwehrkräfte in Form der Verleugnung, der Isolation, der Verdrängung und der selektiven Unaufmerksamkeit beinhalten. Ebenso können diese Schritte direkte Interventionen zur Angstreduzierung beinhalten, also beruhigende Versicherungen oder eine ruhige und gelassene Haltung der Helfer. Um Scham und Schuldgefühle zu vermindern, kann das Abgeben von Schuldbekenntnissen ermutigt werden, dem dann irgendeine Form von Freisprechung folgt. Um dem Schmerz des persönlichen Verlustes und der Depression entgegenzuwirken, sollte Solidarität mit den Betroffenen ausgedrückt und ihnen versichert werden, daß angesehene und führende Personen das Kind weiter respektieren und an seinen inneren Wert glauben werden.

Das in diese Auflistung angegebene Vorgehen scheint eher aus fachkundigen, ausgefeilten Handlungsschritten zu bestehen, tatsächlich aber stellen sie Einzelaspekte allgemeiner Reaktionen empathischen Helfens dar, die Menschen normalerweise ganz spontan an den Tag legen können, wenn sie einem Kind in einer Belastungssituation Anleitung und Unterstützung zukommen lassen. Natürlich verändert sich die Art des Sprechens mit dem Kind je nach Alter, Intelligenz und kulturellem Hintergrund des Kindes. Mit einem älteren Kind oder einem Jugendlichen wird man eher das verständnisvolle Gespräch suchen, und die kognitive Unterstützung für sie würde vermutlich in einer Art von beratender Diskussion ablaufen, obwohl auch bei dieser Altersklasse Körperkontakt und Berührungen oft eine Möglichkeit darstellen, Trost zu bringen und Solidarität auszudrücken.

Eine Hilfestellung bei Säuglingen und Kleinkindern wird vermutlich durch die Mutter vermittelt, und zwar hauptsächlich in Form von Augenkontakt und durch das Halten und Berühren des Kindes sowie durch Nahrungszufuhr. Viele Mütter gebrauchen dabei auch einfache Worte. Sie reagieren also auf die Not ihres Kindes nicht nur, indem sie es an sich drücken, wiegen, streicheln, ihm etwas vorsingen und auf seine körperlichen Bedürfnisse achten, sondern auch mit Sätzen wie: „Du bist bestimmt ganz naß und fühlst dich unwohl; ich werde dir die Windeln wechseln." „Du bist anscheinend müde, also werde ich dich in den Schlaf wiegen und dir etwas vorsingen." „Es ist jetzt Zeit für dein Bad. Deine Mami wird es dir gleich machen." „Ich glaube, du hast Luft im Bauch. Wie wär's mit einem Bäuerchen?“ Was immer sie sagt, wird ihre Reaktion auf Anzeichen von Beschwerden beim Kind gewöhnlich darin bestehen, daß sie ihm zeigt, daß sie es mit seiner Not nicht alleine lassen wird, sondern ihm aktiv bei der Bewältigung seiner Beschwerden helfen wird, so daß das Kind sein Gleichgewicht wiederfinden kann.

Für ein Kleinkind oder ein Kind bis zu dem Alter von 8 bis 10 Jahren wird Hilfe und Unterstützung hauptsächlich durch Körperkontakt ausgedrückt; andere Mitteilungsformen werden altersgemäß in Gestalt von Phantasiespielen, Zeichnungen und im Umgang mit Spielzeug gewählt, was einerseits zum Verständnis der Sorgen und Gedanken des Kindes führen und andererseits den Helfern ermöglichen soll, sich dem Kind entsprechend verständlich zu machen. Wenngleich die kognitive Unterstützung für die Kinder meistens nicht in Form abstrakter Gespräche erfolgt, müssen einige zentrale Mitteilungen doch verbal ausgedrückt werden; dies soll dem Kind auch eine symbolische Aufmerksamkeit bezüglich seiner Gefühle signalisieren und ihm damit einen Weg aufzeigen, eine weitere Möglichkeit zur kognitiven Bewältigung der Situation zu gewinnen.

Diesbezüglich fällt mir ein persönliches Erlebnis mit meinem vierjährigen Enkel ein. Meine Tochter kam nach einem zweitägigen, durch die Geburt eines weiteren Kindes bedingten Krankenhausaufenthalt wieder nach Hause. Wir hatten meinen Enkel auf die Abwesenheit seiner Mutter vorbereitet und hatten sie zusammen mit ihn am Tag zuvor besucht. Als sie nun aber das Wohnzimmer betrat, weigerte sich der Kleine, sie zu begrüßen. Er saß in angespannter Stimmung am anderen Ende des Zimmers und wandte ihr seinen Rücken zu, während er begann, eines seiner Bilderbücher zu zerreißen. Ich setzte mich dann neben ihn auf die Couch und legte meinen Arm um ihn, ohne irgend etwas zu sagen. Nach ein paar Minuten flüsterte ich ihm ins Ohr: „Ich glaube, du bist wütend darüber, daß deine Mami weg war. Aber du weißt, daß sie ins Krankenhaus mußte, um das neue Baby zu kriegen.“ Er reagierte darauf sofort. Er sagte nichts zu mir, entspannte aber seine starre Haltung und hörte auf, das Buch zu zerreißen. Er stieg von der Couch herunter, ging zu seiner Mutter, legte seine Hand in ihre und sagte zu ihr: „Mami, ich bin sehr böse auf dich. Du hättest mich nicht so lange alleine lassen sollen.“ Sie antwortete darauf, indem sie ihn in die Arme nahm und ihm erzählte, wie leid es ihr tut, daß sie von ihm fort mußte, und wie sehr sie sich freut, daß sie wieder zuhause ist. Danach normalisierte sich ihre Beziehung und sein Verhalten wieder.

Dies ist freilich eine eher triviale Situation. Ich bin mir aber gewiß, daß ich den Lesern dieses Buches nicht zu erklären brauche, wie dieses Beispiel viele der komplizierten und abstrakten Darstellungen auf den vorigen Seiten veranschaulicht. Es zeigt die praktische Anwendung dieser Darstellungen im verhaltensmäßigen und sprachlichen Umgang mit einem Vorschulkind auf altersgemäße Weise.

Bevor ich diesen Abschnitt meines Buches beende, möchte ich ein weiteres Element für die Unterstützung der Helfer betonen. Der psychiatrische Konsulent sollte ihnen helfen, die Wichtigkeit ihrer Intervention für das Kind richtig einschätzen zu lernen, und sollte ihnen unmittelbare Unterstützung anbieten, damit sie mit den emotionalen Belastungen fertig werden können, die sich als fast unausweichliche Folge ihrer Beschäftigung mit der Krise des Kindes ergeben.

Die Mutter des Jungen mit dem Osteosarkom war eine unter Entbehrungen aufgewachsene, schwache und auf sich selbst bezogene Frau mit einer unterdurchschnittlichen Intelligenz, die sich seit dem Tod ihres Mannes besonders hilflos vorkam. Die Krankheit ihres Sohnes ängstigte sie stark, und von Beginn unseres Kontaktes an unternahm sie wiederholte Versuche, sich aus der Verantwortung zu nehmen. Es bedurfte einiger Überredungskunst, um sie nur schon zur Teilnahme an dem ersten Treffen mit den Mitarbeitern der orthopädischen Station zu bewegen. Der Psychiater bemühte sich sehr darum, sie zu ermutigen, daß sie für die Dauer des Krankenhausaufenthaltes am Bett ihres Sohnes bleibe, und er betonte immer wieder, wie wichtig gerade ihr persönlicher Beitrag sei. Sie versuchte aber wiederholt, diesen Bemühungen zu entkommen, indem sie behauptete, sie werde zu Hause für die Pflege der übrigen Kinder gebraucht. Es war daher notwendig, mit ihren Verwandten zu verabreden, daß sie die Kinder besuchsweise ins Krankenhaus mitbrachten, damit ihre Mutter sich ihres Wohlbefindens versichern konnte. Der Psychiater befriedigte ihre frustrierten Abhängigkeitsbedürfnisse, indem er ihr gegenüber eine fürsorgliche Elternrolle einnahm. So verabredete er beispielsweise in ihrer Gegenwart mit dem Stationspersonal, daß sie im Zimmer des diensthabenden Arztes während der Zeit schlafen durfte, in der ihr älterer Sohn am Bett des Patienten Nachtwache hielt. Weiters brachte er wichtige Personen ihres Volksstammes in Jerusalem dazu, sie und ihren Sohn im Krankenhaus zu besuchen und ihr ihre Unterstützung und Solidarität zu vermitteln.

In dem Fall des Mädchens mit Anorexia nervosa bestand eine wesentliche Aufgabe des Kinderpsychiaters darin, dem Personal der pädiatrischen Abteilung zu helfen, ihre Angst- und Schmerzgefühle zu meisten, als sie den intensiven geistigen Kampf des Mädchens zu begreifen begannen, der sich in der Auseinandersetzung mit ihren emotionalen Konflikten und bei der allmählichen Offenbarung ihrer darunterliegenden suizidalen Depression und ihres psychotischen Denkens ergab. Den Kinderärzten und Schwestern gegenüber, die an einen solch nahen persönlichen Kontakt mit einem derart gestörten Mädchen nicht gewohnt waren, drückte er sein Mitgefühl aus und bot ihnen Unterstützung an, und er machte ihnen gegenüber klar, daß er die hauptsächliche Verantwortung bezüglich des Risikos übernahm, daß das Mädchen während ihres Aufenthaltes auf der Station einen Selbstmordversuch machen könnte. Er ließ das Stationspersonal auch an der positiven Bewertung der Ich-Stärken des Mädchens teilhaben, sowie an seinen eigenen Zweifeln und seiner Unsicherheit bei dem Versuch, zu entscheiden, ob eine Weiterbehandlung dieses schwierigen Falles in einem allgemeinen Krankenhaus gerechtfertigt und durchführbar sei. Er besuchte die Station mehrmals täglich, um hauptsächlich ein kurzes Gespräch mit den Kinderärzten und den Schwestern führen zu können (einer seiner psychiatrischen Kollegen behandelte mittlerweile das Mädchen und seine Familie mittels intensiver Psychotherapie). Ein ausdrücklich festgehaltener und zentraler Teil des Behandlungsteiles bestand für den Psychiater darin, die Einsatzmoral des Stationspersonals zu erhalten und es immer wieder dazu anzuregen, sich standhaft mit den täglichen Komplikationen und Unsicherheiten bei diesem Fall auseinanderzusetzen. Wenn er ab und zu bemerkte, daß das Stationspersonal einen besonders hohen Ermüdungsgrad aufzuweisen schien, veranlaßte er in Absprache mit dem Psychotherapeuten des Mädchens und seiner Familie, daß die Patientin, um dem Stationspersonal eine Erholungspause zu gönnen, für ein paar Tage nach Hause entlassen wurde.

Das Überwachen von Erschöpfungserscheinungen und die Bereitstellung zeitweiliger Ruhe- und Erholungsphasen ist nicht nur wichtig in bezug auf das belastete Kind und seine Familie, sondern auch in bezug auf die Helfer. Daher ist es wünschenswert, daß in jeder Helfergruppe eine Person die ausdrückliche Aufgabe erhält, zu entscheiden, wann Ruhephasen notwendig sind. Ohne eine Verfügung von Ruhephasen besteht nämlich die Gefahr, daß die Helfer völlig in das Ringen mit der Krise eingebunden werden und Ruhephasen eher meiden, weil sie glauben, sie würden damit in einer Zeit höchster Not aufgeben oder sie würden schändlicherweise ihrem Wunsch nachgeben, einer unangenehmen Situation zu entkommen, oder aber sie würden damit einfach ihre Mitmenschen und Angehörigen im Stich lassen. Eine psychiatrische Fachperson, die die Rolle, ein Helfersystem zu leiten, akzeptiert, muß dabei eine Vorkehrung zur Einleitung von Ruhephasen für alle Beteiligten treffen, und aller Wahrscheinlichkeit nach muß diese Fachperson selbst darüber wachen, daß dieser so wichtige Prozeß der Erholung bei den Helfern auch tatsächlich stattfindet.

3. Die Zusammenführung von Paaren für gegenseitige Hilfe

Das Grundprinzip dieser Methode besteht darin, das derzeit belastete Kind mit einem anderen Kind zusammenzubringen, das eine ähnliche Belastung durchgemacht und bewältigt hat, und so zu erreichen, daß die beiden einander helfen können. Das derzeit belastete Kind gewinnt dabei rasch Vertrauen zu seinem Helfer, dessen Rat und Anleitung auf der Basis seiner eigenen vergangenen Erfahrung als echt akzeptiert wird. Zusätzlich wird der Helfer als Rollenmodell wahrgenommen, mit dem sich das belastete Kind identifizieren kann; sein offenkundiges Wohlbefinden als Zeichen eines gesunden Anpassungsprozesses wirkt als einflußreiche, nichtsprachliche Botschaft der Hoffnung auf das belastete Kind ein, daß es womöglich ebenso seine derzeitigen Schwierigkeiten bewältigen und ein ähnliches Ergebnis erzielen kann. Die Identifikation beruht auf Gegenseitigkeit, denn der Helfer sieht in dem belasteten Kind ein Bild seiner selbst, als er noch damit zu kämpfen hatte, seine eigene Belastungssitutation in den Griff zu kriegen. Seine Identifikation mit dem belasteten Kind ergibt sich ganz von selbst, da er ja aufgefordert ist, sich Einzelheiten seiner eigenen Erfahrungen ins Gedächtnis zu rufen und nochmals zu durchleben, um so das betroffene Kind anleiten und unterstützen zu können. Demzufolge hat auch der Helfer einen persönlichen Nutzen aus der Begegnung mit dem betroffenen Kind, da sie sein eigenes Gefühl, Notsituationen meistern zu können, verstärkt, auch wenn er sich daran erinnert, wie er in seiner eigenen Notsituation anfänglich litt und ähnliche Gefühle der Verworrenheit, des Schmerzes und der Hilflosigkeit erfuhr, wie er sie jetzt bei dem Kind, das er unterstützt, wiederfindet. Schließlich erlebt der Helfer durch diese Identifikation sein eigenes früheres Trauma noch einmal als Beobachter, diesmal jedoch mit dem sicheren Wissen, daß er es bereits bewältigt hat. Dieses Selbstvertrauen übermittelt er nun dem belasteten Kind. Der gegenseitige Identifikationsprozeß erzeugt also ein wechselseitig sich verstärkendes Echo gegenseitiger Bestärkung. Aus diesem Grund bewirkt solch ein Aufbau von Paaren für gegenseitige Hilfe bei jedem Kind ein hohes Maß an Teilnahmebereitschaft, so daß ein Fürsorger nur einen geeigneten Partner für ein Kind auszusuchen und die Kinder zusammenzubringen braucht und dann den Prozeß sich spontan entwickeln lassen kann.

Auch der Beginn einer Zusammenführung eines solchen Paares trägt sich oft ganz spontan zu. Kinder, die im Kindergarten, in der Schule, im Gemeindezentrum, in einer religiösen Einrichtung, im Rahmen der Nachbarschaft oder in einer Krankenhausabteilung zu einer bestimmten Gruppe gehören, suchen sich oft diejenigen aus, die ähnliche Probleme haben, und entwickeln mit ihnen auf ganz natürliche Weise freundschaftliche Bande, die auf gegenseitiger Bedürfnisbefriedigung im Anpassungsprozeß beruhen. Dies ist besonders unter Geschwistern ein sehr wichtiger Prozeß, und er bildet die Grundlage für eine der wichtigsten psychosozialen Aufgaben des Familienlebens, daß nämlich ein älteres Kind sein jüngeres Geschwister darin anleitet, wie es mit einer entwicklungsbedingten Belastungssituation fertig werden kann, die das ältere Geschwister bereits durchgemacht hat.

Für den Fürsorger besteht also die Hauptaufgabe darin, ein anderes Kind ausfindig zu machen, das diejenige Belastung gemeistert hat, mit welcher sein eigener Klient gerade kämpft, dann dieses Kind dafür zu gewinnen, daß es die Aufgabe des Helfers übernimmt, und dann die beiden zusammenzubringen.

So bat beispielsweise der Psychiater im Falle des Jungen mit dem Osteosarkom die Physiotherapeutin, ihm aus ihrem Nachsorgeprogramm einen Jungen auszusuchen, der etwa ein Jahr zuvor eine Beinamputation infolge eines Osteosarkoms durchgemacht hatte. Wegen der schlechten Prognose bei dieser Krankheit war ihre Auswahl eher begrenzt, sie konnte ihm aber doch einen 16jährigen Jungen empfehlen, der gut genesen war, und sie lud diesen älteren Jungen auf den Vorschlag des Psychiaters hin zu einer Nachsorgebehandlung ein, bei der sie ihm den Patienten vorstellte. Das Ergebnis dieses Zusammentreffens war sehr erfolgreich: Der frisch Amputierte konnte sehen, wie sich der ältere Junge an seine Prothese gewöhnt hatte, und von ihm glaubwürdige Informationen über die Wahrscheinlichkeit erhalten, trotz der Amputation ein zufriedenstellendes Leben in der Gemeinschaft und in der Berufswelt führen zu können. Er konnte von ihm auch Einzelheiten erfahren, was ihn womöglich auf der Krebsabteilung erwarten würde, und er konnte dahingehend beruhigt werden, daß die Chemotherapie zwar ein schreckliches Erlebnis sei, sie aber aus einer zeitlich begrenzten Reihe überschaubarer Abschnitte bestand, nach deren Ablauf er sich Heilung erhoffen könne. An dem Punkt, an dem im Rahmen der Chemotherapie sein Haar auszufallen begann und er wegen seiner Vorstellung, daß dies eine dauerhafte Einbuße in bezug auf seine Männlichkeit darstellen werde, sehr beunruhigt war, war er von dem sichtbaren Beweis, daß das Haar seines Freundes vollständig nachgewachsen war, weitaus mehr beeindruckt als von den wiederholten diesbezüglichen Beruhigungsversuchen durch den Onkologen und den Psychiater. Ein Jahr nach der Amputation erzählte er dem Psychiater, wie sehr er die Hilfe und den Trost des älteren Jungen geschätzt hatte, „weil er selbst das alles durchgemacht hatte und ich die positiven Ergebnisse sehen konnte".

Manchmal ist ein Fürsorger auch gezwungen, zwei Kinder auf diese Art zusammenzubringen, um durch die Helferposition bei einem Kind, das er gerade betreut, ein Gefühl erfolgreicher Bewältigung zu wecken oder zu bestärken. Er sucht dazu einen Partner aus, der derzeit eine Belastungssituation durchmacht, die sein Klient bereits hinter sich gebracht hat. Ein Psychiater behandelte beispielsweise in einer Sonderschule ein 14jähriges Mädchen, das bei der Geburt einen leichten Hirnschaden erlitten hate, mit der Folge einer organisch bedingten Behinderung ihrer kognitiven Funktionen, die sich mit zunehmendem Alter allmählich verringert hatte. Zusätzlich war sie von ihrer Mutter abgelehnt worden, weil diese glaubte, das Mädchen sei eine unheilbare „geistig Behinderte", und daher das Kind auf eine Reihe von Pflegeplätzen gegeben hatte. Als der Psychiater das Mädchen als 13jährige zu behandeln begann, litt sie an depressiver Verstimmung, Lernschwäche und sozialer Isolation, obwohl ihr Intelligenzgrad normal war und die Anzeichen ihrer ursprünglichen Aufmerksamkeitsstörung und ihre Koordinationsprobleme von Wahrnehmung und Motorik fast ganz verschwunden waren. Die Behandlung des Mädchens durch Psychotherapie, Konsultationen mit ihren Lehrern, dem Schulsozialarbeiter und der Pflegemutter erbrachte bei der Patientin einen bemerkenswerten Fortschritt. Sie begann sich von den depressiven Verstimmungen zu lösen, hatte Lernerfolge in der Schule und schloß Freundschaften in der Schule und in der Nachbarschaft ihrer Pflegefamilie. War sie aber bei ihrer Stammfamilie zu Besuch, so erfuhr sie auch weiterhin grausame Ablehnung, und alle Bemühungen des Sozialarbeiters, ihren Eltern zu beweisen, daß sie nicht mehr geistig behindert sei, blieben erfolglos. Die Auswirkung der voreingenommenen Haltung und des zerstörerischen Verhaltens der Eltern zeigte sich darin, daß das Mädchen weiterhin ein Gefühl der Unsicherheit bezüglich ihrer neu errungenen kognitiven und sozialen Erfolge behielt. An diesem Punkt empfahl der Psychiater, daß das Mädchen mit der Betreuung eines jüngeren Kindes beauftragt werde, das ähnliche Lernschwierigkeiten und ein ähnlich geringes Selbstwertgefühl wie sie selbst hatte. Diese Maßnahme hatte eine hervorragende heilsame Auswirkung auf die beiden Mädchen.

Nicht nur Kinder können als Paare für gegenseitige Hilfe zusammengeführt werden, sondern auch deren Eltern, um auf diesem Wege Unterstützung für ein belastetes Kind zu mobilisieren. Ein Psychiater, der ein 8jähriges Mädchen mit Anzeichen einer leichten zerebral bedingten Lähmung untersuchte, war beispielsweise von der Erzählung der Mutter sehr beeindruckt, sie habe sich vor fünf Jahren von der Hilfestellung durch den Kinderarzt und den Neurologen enttäuscht abgewandt. Sie hatte sich daher entschlossen, selbst die Initiative zu ergreifen und ihrem Kind zu Hause weiterzuhelfen. Seither hatte sie alles gelesen, was sie zu diesem Thema finden konnte und hatte sich täglich mehrere Stunden lang damit befaßt, spezielle Übungen mit dem Kind zu machen. Sie hatte bei ihren anderen Kindern und bei den Nachbarn um Verständnis für die Schwierigkeiten ihres Mädchens geworben und sie gebeten, bei der Erziehung des Kindes hilfsbereit mitzuwirken. Sie hatte das Kind in einen Kindergarten für normale Kinder geschickt und sich sehr bemüht, die Kindergärtner dazu zu bringen, daß sie das Mädchen akzeptierten und sie die anderen Kinder zu einer ebenfalls akzeptierenden Haltung anleiteten. Als das Kind 7 Jahre alt war, meldete sie es in der Sonderschule an und besorgte zusätzlich einen Nachhilfelehrer, der wöchentlich mehrere Stunden lang dem Mädchen grundlegende Lernaufgaben beibrachte. Sie selbst führte das Mädchen auch zu Musikstunden und zum Eurythmieunterricht. Dieses ganze Programm entwickelte sie in Eigeninitiative, und nur wegen ihrer guten Beziehung zu den Sonderschullehrern hatte sie eingewilligt, daß der Fall dieses Mädchens mit dem Schulpsychiater besprochen werde. Die einzige Frage an ihn lautete, ob er ihr Vorgehen billigte, das Mädchen nicht davon abzuhalten zu versuchen, die Vulgärausdrücke und Flüche zu gebrauchen, die es unlängst von einer ordinären Nachbarin gelernt hatte. Sie sagte: „Mein Kind hat immer schon Wutanfälle gehabt, herumgeschrieen und sich auf den Fußboden geworfen sowie sich in die Hände gebissen, wann immer sie nicht ihren Willen bekam. Jetzt ist sie dagegen viel weniger gewalttätig geworden, flucht aber stattdessen laut herum. Ich schicke sie dann in ihr Zimmer, damit sie sich beruhigt, und nach fünf bis zehn Minuten kommt sie wieder heraus und wird wieder gerne beim Spiel mit mir und ihrem Bruder und ihrer Schwester aufgenommen. Ich bin mir aber nicht sicher, ob ich es richtig mache, wenn ich ihr erlaube, solch vulgäre Ausdrücke zu benützen, die in unserem Haus ja überhaupt nicht üblich sind."

Der Psychiater beglückwünschte diese Mutter zu ihrer Einsicht und auch zu ihrer Hingabe und Pflege des Mädchens. Er sagte ihr, seine Beobachtungen über das Verhalten des Mädchens in der Klasse hätten ihn davon überzeugt, daß sie sich erstaunlich gut entwickle. Und dann gab er ihr ein praktisches Beispiel für die Aufrichtigkeit seines Respektes ihr gegenüber, indem er sie fragte, ob sie bereit wäre, anderen Eltern, die ähnliche Probleme mit ihren Kindern hätten, zu helfen.

Die Mutter war davon völlig überrascht, da sie infolge ihrer seit langem bestehenden Ablehnung gegenüber Ärzten und Psychologen eine Kritik ihres Verhaltens, nicht aber ein Lob dafür erwartet hatte, daß sie als fachlich nicht ausgebildete Frau ihren eigenen Behandlungsweg für das Mädchen gewählt hatte und es nicht von klein auf in die Hände anerkannter Spezialisten gegeben hatte. Als sie sich von ihrer Überraschung erholt hatte, willigte sie begeistert in seinen Vorschlag ein und bot ihren Rat als erfahrener Laie jedem an, den der Psychiater mit ihr bekannt machen würde.

Kurz darauf hatte dieser Psychiater ein Gespräch mit den Eltern eines 13jährigen Mädchens in der gleichen Sonderschule. Die Mutter dieses Mädchens war kinderärztliche Endokrinologin und ihr Mann war Geschäftsmann. Das Mädchen litt an einer ausgeprägten Lernstörung im Verbund mit einer Reihe von Koordinationsproblemen zwischen Wahrnehmung und Motorik und hatte spezifische Lernprobleme, sowohl traumatischen wie auch genetischen Ursprungs. Der Psychiater befürwortete eine Beratung der Eltern durch einen Erziehungspsychologen und dazu spezifische, individuelle heilpädagogische Maßnahmen für das Kind und begleitend dazu etwas Psychotherapie zur Verbesserung des Selbstbildes des Mädchens. Dann fragte er die Mutter, ob sie zudem gerne Verbindung zu der Mutter des Mädchens mit der zerebralen Lähmung aufnehmen wollte; diese könnte ihr einige Erfahrungen mitteilen, wie sie erfolgreich mit dem gestörten Verhalten eines Kindes mit geringer Frustrationstoleranz in Verbindung mit organisch bedingten Schwierigkeiten umgehen konnte. Die Mutter war damit einverstanden, und der Psychiater gab ihr die Telefonnummer der anderen Frau.

Leider blieb dieses Vorgehen ohne den gewünschten Erfolg. Die zweite Mutter rief bei der ersten nur einmal an, setzte diesen Kontakt dann aber nicht fort, weil sie vermutlich herausfand, daß die erste Mutter aus einer niedrigeren soziokulturellen Schicht stammte, ihre Schulausbildung mit dem Hauptschulabschluß beendet gewesen war und sie jetzt ihrem Mann auf der Hühnerfarm half. Dies war für sie nicht mit ihrem eigenen Status als Akademikerin und als Angehörige der gehobenen Mittelklasse in Einklang zu bringen.

Dieses erfolglose Beispiel verdeutlicht, wie unerläßlich es für denjenigen ist, der ein Paar für gegenseitige Hilfe aufbauen möchte, die beiden Partner behutsam aufeinander abgestimmt auszuwählen. Abgesehen von Übereinstimmungen in anderen Aspekten, sollten die beiden Kinder oder ihre Eltern so ähnlich wie möglich bezüglich des Alters, des Geschlechts, der Intelligenz, der Größe der Familie, der sozioökonomischen Klasse, der Volkszugehörigkeit und bezüglich der sich stellenden Probleme sein. Zudem sollte sie ein Fürsorger in seiner Gegenwart zusammenbringen und dabei als eine Art kommunikative Brücke dienen und nicht einfach Telefonnummern weitergeben und erwarten, daß die betreffenden Partner die möglichen Kommunikationsbarrieren in bezug auf Themen, die man gewöhnlich für sich behält, von selbst überwinden. Handelt es sich hingegen um eine sehr ernsthafte und existentielle Belastung wie etwa bei einem schweren Krankheitsfall auf einer Krankenhausstation oder beim Tod eines Familienvaters im Kriegseinsatz, so können diese zur Abstimmung anstehenden Faktoren weniger bedeutsam sein.

4. Der Aufbau von Vereinen für gegenseitige Hilfe

Das Ziel dieser Methode ist der Aufbau langfristiger sozialer Strukturen, deren gesamte Mitgliedschaft aus Kindern besteht, die derzeit oder in der Vergangenheit einer bestimmten Belastung oder Behinderung ausgesetzt waren oder sind. Die diesbezüglichen Gruppen und Organisationen, die natürlich auch für die Eltern zur Verfügung stehen können, sorgen für eine individuelle Anleitung der Betroffenen und für deren emotionale Unterstützung. Sie berücksichtigen auf gut organisierte Weise die sozialen Bedürfnisse der Kinder, welche im Rahmen der größeren Gemeinschaft nicht befriedigt werden, weil die Belastung oder Behinderung sie in den Augen der anderen womöglich stigmatisiert oder sie ihnen entfremdet. Ein Verein für gegenseitige Hilfe bietet einen sozialen Rahmen, wo sich die als abweichend bezeichneten Kinder zuhause fühlen können und sich von Gleichaltrigen mit denselben Schwierigkeiten akzeptiert und verstanden fühlen können. Sie können dort ungezwungen ihre alltäglichen sozialen Bedürfnisse ohne die Einschränkungen einer abwertenden oder ausgliedernden Etikettierung befriedigen, und sie können den Verein als langfristige Ersatzgemeinschaft nutzen oder aber als Übergangsmöglichkeit, um Fähigkeiten im sozialen Umgang und Selbstvertrauen zu gewinnen, was ihnen zugute kommt, wenn sie sich wieder in die normale Gesellschaft eingliedern.

Ein Verein für gegenseitige Hilfe schafft wie jede andere soziale Gruppierung seine eigene Kultur, d.h. ein bestimmtes Gepräge der Kommunikation, Statusunterschiede, die nicht durch die persönliche Belastung oder die Behinderung des einzelnen verzerrt werden, ein bestimmtes System von Werten und Ritualen und eine Lebensordnung für seine Mitglieder, die sie vor der geistigen Verwirrung und Befremdung schützt, unter der Menschen leiden, deren Erlebniswelt und Erwartungen nicht mit der Vorstellungswelt ihrer Gesellschaft zusammenstimmen.

Bis zu einem gewissen Grad erfüllen die meisten sozialen Organisationen wie Schule, Kindergärten, Krankenhäuser und religiöse Einrichtungen eine gewisse Anzahl dieser Bedürfnisse, insbesondere wenn sie, wie im Falle von Sonderschulen, Einrichtungen für körperbehinderte Kinder und Krankenhausabteilungen für chronisch kranke Kinder auf die langfristige Betreuung relativ homogener Gruppen behinderter oder belasteter Kinder eingerichtet sind. Dennoch ergibt sich zusätzlich die wichtige Aufgabe für in Fürsorgeberufen tätige Menschen, spezielle Vereinigungen zur Erreichung der oben genannten Ziele zu planen und aufzubauen.

Nachfolgend werden einige prägnante Beispiele für auf spezielle Ziele ausgerichtete Vereinigungen für gegenseitige Hilfe dargestellt.

a. Verschiedene Einsatzmöglichkeiten von Tutoren

Eine übliche Praxis im Schulbereich besteht darin, ältere Schüler oder Studenten in einer Gruppe zusammenzufassen; aus dieser können individuelle Tutoren für jüngere Schüler oder Studenten ausgewählt werden, die die jüngeren dann in den Monaten vor und nach ihrem Wechsel auf eine höhere Schule betreuen und ihnen helfen, die Übergangskrise zu meistern, und zwar auf der Grundlage ihrer eigenen Erfahrungen. In einigen Fällen erhalten die älteren Schüler Instruktionen, die ihnen ein systematisches Rahmenverständnis der psychosozialen Probleme dieser Krise ermöglichen, und außerdem Gruppensupervision, damit sie mit den praktischen Schwierigkeiten im Umgang mit ihren Schützlingen fertig werden können. In anderen Fällen verläßt man sich mehr darauf, daß man von den älteren Schülern erwarten kann, ihre eigene Erfahrung so zu nutzen, wie sie dies für angebracht halten, und sie werden dabei durch Gruppengespräche mit einem Erzieher oder einem Psychologen unterstützt.

b. Soziale Arbeitskreise

Unter Schülern oder Studenten werden Freiwillige angeworben, die sich dann mit Kindern in Verbindung setzen, die gewöhnlich aus sozial und kulturell geschädigten Elternhäusern oder aus gestörten oder zerrütteten Familien stammen und die unter unerfüllten emotionalen Bedürfnissen leider oder Schulschwierigkeiten haben, die sich aus mangelnder Führung, Unterstützung und Ermutigung von Seiten der Erwachsenen ergeben. Wenngleich die Leistungen solcher Arbeitskreise als einseitige Übermittlung von Hilfe an die Empfänger geplant sind, so stellt sich doch in vielen Fällen heraus, daß auch die Helfer daraus erheblichen Nutzen ziehen, indem sie ihre eigene Bewältigungskompetenz verstärken und ihre Fürsorgebedürfnisse erfüllen. Bisweilen treten diese dann besonders stark auf, wenn der Betreffende selbst eine frühe Entbehrung erlebte, die er aus eigene Kraft bewältigen mußte.

c. Organisierte soziale, kulturelle, religiöse oder Freizeitaktivitäten für verwahrloste Kinder

Ein gutes Beispiel dafür sind die Aktivitäten für Kriegswaisen in Israel. Im Rahmen einer solchen Aktivität werden Bar-Mitzvah Zeremonien (bei der religiösen Reife der Kinder) abgehalten sowie Feiern für Waisenknaben, wenn sie das rituelle Alter von 13 erreichen. Sie werden zu einer mehrtägigen Feier in Gruppen zusammengebracht und wohnen dabei zusammen mit Mitgliedern ihrer Familie in einer religiösen Siedlung. Eine andere Aktivität, die von einer Armee-Einheit organisiert wird, besteht darin, daß mehrmals im Jahr Ausflüge für die Waisenkinder gefallener Kameraden angeboten werden. *Halpern* (1978) untersuchte 41 Kinder im Alter von 6 bis 12 Jahren, die an solchen Ausflügen teilnahmen. Die Ergebnisse zeigten, daß die teilnehmenden Kinder in diesem Rahmen bedeutsame Hilfe und Unterstützung von den Gleichaltrigen bekommen. Sie erhalten dadurch Gelegenheit, einmal mit anderen Kindern zusammenzukommen, mit denen sie sich ungezwungen über die soziale Besonderheit ihrer Rolle als Waisenkinder austauschen können. Dabei können sie sich andere Kinder als Modelle für wirksame Problembewältigung wählen. Sie erfahren durch die anderen Waisenkinder Unterstützung, indem sie ihnen helfen, sich gegen die Belastung der negativen Bewertung durch viele Mitschüler zu wehren. Sie erleben die Gruppe der Waisenkinder als eine Art Ersatz für den verlorenen Vater, und einige von ihnen bauen zu den Erwachsenen, die sie bei solchen Anlässen treffen, Beziehungen auf, die im weiteren als Vaterersatz-Beziehungen bestehen bleiben. Interessant ist, daß viele der befragten Kinder glaubten, daß sie aus den Kontakten mit den Gleichaltrigen für ihre eigenen Problembewältigungsfähigkeiten erheblichen Nutzen gezogen hatten, und dies, obwohl es sich lediglich um eine reine Freizeitgestaltung gehandelt hatte. Diese Anregung ihrer Fähigkeiten, Belastungen zu bewältigen, erhielten sie dagegen nicht von ihren Müttern, deren Probleme als Witwen qualitativ verschieden von denen der Kinder als Halbwaisen waren.

d. Die Förderung gegenseitiger Hilfe für Kinder und Eltern in Krankenhausstationen oder in Schulen

In begrenztem Umfang können sich Initiativen für gegenseitige Hilfe spontan in jedem Klassenzimmer, jeder Elternvereinigung, jedem Wartezimmer oder auf jeder Krankenhausstation bilden, also wo immer belastete Kinder oder ihre Eltern zusammenkommen und die Gelegenheit zum Austausch haben. Sie können dabei das Gemeinsame an einigen ihrer Probleme entdecken und von anderen eine Hilfestellung erhalten oder selbst anderen helfen. Zudem sollten Fürsorger solche Begegnungsfelder auf strukturierte Weise nutzen, um die gegenseitige Hilfe zwischen den Betroffenen zu fördern. In der Schulklasse kann diese durch den Lehrer erfolgen, der den Anlaß der Krankheit, des Krankenhausaufenthaltes oder eines Trauerfalles bei einem der Schüler dazu verwendet, eine Diskussion in der Klasse über die Probleme des abwesenden Schülers in Gang zu bringen und die Klasse auf diesem Wege anzuregen, dem Betroffenen durch Besuche und Telefongespräche mitfühlende Unterstützung zu vermitteln. Zudem kann er die Klasse dann darauf vorbereiten, wie sie ihn bei seiner Rückkehr in die Schule empfangen kann und ihm zu einem gelungenen Wiedereinstieg in den Schulalltag verhelfen kann.

In einer Jerusalemer Sonderschule ist in den höheren Klassen ein interessantes Projekt gegründet worden, in dessen Rahmen die geographische und kulturelle Verschiedenheit der Stadt durch Besuche von jeweils zehn bis zwölf Schülern im Elternhaus jedes Mitschülers behandelt wird. Die Schüler erfahren so ganz unmittelbar, wie die Lebensbedingungen, Eßgewohnheiten und die ethnischen Bräuche der verschiedenen Teile des Gemeinwesens beschaffen sind. Auf diese Weise wird ein Rahmen hergestellt, in welchem die Kinder lernen können, sich miteinander zu identifizieren und zu erkennen, daß sie und ihre Familien trotz ihrer Unterschiede mit gemeinsamen Problemen befaßt sind. Diese gemeinsamen Probleme rühren von ihrer Rolle als von der Norm abweichende Schüler her, die von der Normalschule aus in die Sonderschule geschickt worden sind. Obwohl dieses Projekt also als Unterricht aufgebaut ist, in dem Unterschiede gewürdigt und toleriert werden sollen, ergibt sich dabei eine gegenseitige Identifikation auf der Grundlage des allen Schülern Gemeinsamen.

Die kinderchirurgische Abteilung des Hadassah-Universitätskrankenhauses behandelt Patienten aller sozioökonomischen Klassen und ethnischer und kultureller Herkunft, darunter sowohl Juden als auch Araber. Trotz ihrer Unterschiedlichkeit leiden sie oft an ähnlichen schweren und manchmal lebensbedrohenden Krankheiten und werden einer ähnlichen chirurgischen Behandlung und Nachsorge unterzogen. Die chirurgischen Mitarbeiter und die Pfleger haben sich, unter aktiver Mithilfe des psychiatrischen Oberarztes, verpflichtet, alle Formen gegenseitiger Hilfe unter den Patienten zu fördern. Die Station ist klein und meist überfüllt, und nachdem eine Anwesenheit der Eltern am Bett ihrer Kinder rund um die Uhr aktiv unterstützt wird, besonders bei schweren Krankheiten, kommen die Patienten und ihre Verwandten in ständigen engen Kontakt miteinander. Die Mitarbeiter unternehmen von sich aus Schritte, die Kinder und Familienmitglieder stärker miteinander in Verbindung zu bringen, und besonders, die Kommunikation zwischen Eltern anzuregen, deren Kinder sich an verschiedenen Verlaufspunkten ähnlicher Krankheiten oder an verschiedenen Punkten der chirurgischen Behandlung befinden. Ebenso werden Beziehungen zwischen Eltern, deren Kinder zur Zeit auf Station sind und Eltern, deren Kinder bereits entlassen sind, angeregt, und daher haben nicht wenige andauernde Freundschaften und Gruppen für gegenseitige Hilfe auf der Station ihren Anfang genommen und über Monate und Jahre nach der Entlassung weiterbestanden.

Das soziale und kulturelle Leben Jerusalems gleicht einem Mosaik ethnischer und religiöser Enklaven, die nur wenig Verbindung miteinander über ihre Grenzen hinweg unterhalten, vielmehr in einer gewissen Unabhängigkeit und Harmonie nebeneinander leben. Dennoch waren bei den Initiativen für gegenseitige Hilfe auf dieser Station keinerlei Anzeichen ethnischer, religiöser oder kultureller Schranken zu bemerken. Juden und Araber verschiedenster Herkunft und sozioökonomischer Zugehörigkeit erbieten sich nach anfänglichem Zögern zur Weitergabe und zum Empfang kognitiver Anleitung und emotionaler Hilfe voneinander. Sie haben das Gefühl, im gleichen Boot zu sitzen, und werden zweifellos auch durch die Einstellung der Mitarbeiter und deren Aktivitäten zur gegenseitigen Kontaktaufnahme beeinflußt. Ebenso dürfte das Verhalten der Mitarbeiter, die Wichtigkeit der Beiträge von Laien wie Familienmitgliedern für die Behandlung der Kinder offen zu würdigen, einen günstigen Einfluß auf die Eltern ausüben.

e. Elternvereinigungen für gegenseitige Hilfe

Zahlreiche Literaturbeiträge unterstreichen die Bedeutung von Elternvereinigungen für gegenseitige Hilfe bei verschiedenen Arten von Problemkindern, wie beispielsweise Eltern geistig Behinderter, psychotischer oder autistischer Kinder, Eltern ohne Partner, Eltern von Bluterkindern, von Leukämie- oder Asthma-Kindern und Eltern körperbehinderter, blinder oder tauber Kinder.

Diese Vereinigungen beginnen zumeist damit, eine gegenseitige Hilfe zwischen einzelnen Betroffenen ins Leben zu rufen, indem sie einen Organisationsrahmen anbieten, innerhalb dessen erfahrenere Eltern den unerfahreneren dabei helfen können, mit denjenigen Schwierigkeiten umgehen zu lernen, die von den hauptberuflichen Helfern nicht angemessen angegangen werden. Sobald diese Vereinigungen jedoch eine organisierte Form annehmen, entwikkeln sie sich häufig zu politischen Interessengruppen, die die führenden Politiker dazu bringen wollen, bessere Einrichtungen für die speziellen Befürfnisse ihrer Kinder zu schaffen und für ein höheres Niveau der hauptberuflichen Fürsorge zu sorgen. Wenn sich diese Vereinigungen politisch betätigen, entstehen neue Führungsgremien, die – anders als ihre Vorgänger – weniger an der gegenseitigen persönlichen Hilfestellung der Betroffenen interessiert sind und weniger Eignung zur Förderung solcher Aktivitäten vorweisen. Demzufolge verlagert sich häufig der Schwerpunkt der Aktivitäten innerhalb dieser Organisationen, besonders dann, wenn sie politisch erfolgreich sind. Ihre Bemühungen konzentrieren sich dann mehr auf den Erhalt von Geldmitteln und auf die Förderung und Erhaltung professioneller Dienstleistungssysteme. Oft führt dies zu einer inneren Krise und zum Rückzug derjenigen Mitglieder, die hauptsächlich an der gegenseitigen persönlichen Hilfestellung interessiert sind. Ich glaube, dieser Entwicklungsgang erklärt, warum so viele dieser Vereinigungen so kurzlebig sind, mit Ausnahme solcher Vereinigungen wie die Anonymen Alkoholiker, die in ihren Statuten festgelegt haben, daß sie sich nie politisch betätigen wollen.

Vom psychohygienischen Standpunkt aus ist jede Abweichung einer solchen Vereinigung von der grundlegenden Aufgabe, gegenseitige persönliche Hilfe zu organisieren, nicht wünschenswert. Diejenigen Fachleute der Psychohygiene, die eine Politisierung zu verhindern versuchen, werden damit aber zumeist keinen Erfolg haben, weil sie in Verdacht geraten, mit den reaktionären, eingesessenen Institutionen im Bunde zu stehen. Gleichgültig ob eine Elternvereinigung mit aktiver Hilfe Hauptberuflicher gegründet wurde oder als Alternative dazu infolge der Unzufriedenheit mit professionellen Dienstleistungen, erhöht der ausdrücklich festgelegte Laienansatz in den Methoden die Wahrscheinlichkeit von Spannungen zwischen diesen Vereinigungen und dem professionellen Fürsorgesystem, zumindest aber von Schwierigkeiten in der Kommunikation miteinander. Andererseit kann man gerade aus einer festen Partnerschaft dieser verschiedenen Hilfsorganisationen besonderen Nutzen ziehen, indem jede solche Organisation eine Vervollständigung der anderen darstellt. Psychiatrisch Tätige müssen sich dies immer wieder vor Augen halten und sich besonders darum bemühen, aufeinander abgestimmte Initiativen zu schaffen.

Abschließend möchte ich noch ein paar Worte über das Vorgehen sagen, wie psychiatrisch Tätige das Entstehen von Elternvereinigungen für gegenseitige Hilfe fördern können. Wie hoch wir auch den Bedarf in unserem Gemeinwesen an solchen Vereinigungen einschätzen, sollten wir auf keinen Fall versuchen, sie selbst zu gründen, denn dies wird fast unvermeidlich zur Entstehung einer Art professioneller Hilfsorganisation führen, in der die leitenden Personen übermäßig abhängig von uns sind. Stattdessen sollten wir nach Eltern suchen, die Führungsqualitäten haben, und sie dafür gewinnen, die Aufgabe der Gründung einer solchen Vereinigung selbständig zu unternehmen. Von da ab sollten wir uns rasch in die Rolle eines peripheren Beraters auf ad hoc-Basis begeben oder aber in die Rolle eines gelegentlichen Teilnehmers, der neueste Informationen über professionelle Vorgehensweisen und Forschungsergebnisse weitergibt. Wir sollten uns nicht darauf einlassen, Laien in vereinfachten professionellen Methoden auszubilden und sie dann zu supervidieren. Dies wäre nichts anderes als leicht durchschaubare Schritte von Fachleuten, um die Aktivitäten der Vereinigung kontrollieren zu können. Sie würden zu einer Verringerung des einzigartigen Potentials des echten Laien führen, das sich genau aus seinem Vorgehen der gegenseitigen Identifikation und seinem Einsatz des individuellen persönlichen Talentes und seiner speziellen Beweggründe ableitet und das sich darin von der Empathie, der professionellen Distanz und den standardisierten Methoden, die den hauptberuflich Tätigen auszeichnet, unterscheidet.

Sobald eine Elternvereinigung gegründet ist, sollten wir als Kommunikationsbrücke zwischen ihr und den Sozial- und Gesundheitsdiensten fungieren, um ein gemeinsames oder sich gegenseitig ergänzendes Vorgehen zum Nutzen unserer Klienten zu erleichtern und zu fördern. Zudem sollten wir eine Liste all der verschiedenen Vereinigungen für gegenseitige Hilfe in unserem Gemeinwesen führen, so daß wir unsere bedürftigen Klienten mit ihnen in Verbindung bringen können und unseren Kollegen in anderen Einrichtungen helfen können, dasselbe zu tun.

Zitierte Literatur

Halpern, E.: Children's support system in coping with orphanhood: Child helps child in a natural setting. Paper, vorgelegt bei der zweiten internationalen Konferenz über psychische Belastung in Krieg und Frieden, Jerusalem 1978.

5. Kapitel

Prinzipien und Methoden der stützenden Intervention bei Eltern eines todkranken Kindes

Fallbericht

Aron Ross[1] wurde im Alter von drei Jahren und einem Monat in die kinderärztliche Abteilung des Hadassah-Krankenhauses eingewiesen. Der Anlaß lautete: Wiederholt während der letzten Monate auftretender Kopfschmerz und Erbrechen mit deutlicher Verschlimmerung während des letzten Monates. Seine Mutter Tamar litt über mehrere Jahre hinweg an ähnlichen Symptomen, was die Kinderärzte anfangs zu der Annahme brachte, das Kind könnte an psychogenem Erbrechen leiden, so daß der Junge, parallel zur Untersuchung auf eine mögliche körperliche Erkrankung auch zur psychiatrischen Untersuchung geschickt wurde.

Kurz nach der Einlieferung wurde eine Stauungspapille festgestellt, und eine sofort durchgeführte Computertomographie zeigte eine raumfordernde Läsion in der hinteren Fossa temporalis, was auf einen möglichen Gehirntumor schließen ließ. Das Kind war schwach und litt an Flüssigkeitsverlust, weswegen es mit Infusionen behandelt wurde.

Bevor ich die Möglichkeit hatte, das Kind und die Eltern zu sehen, wurde ich am darauffolgenden Tag zu einer gemeinsamen Sitzung der leitenden pädiatrischen und neurochirurgischen Ärzte und der Eltern des Kindes geladen. Der Leiter der neurochirurgischen Abteilung informierte sie über die wahrscheinliche Diagnose und die Notwendigkeit eines sofortigen neurochirurgischen Eingriffes, dem die Eltern zustimmten. Meinen eigenen ersten Kontakt mit den Eltern hatte ich, als sie die Sitzung verließen.

Während der nächsten Tage wurde das Kind mit Steroiden behandelt. Das Erbrechen legte sich, und infolge des Rückganges des zerebralen Ödemes sowie wegen der euphorisierenden Wirkung der Arznei wurde der Junge aktiv, lebhaft und fröhlich.

Wegen verwaltungstechnischer Probleme in der neurochirurgischen Abteilung wurde die Operation verschoben und sechs Tage nach der Aufnahme schließlich durchgeführt. Ein großer, scheinbar gutartiger Tumor wurde teilweise entfernt. Wegen seiner Ausdehnung zum Hirnstamm hin konnte er nicht vollständig ausgeräumt werden. Die nachfolgende pathologische Untersuchung erbrachte, daß es sich nicht um eine gutartige Geschwulst, sondern um ein Neuroblastom zweiten Grades handelte.

Nach der Operation erlangte das Kind nie wieder das volle Bewußtsein. Aus verwaltungstechnischen Gründen wurde der Junge auf der Intensivabteilung für

---

[1] Einzelheiten sind zum Schutz der Person entsprechend abgeändert worden

Erwachsene weiter behandelt, bis er zwei Wochen später verstarb. Die Gehirnfunktionen besserten sich etwa drei Tage nach der Operation, aber er zeigte während der ganzen Zeit deutliche Anzeichen einer Hirnstammläsion. Seine Körpertemperatur, sein Blutdruck und das Gleichgewicht seiner Blutgase mußten ständig künstlich aufrechterhalten werden. Zwei Tage vor seinem Tod stellte sich eine Lungenentzündung ein.

Während seiner letzten zehn Lebenstage reagierte er auf die Worte der Mitarbeiter oder der Eltern ab und zu mit Augenbewegungen oder Augenzwinkern, und sein Vater berichtete, daß er einmal seine Zehen auf die Aufforderung seines Vaters hin bewegte.

Die Elten wurden von Anfang an von den Neurochirurgen und den Mitarbeitern der Intensivstation davon unterrichtet, daß der Junge in einem kritischen Zustand war. Die Prognose war zwar bedenklich, doch das Gehirn eines kleines Kindes ist bemerkenswert regenerationsfähig, so daß er eine Lebenschance hatte und nur der zeitliche Verlauf würde die weitere Entwicklung zeigen. Einige Stunden vor seinem Tod sagten die Eltern, daß ihnen mitgeteilt worden sei, der Junge sei viel ansprechbarer geworden und sei jetzt anscheinend doch auf dem Wege der Besserung.

Der familiäre Hintergrund

Arons Vater Elmer, 35 Jahre alt, kam in Chicago zur Welt und ging dort zur Schule. Vor einigen Jahren war er nach Israel eingewandert und war in einem Kibbuz in Galiläa, wo er als Freiwilliger arbeitete, Arons Mutter Tamar begegnet. Ein halbes Jahr später heirateten sie und zogen zurück nach Chicago zu Elmers Eltern. Dort blieben sie vier Jahre lang, da Elmer an seine frühere Arbeitsstelle in dem Elektrofachgeschäft seines Vaters zurückkehren mußte, weil sein Vater erkrankte. Vor neun Monaten kam das Paar nach Israel zurück, und zwar in Begleitung ihrer beiden in Chicago geborenen Söhne Aron (zwei Jahre und vier Monate alt) und Joshua (fünf Monat alt). Sie verbrachten ein paar Monate im Kibbuz der Mutter in Galiläa und zogen dann nach Jerusalem, wo Elmer eine Stelle im Elektrowarenverkauf bekam. Elmer hatte sich im Kibbuz nicht mehr wohlgefühlt, weil er die extrem sozialistische Ideologie dieser Gemeinschaft ablehnte und die Eltern seiner Frau nicht mochte. In den drei Monaten in Jerusalem, bevor Aron ins Krankenhaus kam, waren die Eltern glücklicher und kamen besser miteinander aus als je zuvor während ihres Ehelebens. Elmer hatte eine interessante Arbeit, und Tamar freute sich über die nette Wohnung, die sie in einem Jerusalemer Vorort hatten mieten können.

Elmer war der älteste Junge von vier Söhnen und zwei Töchtern einer wohlhabenden amerikanisch-jüdischen Familie der Mittelklasse, Tamar war die jüngste Tochter eines Paares, das vor 50 Jahren nach Israel eingewandert war und das zu den Gründern eines Kibbuz am Fuße der galiläischen Hügel gehörte. Sie hatte eine Schwester und einen Bruder, die im Kibbuz geblieben waren. Ihr Vater starb vor acht Jahren, und ihre Mutter war chronisch herzkrank. Abgesehen von ihrem obligatorischen Wehrdienst hatte auch Tamar im Kibbuz gelebt, bis sie heiratete.

Während eines meiner ersten Gespräche mit Tamar erzählte sie mir, daß Elmers Familie aus „sehr eigenartigen Leuten" bestand. Sie sagte: „Elmer ist das normalste Mitglied seiner Familie. Er hat einen schizophrenen Bruder, der jahrelang in einer Klinik zubrachte. Sein Vater ist ein eigenartiger, launischer Mensch, und Elmer ist von klein auf mit ihm in Konflikt. Während unserer Ehe haben Elmer und ich schon viele Höhen und Tiefen erlebt, besonders als wir im Kibbuz lebten. Manchmal kann er sehr schwierig, launisch, introvertiert und gefühllos wie sein Vater sein, doch im großen und ganzen ist er in Ordnung und ein wirklich guter Ehemann, also optimistisch, aktiv und erfolgreich. Ich kann mich dann auf ihn verlassen und spüre, wie er mich innerlich aufbaut.“ Der Stationssozialarbeiter berichtete mir, daß die beiden, als sie nach ihrer Rückkehr nach Israel im Kibbuz lebten, ernsthafte Ehekrisen durchmachten und daher eine Eheberatungsstelle aufsuchten. Der Umzug nach Jerusalem war ein Ergebnis dieser Beratung gewesen.

Rückhaltgebende Interventionen

Während der sechs Tage vor der Operation traf ich mich mit Aron und seinen Eltern insgesamt siebenmal. Während Aron auf der Intensivstation lag, traf ich mich mit den Eltern zweiundzwanzigmal innerhalb von 14 Tagen. Zwei Stunden nach dem Tod ihres Kindes rief ich sie an und machte danach, innerhalb der offiziellen, einwöchigen Trauerzeit, einen Kondolenzbesuch bei ihnen zu Hause. Während des darauffolgenden Jahres rief ich sie noch fünfmal zu Hause an und kamen sie noch sechsmal zu mir in die Praxis. Ich möchte die Beschreibung meiner Interventionen in drei Zeitabschnitte aufteilen:
1) die Zeit vor der Operation,
2) die Zeit nach der Operation (bis zum Tod des Kindes) und
3) das Jahr nach dem Tod des Kindes.

Erster Zeitraum: Vor der Operation

Wie bereits erwähnt, fand unser erster Kontakt statt, als die Eltern aus der Sitzung mit den Neurochirurgen kamen. Ich ging auf sie zu, stellte mich als der Kinderpsychiater vor, der schwerkranken Kindern und ihren Eltern auf der kinderärztlichen Abteilung half, mit den psychischen Aspekten der Krankheit und der Behandlung des Kindes umgehen zu können, drückte ihnen mein Mitgefühl bezüglich des Schocks und der Bestürzung aus, die sie erfaßt hatte, und lud sie ein, mit mir ins Besprechungszimmer zu kommen, um mit ihnen über ihre mißliche Lage zu sprechen. Sie waren sofort damit einverstanden, und ich lud zusätzlich den Oberarzt der kinderärztlichen Abteilung und die Oberschwester, die beide an der vorhergehenden Sitzung teilgenommen hatten, zu dieser ersten Besprechung mit ein.

Es gelang mir bei diesem ersten Zusammentreffen rasch, eine Vertrauensbeziehung herzustellen, indem ich ihnen zeigte, daß ich wegen ihres Kummers besorgt war und ihre Empfindungen nachvollziehen konnte, und ihnen mein Verständnis für ihre Erschütterung, ihren Zweifel, ihre Verwirrung und ihr Problem, eine Entscheidung treffen zu müssen, vermittelte. Ich bezog den Kinderarzt und die Oberschwester mit ein, als ich ihnen Rat für die bevorstehenden

Tage anbot. Wir sprachen darüber, daß es notwendig sei, daß sie fortwährend am Bett ihres Kindes seien und daher eine passende Lösung für die Pflege des 13 Monate alten Joshua gefunden werden müsse, um den sich zeitweilig eine Nachbarin kümmerte. Wir wogen die Alternativen gegeneinander ab, entweder Tamars Mutter nach Jerusalem kommen zu lassen, um auf den Kleinen aufzupassen, oder aber ihn in den Kibbuz zu geben. Schließlich entschieden, wir, daß der zweite Vorschlag die bessere Lösung war, weil Tamars Mutter krank war und weil Tamar durch die Besuchsreisen zu ihrem Stamm-Kibbuz alle paar Tage die Möglichkeit einer Ruhe- und Erholungsphase hätte, auch wenn dadurch Joshua zum ersten mal von seiner Mutter getrennt wäre.

Die Eltern erzählten mir, daß sie in Jerusalem nur wenige Freunde und Bekannte hatten, und ich besprach mit ihnen die Notwendigkeit, möglichst viele dieser Freunde dafür zu gewinnen, ihnen während dieser schwierigen Zeit einen Rückhalt zu geben. Wir gingen dabei von einer Dauer von wenigstens ein bis zwei Monaten aus, bis daß Aron sich von seiner Operation erholt haben würde. An diesem Punkt gab ich bereits meiner Hoffnung Ausdruck, daß alles gut gehen werde, wies allerdings bereits über den Rahmen der gegenwärtigen Maßnahmen hinaus auf die bevorstehende Notwendigkeit hin, daß Vorkehrungen für einen mehrwöchigen Belastungszeitraum getroffen werden müßten. Ich nutzte den Rahmen unserer Besprechung auch dazu, sie vorausschauend zu beraten, wie sie mit den zu erwartenden Erschöpfungsphasen umgehen können und wie sie ihre Krankenwache beim Kind abwechselnd so einzuteilen hätten, daß ihnen Ruhephasen zu Hause ermöglicht würden, und sie so imstande wären, die bevorstehenden Wochen kräftemäßig durchzustehen.

Während der verbleibenden sechs Tage vor der Operation traf ich das Paar und auch das Kind jeden Tag. Ich bot mich ihnen in der Art der „liebevollen Fürsorge“ an, wodurch sich rasch ein persönlicher und eher familiärer Kontakt ergab. Während ich sonst gewohnt bin, meine erwachsenen Patienten formell anzusprechen, kam ich mit den beiden bald soweit, daß ich sie beim Vornamen, Tamar und Elmer, nannte. Interessant war für mich, wie sie dies auffaßten, und das wurde für mich deutlich, als ich sie während der Shiva zu Hause besuchte und Elmer nicht wußte, wie er mich einem Freund aus Tel-Aviv, der ebenfalls einen Kondolenzbesuch abstattete, vorstellen sollte. Er sagte: „Wie soll ich Sie nennen, Professor oder Doktor? Nun, das ist jedenfalls Dr. Caplan, ein Freund aus dem Hadassah-Krankenhaus.“

Ich möchte meine Interventionen während dieser Phase unter den folgenden Überschriften zusammenfassen und klassifizieren:

a) Der Erhalt der Hoffnung

Ich ließ keinerlei Zweifel an der Schwere von Arons Erkrankung und an den Risiken des chirurgischen Eingriffes, betonte aber, daß das Kind die bestmögliche Behandlung erhalte und daß ich auf einen Erfolg hoffe. Einmal beklagte sich Elmer bei mir, daß die Kinderärzte bezüglich der Prognose sehr pessimistisch schienen. Er sagte: „Können Sie mir wenigstens von einem Fall erzählen, daß ein Kind sich von solch einer Operaton wieder erholt hat?“ Daraufhin nannte ich ihm einige solcher Beispiele.

b) Das Unterstützen von Rückzugsmöglichkeiten

Elmer wehrte sich gegen seine Angst um das Leben seines Kindes durch Galgenhumor in Form witziger Bemerkungen und eher humorvoller Angriffe auf die Medizin. Er fragte mich wiederholt, ob ich befürworten würde, daß er einen Geistheiler aufsuchen sollte, und erzählte mir Geschichten von Freunden, die nicht an die Medizin glaubten und denen durch Besuch bei Heilern und bei den Christian Scientists schon geholfen worden war. Auch als sich der Tag des chirurgischen Eingriffes näherte und Tamar ihre Fassung nicht mehr bewahren konnte und weinte, leugnete er noch am Bett des Kindes die Ernsthaftigkeit der Lage, indem er häufig flachsige Bemerkungen machte, statt sich der Situation nüchtern und traurig zu stellen, wie seine Frau dies versuchte. Ich beließ ihm diese Form der Wahrnehmungsabwehr und heiterte ihn eher auf, während unsere Sozialarbeiterin draußen auf dem Korridor Tamar in den Arm nahm, sie tröstete und sie dann in die Cafeteria mitnahm, um mit ihr in Ruhe eine Tasse Kaffee zu trinken.

c) Die Förderung gegenseitigen Rückhaltes

Zwar respektierte ich Elmers Versuche, die Tragik der Situation zu leugnen, und konfrontierte ihn nicht mit seiner Flachserei, doch betonte ich immer wieder den großen Wert seiner grundlegenden Stärken und forderte ihn auf, seine Frau zu trösten und zu unterstützen. Damit war ich während dieser Phase aber nur teilweise erfolgreich, so daß unser Mitarbeiterteam hauptsächlich für die Unterstützung verantwortlich war, die Tamar brauchte. Bei einer weiteren Gelegenheit bemerkte ich zu Elmers Figur, daß sein Körperbau mich vermuten ließ, daß er früher ein Gewichtheber gewesen sei. Er freute sich sehr, daß ich dies bemerkt hatte, und erzählte mir, daß er tatsächlich während seines gesamten Jugendalters mit Gewichten trainiert hatte und er im Geschäft seines Vaters einen guten Ruf als starker Mann hatte, wenn es darum ging, Elektroherde und Kühlschränke zu transportieren.

Allmählich und behutsam versuchte ich auch Tamar aufzuzeigen, daß sie trotz ihres eigenen Bedarfes an Unterstützung und trotz der Not Arons ab und zu auch Elmer etwas Aufmerksamkeit schenken müßte. Obwohl er wie ein starker Bursche und recht fröhlich wirkte, litt er zweifellos unter der Situation; unter seiner harten Schale war er ein weichherziger Mensch, der etwas Zuneigung und Fürsorge von Seiten seiner Frau brauchte. Im späteren Verlauf dieses Falles bekam dieser Punkt eine entscheidendere Bedeutung.

d) Zweifel bezüglich des medizinischen Versorgungssystems

Vom ersten Tag an äußerten die Eltern Zweifel über die Qualität der medizinischen Versorgung im Hadassah-Krankenhaus. War seine neurochirurgische Abteilung wirklich die beste in Israel? Wer würde die Operation durchführen? War der Operateur auch wirklich der fähigste unter den vorhandenen? Wären sie besser beraten, wenn sie in eine Privatklinik gingen und selbst dafür bezahlten? Sollten sie sich vielleicht in ein Flugzeug setzen und mit Aron in die Vereinigten Staaten fliegen? Solche und ähnliche Fragen und Zweifel wurden durch zwei Umstände erheblich verstärkt und verschlimmert: Zum einen konnten die Eltern bis nach Ablauf der Operation nicht zuverlässig herausfinden, welcher Chirurg die Operation durchführen würde, und zum anderen entstand für sie der Eindruck, das Krankenhaus sei nicht so gut wie es idealerweise sein sollte, weil die Operation zunächst als absolut dringend beschrieben wurde, dann aber aus unerklärlichen Gründen mehrere Tage verschoben wurde. Das hing damit zusammen, daß die neurochirurgische Abteilung zu jener Zeit gerade in einer Phase organisatorischer Erneuerung steckte, nachdem ihr bisheriger Leiter die Station verlassen hatte; dies führte zu einem Stau der anstehenden Operationen, bei gleichzeitigem, unerwartetem Anfall dringender neurochirurgischer Eingriffe bei Erwachsenen.

Ich versuchte, diese Zweifel durch eine vernünftige Besprechung der anstehenden Fragen zu entkräften, und ich versicherte dabei den Eltern, daß der Tumor kaum so rasch wachsen könnte, so daß ein oder zwei Tage mehr bis zum Operationstermin keinen Unterschied machen würden. Ich wies sie auch darauf hin, daß zunächst einmal die wirksame Steroidbehandlung durchgeführt wurde, die eine Besserung des klinischen Zustandes von Aron bewirkt hatte. Gleichzeitig betonte ich, daß sie nicht genügend Zeit hätten, mit dem Kind in die Vereinigten Staaten zu fliegen, auch nicht unter der möglichen Annahme, daß das Kind dort in einer besseren chirurgischen Einrichtung behandelt werden könnte. Ich erklärte ihnen, daß sie auf das ganz natürliche Gefühl der Hilflosigkeit reagierten, das sich angesichts der realen Gefahr für das Leben des Kindes einstellte. Von daher sei es einfach schwierig für sie, das Schicksal des Kindes irgend jemandem anzuvertrauen. Des weiteren hatten sie große Schwierigkeiten, mit der Belastung des unvorhersehbaren Ergebnisses der Operation fertig zu werden, denn kein Mensch konnte ihnen garantieren, was die Zukunft bringen würde. Sie machten sich schreckliche Sorgen, daß sie womöglich einen fatalen Fehler begehen könnten, wenn sie das Schicksal des Kindes einfach einem bestimmten Arzt anvertrauten. Ich half ihnen dabei, diese Themen wieder und wieder zu besprechen und den Eindruck zu erlangen, daß ich ihre schreckliche Belastung respektiere und ihr Bedürfnis anerkannte, die Belastung durch irgend etwas meistern zu wollen, das ein positives Ergebnis garantierte. Freilich strebten sie damit nach einer Garantie, die ihnen niemand in der Realität zu geben vermochte.

e) Schuldgefühle entkräften

Solche Gespräche führten häufig dazu, daß die Eltern Schuldgefühle ausdrückten: „Hätte Aron nicht eine bessere Überlebenschance gehabt, wenn wir ihn einen Monat früher, oder sogar drei Monate früher ins Krankenhaus gebracht hätten?“ Oder: „Wäre es für ihn nicht besser gewesen, wenn wir ihn in Chicago hätten untersuchen lassen?“ Oder: „Vielleicht wäre es gar nicht dazu gekommen, wenn wir nicht nach Israel gezogen wären?“ Ich begegnete diesen Fragen wiederum auf zwei Ebenen: Zum einen zeigte ich ihnen auf, daß Aron vermutlich an einem Tumor litt, der in irgendeiner Form seit Jahren vorhanden war, aber erst vor kurzem die Größe erreicht hatte, daß er Symptome verursachte.

Zudem hatte auch ihr Hausarzt, der das Kind ins Krankenhaus überwiesen hatte, ursprünglich berechtigterweise angenommen, daß Aron an irgendeiner Verdauungsstörung des Magens litt, die eine übliche Ursache für das Erbrechen bei Kindern dieses Altes darstellt; im weiteren hatten die Kinderärzte des Hadassah Krankenhauses den Verdacht geäußert, die Symptome seien emotional bedingt – wie hätte man nun also von Eltern als Laien erwarten können, daß sie hinter diesen Symptomen Anzeichen einer seltenen Hirnerkrankung vermuten? Zum anderen erklärte ich ihnen, daß sie eine tragische Realität dadurch zu meistern versuchten, daß sie durch Schuldzuweisungen an sich selbst oder den Partner Spannung abbauten. Das sei zwar natürlich, würde aber die Situation nicht zum Besseren verändern. Obwohl dieses psychologische Manöver außer einer vorübergehenden Verringerung der Spannung nichts bringe, setzten es doch die meisten Menschen irgendwann ein, und es käme jetzt darauf an, daß sie sich nicht schuldig dafür fühlten, daß sie sich schuldig fühlten. Schließlich erklärte ich ihnen, daß sie nun wirklich alles ihnen mögliche täten, indem sie mit uns zusammenarbeiteten, um eine sofortige Behandlung des Kindes zu gewährleisten. Was immer die Zukunft bringen würde, könnten sie sich jedenfalls sicher sein, daß kompetente Fachleute übereinstimmend ihr Bestes geben würden, um die Chancen des Kindes auf eine Heilung zu wahren.

f. Rastlose Überaktivität bekämpfen

Ich veranlaßte sie nicht nur, einen Zeitplan für die Krankenwache und darauffolgende Ruhephasen außerhalb des Krankenhauses zu erstellen, der beiden die Möglichkeit geben sollte, bei Kräften zu bleiben, sondern wandte mich auch gegen die von mir beobachteten Versuche seitens Elmer und Tamar, Spannung abzubauen, indem sie rastlos überaktiv waren und auf diese Weise den Nutzen ihrer Ruhephasen in Frage stellten. Ich hielt Elmer beispielsweise davon ab, plötzlich dem Vorhaben nachzugehen, sein Auto zu verkaufen und stattdessen ein neues zu erwerben, und ich hielt Tamar davon ab, eine medizinische Untersuchung durchführen zu lassen, die feststellen sollte, ob ihre eigenen Kopfschmerzen und ihr zeitweiliges Erbrechen ebenfalls auf einen Gehirntumor zurückzuführen seien. Bevor mir dies gelang, hatte sie bereits einen der Neurochirurgen überreden können, eine Computertomographie für sie zu erwägen, um ihr auf diese Weise sicherzustellen, daß sie nicht an der gleichen Krankheit wie ihr Sohn litt! Ich verwies die beiden standfest darauf, daß sie all ihre Aufmerksamkeit auf den Umgang mit den Problemen von Arons Krankheit und auf die Aufrechterhaltung ihrer eigenen Energien richten sollten.

g. Das Kind emotional unterstützen und anleiten

Wann immer ich mit Aron selbst zu tun hatte, praktizierte ich für die Eltern ein Modellverhalten, indem ich mich fürsorglich und zuversichtlich zeigte. Bei meinen Besuchen auf seiner Station trug ich wie üblich meinen weißen Ärztemantel und vermittelte ihm so das Erlebnis, eine Beziehung zu einem Arzt aufbauen zu können, der das Kind nicht ängstigte, an ihm Interesse hatte, mit ihm spielte und mit ihm in kindgemäßer Sprache über seine Krankheit und die Behandlung sprach. Der Umstand, daß Aron ein nettes, intelligentes und offenes Kind war, erleichterte mir meine Aufgabe. Sobald die Steroidbehandlung zu einer Euphorie und zum Ausbleiben des Erbrechens geführt hatte, fühlte sich Aron besser als Wochen zuvor. Ich half dann den Eltern, das Kind auf Untersuchungen und Behandlungsschritte einschließlich der Operation vorzubereiten, ohne daß sie viele Worte darüber verlieren mußten.

Tamar erwies sich schließlich in ihren mütterlichen Bemühungen um Aron während dieser Phase als sehr erfolgreich. Trotz ihres eigenen inneren Wirrwarrs begegnete sie ihm warmherzig, einfühlsam und Vertrauen einflößend. Es gelang ihr, Arons euphoriebedingte Ausgelassenheit in kontrollierte Bahnen zu lenken, obwohl sie es eindeutig als schmerzhaft empfinden mußte, diesen vorübergehend so gesund aussehenden und voller Leben steckenden Jungen zu sehen und gleichzeitig sich vorstellen zu können, wie er ein paar Tage später aussehen würde. Als sie mit mir darüber sprach, versuchte ich, ihr möglichst viel emotionalen Rückhalt zu geben. Das Kind selbst schien von ihren Spannungen und ihrem Leiden nichts zu bemerken.

Die letzte Stunde vor der Operation verbrachte ich mit ihr und ihrem Mann am Bett des Jungen. Ich ermutigte sie dazu, selbst das vor der Narkose übliche Beruhigungszäpfchen bei Aron einzuführen, und sie hielt danach Arons Hand, bis er schläfrig wurde. Elmer hob dann das Kind auf die Liege und schob sie in Richtung Operationssaal. Ich wünschte ihnen alles Gute und ließ beide wissen, daß sie durch ihr aktives Mitwirken Aron eine große Hilfe erwiesen hatten.

Zweiter Zeitraum: Nach der Operation

Während des 14tägigen postoperativen Aufenthaltes von Aron auf der Intensivstation intensivierte ich meine rückhaltgebenden Interventionen. Ich besuchte die Eltern mehrmals täglich bei ihrer Krankenwache am Bett ihres Sohnes und in einer Korridornische außerhalb der Intensivstation. Dort hatte Elmer nämlich eine Liege aufgestellt, wo er oder Tamar sich bis zu Arons Tod am Tage und in der Nacht ausruhen konnten. Mein Vorgehen ähnelte dabei dem vor der Operation, doch wählte ich etwas andere Schwerpunkte, wie die folgende Zusammenfassung deutlich macht:

a. Die Hoffnung beibehalten

Verstärkt versuchte ich, Hoffnung bei den Eltern zu erwecken, und sei es nur die Hoffnung, daß es trotz aller Gefahrenzeichen in Arons Zustand, doch nicht absolut sicher war, daß er die Krise nicht überstehen würde. Die Eltern waren sich freilich der Lebensgefahr, in der ihr Kind schwebte, bewußt. Ihre drei Tage nach der Operation geweckte Hoffnung auf Genesung, als das zerebrale Ödem etwas abklang und Aron auf Ansprache leicht zu reagieren begann, schwand mit jedem Tag, an dem sich keine weitere Besserung ergab, und zusätzlich mit den düsteren Blicken der Ärzte, die in ihren prognostischen Aussagen sehr zurückhaltend waren. Dennoch lenkte ich ihre Aufmerksamkeit auf jedes kleinste Anzeichen für eine mögliche Besserung oder berichtete ihnen darüber und betonte immer wieder, wie bemerkenswert regenerationsfähig das Gehirn eines Kindes in diesem Alter sei. Ich sagte ihnen, daß die Kollegen in der Intensivstation alle lebensrettenden Behandlungsschritte konsequent in der Hoffnung vorantrieben, daß schließlich der Aufschwung zur Genesung allmählich erreicht würde.

Beide versicherten mir, daß es ihnen besser ging, nachdem sie mit mir gesprochen hatten, und daß ich ihnen neuen Mut gäbe. Tamar berichtete mir, daß sie sich nach einem Gespräch mit einem leitenden Mitarbeiter der Intensivstation jeweils geschwächt fühle, weil jener die Gefahren für das Kind in jedem Gespräch hervorhob. Daraufhin besprach ich diesen Punkt mit meinem Kollegen, und er gab ab dann ein ausgewogeneres Urteil ab, indem er Tamar einfach nur über den jeweiligen klinischen Zustand des Kindes berichtete und sich dabei einer Vorhersage über den weiteren Verlauf enthielt. Er sagte ihr: „In ein paar Tagen dürften wir den weiteren Verlauf besser beurteilen können."

b. Medizinische Informationen sammeln und gezielt weitergeben

Ganz besonders während der ersten Tage, doch auch im weiteren Verlauf des Krankenhausaufenthaltes von Aron wurde das Leid der Eltern erheblich dadurch verstärkt, daß sie keine für sie klar einschätzbaren Informationen über Veränderungen des Zustandes von Aron erhielten. Viele Ärzte und Schwestern behandelten Aron, und einige von ihnen waren zu beschäftigt und, wie mir schien, emotional zu belastet, daß sie den Eltern hätten fortlaufend über Arons Zustand Bericht erstatten können. Wir brauchten beispielsweise ein paar Tage, bis wir herausfanden, welche Chirurgen die Operation wirklich durchgeführt hatten und was sich genau zugetragen hatte. Leider gab es keine zweite Besprechung zwischen den neurochirurgischen Mitarbeitern und den Eltern, ähnlich derjenigen vor der Operation. Noch ein Jahr danach beklagte sich Elmer bitterlich darüber, daß der Chefarzt der Neurochirurgie, der das chirurgische Team geleitet hatte, nicht ein einziges Mal mit ihm über den Verlauf der Operation gesprochen hatte, und er hatte den Eindruck, daß ihm dieser Chefarzt während der zehn Tage nach der Operation jedes Mal aus dem Wege gegangen war, wenn er ihm im Gang des Krankenhauses begegnet war.

Einige Tage nach der Operation erzählten mir die Eltern, daß sie außerhalb der Intensivstation darauf lauerten, irgendeinen Arzt, der mit dem Kind in Kontakt gewesen wäre, abzupassen, um ihn auszufragen und auf diese Weise ein bißchen mehr Information gewinnen zu können. Um ihren Informationshunger zu steillen und ihnen einen strukturierten und ausgewogenen Bericht geben zu können, wählte ich daher den folgenden Ablauf: Ich ging bei jedem meiner Besuche zunächst zu dem Kind selbst, sprach dann mit den Ärzten und Pflegern, die mich jeweils über den neuesten Stand unterrichteten und mir die komplizierten Aufzeichnungen im Krankenbericht erklären konnten, und danach gab ich die wesentlichen Informationen in einer Form an die Eltern weiter, die ausgewogen war und mögliche hoffnungsvolle Anzeichen betonte.

c. Ruhepausen sicherstellen

Ich überwachte weiterhin aufmerksam den Ermüdungsgrad der Eltern und empfahl ihnen ganz direkt, daß Elmer Tamar nachts zum Schlafen nach Hause schikken sollte, während er die Nächte auf der Liege in der Korridornische verbrachte. Während es ihm durchaus gelang, im Krankenhaus zu schlafen, fand Tamar dort nie ihre Ruhe. Ich versuchte auch, Elmer dazu zu bewegen, tagsüber nach Hause zu gehen und sich auszuruhen, während Tamar Krankenwache hielt. Damit hatte ich aber weniger Erfolg, denn entweder bestand Elmer darauf, im Krankenhaus zu bleiben, um „Tamar Gesellschaft zu leisten" oder er wanderte rastlos in der Stadt umher, wenn er das Krankenhaus verließ, und behauptete, er bräuchte nicht nach Hause zu gehen und sich auszuruhen, weil er in der Nacht zuvor ja gut geschlafen hätte.

d. Gezänk unterbinden und stattdessen auf gegenseitigen Rückhalt drängen

Im weiteren Verlauf der Tage begannen sich die beiden zu zanken, und Elmer beschwerte sich zunehmend bei Tamar, daß sie gefühllos sei, weil sie soviel Zeit außerhalb des Krankenhauses verbrachte. Einmal zwang er sie dazu, mit ihm die ganze Nacht im Krankenhaus zu bleiben. Während er in jener Nacht gut schlief, machte sie kein Auge zu. Am nächsten Tag beklagte sie sich bei mir bitterlich über diesen mangelnden Rückhalt und über seine geingschätzigen Bemerkungen ihr gegenüber. Ich machte keinerlei Versuch, die Quelle ihrer ehelichen Spannungen zu ergründen, sondern sagte ihr, daß ich unter seiner rauhen Schale Anzeichen einer kindhaften Abhängigkeit ihr gegenüber und sein Bedürfnis bemerkt hatte, von ihr getröstet und bemuttert zu werden. Obwohl es ihr in ihrem erschöpften Zustand kaum zumutbar war, versuchte ich sie zu überreden, seine Anklagen zu ignorieren und ihm soviel Fürsorge angedeihen zu lassen wie sie zu geben imstande war. Auf analoge Weise versuchte ich ihn zu überreden, ihre Bedürfnisse nach emotionalem Rückhalt so gut wie möglich zu befriedigen. Ich erklärte beiden, daß ihr Gezänk und ihre Reizbarkeit eine Abwehr gegen Gefühle der Trauer und der ohnmächtigen Hilflosigkeit seien und drängte darauf, daß sie sich, statt zu zanken, bemühen sollten, einander so gut wie möglich zu unterstützen, um so gemeinsam die schreckliche Last tragen zu können. Mein Drängen war schließlich stark genug, daß es mir gelang, sie zu mehr Toleranz gegeneinander zu bewegen, und ich konnte Elmer deutlich machen, daß es seiner Männlichkeit nicht abträglich wäre, wenn er sich erlaubte, seine Trauer offener auszudrücken. Gleichzeitig gab ich auch zu verstehen, daß ich die Stärke und Tapferkeit schätzte, die ich hinter Tamars äußerlich aufscheinender Schwäche entdecken konnte.

e. Sozialen Rückhalt organisieren

Elmer hatte einen Freund in Jerusalem, den er seit seiner Kindheit kannte. Er hieß Reuben und hatte sich vor kurzem der Religion zugewandt und war von Chicago nach Israel ausgewandert. Ich traf Reuben zum ersten Mal, als er am

Tag nach Arons Operation im Krankenhaus zu Besuch war. Ich erklärte ihm, wie wichtig sein Beitrag zu dieser Situation sein könnte, wenn er so häufig wie möglich im Krankenhaus Besuche abstattete, und bat ihn, möglichst viele seiner religiösen Freunde dazu zu bewegen, desgleichen zu tun. Es dauerte nicht lange, bis daß eine ganze Reihe junger Glaubensbrüder und -schwestern abwechselnd ins Krankenhaus kam, um mit Elmer oder Tamar zusammenzusitzen. Wann immer ich ihm begegnete, hob ich die Wichtigkeit ihrer Unterstützung hervor und bat sie, weiterhin und auch in größerer Anzahl zu kommen. Eines Tages berichtete mir Elmer, daß sie ihm dadurch halfen, daß sie häufig mit ihm über Angelegenheiten von außerhalb des Krankenhauses sprachen, wie etwa über aktuelle Geschehnisse in der Welt, wodurch er zeitweise von seinen Nöten abgelenkt wurde, die ihn ansonsten ständig beschäftigten.

In der zweiten Woche hatte Elmer soviel Zutrauen zu Reuben gewonnen, daß er ihm sogar einmal erlaubte, statt seiner im Krankenhaus zu schlafen, so daß Tamar und Elmer zum ersten Mal innerhalb von drei Wochen zu Hause schlafen konnten.

Einmal kam auch der Rabbi aus der Nachbarschaft zu Besuch. Er sagte zu Tamar: „Sie kennen mich zwar nicht, aber ich bin hergekommen, um zu sehen, ob ich Ihnen helfen kann, nachdem ich von Ihrem Kummer gehört habe.“ Ich sagte dem Rabbi, daß ich als derjenige, der für die psychosozialen Aspekte des Falles zuständig war, ihn gerne wissen lassen möchte, wie bedeutsam ich seinen Besuch einschätze. Ich unterstützte ihn auch in seinen Bemühungen, dem jungen Paar zu raten, um Gottes Hilfe zu beten, obwohl Tamar ihm erzählte, daß sie dazu erzogen worden sei, nicht an Gott zu glauben, und sie nicht wüßte, wie man betet. Es beeindruckte mich sehr, wie der Rabbi ihr einfache Anleitungen zum Gebet gab. Später erzählte sie mir, daß ihr dies geholfen hatte. Von besonderem Wert war der Kontakt zu diesem Rabbi nach Arons Tod. Er organisierte bei ihnen zu Hause die Trauerrituale der Shiva, und er führte Elmer in seine örtliche Synagoge ein, wo er sich dann täglich als Teil der Gruppe von trauernden Männern zur Abhaltung des Totengedenkens in Form der täglichen Kaddish-Gebete einfand. Anders als Tamar war Elmer religiös erzogen worden und empfand es für sich als sehr tröstlich, der Versammlung der Trauernden beiwohnen zu können.

f. Bedeutungsvolle Aktivitäten fördern

Einer meiner wichtigsten rückhaltgebenden Beiträge bestand in den Ratschlägen an Tamar und Elmer bezüglich ihres Verhaltens während der Krankenwache bei Aron. Anfangs waren sie noch hilflos neben dem Bett gestanden oder hatten versucht, das Kind zu einer Reaktion zu bewegen, indem sie es aufforderten zu blinzeln oder seine Finger oder Zehen zu bewegen. Ich gab ihnen stattdessen den Auftrag, liebevoll mit Aron zu sprechen, als ob er sie hören und verstehen könne, und dann auf mögliche Reaktionen seiner Augenbewegungen oder der Augenlider zu achten. Ich erklärte ihnen, daß Aron auf diese Weise mit ihnen in Kontakt bleibe und durch sie mit der Welt der Realität, zumindest in dem Ausmaß, wie es dem Kind in seinem veränderten Bewußtseinszustand möglich war. Ich versicherte ihnen, daß die Art seiner Gehirnverletzung Schmerzempfindungen verhinderte und ihn auch nicht der verschiedenen Schläuche und Instrumente gewahr werden ließ, die seine Lebensfunktionen künstlich aufrechterhielten. Einer der Neurochirurgen sagte mir, er sei überzeugt, das Kind sei völlig bewußtlos, und doch war ich bei einer Reihe von Gelegenheiten zweifellos sicher, daß das Kind minimale Reaktionen auf die Worte und Liebkosungen seiner Eltern zeigte.

Emotional besonders belastend war für mich die Teilnahme an den herzzerreißenden Szenen, wenn Tamar das Kind mit Liebe überschüttete und auf das weitgehend reaktionslose Kind zärtlich einsprach. Bei solchen Gelegenheiten vergoß ich manch stille Träne. Aber ich hielt durch, denn ohne meine aktive Beteiligung hätten sich weder Tamar noch Elmer weiterhin so um das Kind kümmern können.

g. Rückzugsmöglichkeiten unterstützen

Obwohl ich den Eltern riet, so aktiv wie möglich für das Kind zu sorgen, blieb ich dennoch sensibel für die Anzeichen in der zweiten Woche, die mir zeigten, daß sie sich psychisch vom Kind zu lösen begannen, und unterstützte diesen Prozeß sanft. Während meiner Besuche standen wir zunehmend häufiger und länger auf dem Gang als am Bett des Kindes, um miteinander zu sprechen. Auch wenn sie alleine Krankenwache hielt, ermutigte ich Tamar, sich eine Kaffeepause in der Cafeteria zu gönnen oder auf der kinderärztlichen Station eine Freundin zu besuchen und zu trösten, die dort am Bett ihres schwerkranken Kindes Krankenwache hielt. Am Tage vor Arons Tod schnitt Elmer das Thema an, daß sie sich wohl mit der Wahrscheinlichkeit abfinden müßten, daß das Kind nicht genesen werde, und wie sich das wohl auf seine und Tamars späteren Gefühle auswirken werde. Ich ging darauf ein, indem ich mich mit ihm verabredete, um am nächsten Tag über dieses Thema in meinem Büro zu sprechen. Bedingt durch Arons Tod kam es aber nie zu diesem Gespräch.

Dritter Zeitraum: Nach dem Tod des Kindes

Leider ließ ich in der Intensivstation nicht ausrichten, daß man mich rufen sollte, falls das Kind stürbe. Als es dann soweit war, erfuhr ich erst zwei Stunden später davon, und da waren Elmer und Tamar bereits nach Hause gegangen. Ich rief sie sofort an und drückte Tamar mein Beileid aus. Ich versprach ihnen, sie während der Shiva zu besuchen und tat dies am zweiten Tag. In ihrem Haus waren viele Freunde und Verwandte, die aus dem ganzen Land zusammengekommen waren. Joshua war von seiner Tante aus dem Kibbuz zurückgebracht worden, und Tamar fragte mich um Rat, wie sie mit ihm über den Tod seines Bruders sprechen könne und wie sie mit dem äußerst fordernden Verhalten des Kleinkindes umgehen könne. Tamar beschrieb, wie Joshua, der erst ein paar Worte sprechen konnte, wiederholt zu dem Fenster lief, das auf den Hof führte, als ob er dort nach Aron suchte. Ich sagte ihr: „Sagen Sie ihm einfach, daß Aron nicht mehr hier ist", und ich half ihr zu verstehen, daß der Kleine auf ganz natürliche Weise auf die emotionale Bestürzung in der Familie reagiere und zudem auf seine jüngste Erfahrung, nämlich von seiner Mutter getrennt zu sein.

Es schien Tamar und Elmer bemerkenswert gut zu gehen, und Elmer unterhielt sich während meines Besuchs scheinbar unbeschwert mit seinen Freunden. Allerdings kam er mir gegenüber ab und darauf zurück, daß er glaubte, er hätte nicht das Richtige getan, als er Aron in der Hadassah-Klinik behandeln ließ, oder aber daß alles besser gegangen wäre, wenn sie ihn früher zum Arzt gebracht hätten. Ich antwortete ihm, daß die meisten Menschen kurz nach einem Todesfall irrationale Schuldgefühle hegten und sich mit Gedanken nach dem Motto: „Was wäre geschehen, wenn . . .“ beschäftigten, als ob sie diesen harten Schicksalsschlag rückgängig machen könnten. Tamar sagte mir, sie komme sich gefühlsmäßig stumpf vor und fühle sich so schwach, daß sie kaum imstande sei, Joshua aufzunehmen und zu tragen. Ich antwortete, daß sie jetzt einfach abgekämpft sei, daß ich aber sicher sei, daß sie in ein paar Wochen wieder bei Kräften sein werde. Zudem gab ich beiden einige vorbeugende Ratschläge über den normalen Verlauf des Trauerns. Ich sagte ihnen, daß sie vermutlich noch während der nächsten sieben bis zehn Tage den Eindruck haben würden, daß der Tod ihres Jungen einfach nicht wahr sein könne und ihnen unreal vorkommme, und daß sie nach dieser ersten Schockphase leider einiges an Schmerz in Form von Traurigkeit und innerer Leere verspüren würden. Diese Gefühle würden über mehrere Monate hinweg in wechselnder, aber steigender Intensität andauern. Ich prophezeite ihnen, daß es ihnen in etwa drei bis fünf Wochen besonders schlecht gehen würde, und bat Reuben, der bei diesem Gespräch zugegen war, nachdrücklich, während jener Zeit mit seinen Freunden zusammen den Rückhalt für das Ehepaar verläßlich zu verstärken. Tamar und Elmer sagte ich, daß sie sich vermutlich nie ganz von der Trauer um ihren Sohn erholen würden, daß aber in etwa sechs bis zwölf Monaten der Schmerz nachlassen würde und sie nach und nach entdecken würden, daß trotz dieser schmerzhaften Erfahrung das Leben für sie weitergehen könne, was sie bis zu jenem Zeitpunkt wahrscheinlich für unmöglich halten würden. Ich betonte meine Bereitschaft, ihnen während dieser Phase zu helfen, und forderte sie auf, mich einfach anzurufen, wenn sie Rat und Trost bräuchten. In ein paar Wochen, sobald sie sich dazu in der Lage fühlen würden, würde ich sie gerne treffen, um ausführlich mit ihnen über all das Geschehene zu sprechen.

Bei diesem rückblickenden Gespräch erzählte mir Tamar, wie Aron gestorben war. Am Abend zuvor waren die Ärzte auf den Gang hinausgekommen und hatten berichtet, daß es Aron plötzlich besser gehe. Sie gingen daraufhin zu ihm, und alle waren richtig erlöst, als Aron seine Augen deutlich bewegte, während sie mit ihm sprachen und ihm eines seiner Bilderbücher zeigten. Danach war Tamar in der frohen Hoffnung nach Hause gegangen, daß das lang ersehnte Wunder nun geschehen sei. Um zwei Uhr nachts rief Elmer sie jedoch an und sagte ihr, die Ärzte meinten nun, daß Aron stürbe. Sie konnte es einfach nicht glauben, aber er starb tatsächlich um 10 Uhr morgens.

Tamar und Elmer berichteten beide, wie sie die offenkundige Freude der Ärzte beeindruckt hatte, als sie ihnen die gute Nachricht von Arons Besserung überbrachten. Weiters hatte sie beeindruckt, wie der Oberarzt weinte, als er auf den Gang kam, um ihnen zu berichten, daß Aron gestorben war. Sie betonten, daß dies eine spezielle Bedeutung für sie hatte. Trotz Elmers Skepsis bezüglich des Hadassah-Krankenhauses glaubten sie beide, daß die medizinische Versorgung des Kindes gut gewesen sei und die Ärzte kompetente Fachleute seien. Die

Freude bei den Ärzten und besonders auch die Tränen des Oberarztes gaben ihnen zusätzlich das Gefühl, daß das Stationspersonal aus mitfühlenden Menschen bestand, die persönlich um das Wohl des Kindes besorgt waren. All dies erzeugte für sie den Eindruck, daß alles Menschenmögliche für ihr Kind getan worden war.

Ich fragte Tamar, ob sie – rückblickend betrachtet – nicht bereute, daß sie sich in den letzten zwei Wochen an die Hoffnung auf Arons Genesung geklammert hatte. Sie antwortete: „Nur durch die Hoffnung konnte ich mich aufrechterhalten; sie gab mir innere Kraft und Stärke, denn ohne sie wäre ich einfach völlig zusammengebrochen. Ich bereue nichts von alledem und möchte nichts daran rückgängig machen. Sogar die am Vorabend des Todestages in mir geweckte Hoffnung durch Arons Besserung, die seinen Tod für mich so unerwartet und unglaublich erschienen ließ, ist mir lieb und teuer. Wenigstens konnte ich ein paar Stunden lang glauben, daß er weiterleben werde. Nein, ich möchte nichts an dem Geschehenen ändern. Zudem bin ich Ihnen und all meinen Freunden dankbar, die mich weiter hoffen ließen, auch wenn ich jetzt weiß, daß es vergebens war." Während der folgenden vier Wochen rief ich die Familie Ross mehrfach zuhause an und sprach mit Tamar, Elmer oder Reuben, der sein Versprechen hielt, soviel Zeit wie möglich mit den beiden zu verbringen. Alles schien sich zunächst meinen Erwartungen gemäß zu entwickeln, doch dann riefen mich die beiden an und baten um meinen Besuch. Im folgenden gebe ich eine kurze Zusammenfassung der wichtigsten Punkte des ersten Gespräches von insgesamt sieben wieder, die während der nachfolgenden zehn Monate stattfanden:

1. Am Anfang der Trauerphase war Elmer ziemlich depressiv und plagte sich mit Schuldgefühlen und Zweifeln herum, ob er das Richtige gemacht habe, indem er zuließ, daß Aron im Hadassah Krankenhaus behandelt wurde. Zwischendurch war er auch Tamar gegenüber sehr gehässig, indem er sich insbesondere sehr herabsetzend über ihre häufigen Tränenausbrüche sowie ihre mangelnde Fürsorge gegenüber Joshua und über Mängel in der Haushaltsführung äußerte. Sie war sehr gekränkt über sein mangelndes Verständnis und seine mangelnde Unterstützung für sie und befürchtete ständig, sie würde zusammenbrechen. Dieser dauernde Streit führte schließlich so weit, daß sie eines Tages zu mir kamen und mir berichteten, daß sie sich ernsthaft mit Scheidungsabsichten trügen.

Ich wählte ein eher direktives Vorgehen für dieses Problem. Ich erzählte ihnen, daß Zanken eine gängige Methode zur Abwehr von Gefühlen der Trauer sei, und daß viele Eltern, die ein Kind verlieren, sich mit Scheidungsabsichten trügen oder gar die Scheidung vollzögen, was als Symptom einer unbewältigten Trauer anzusehen sei bzw. als irrationaler Versuch, der eigenen Trauer und Depression zu entkommen. Ich riet ihnen, dieses destruktive Verhalten zu beenden, und wies nachdrücklich darauf hin, sie möchten einander zu verstehen und auf die Bedürfnisse des jeweils anderen einzugehen versuchen. Ich zählte ihnen im einzelnen auf, was ich damit meinte, und im Verlauf einiger Monate gelang es ihnen schließlich, diese Form der Abwehr aufzugeben, sich mit ihrer Trauer abzufinden und ansatzweise dahin zu gelangen, sich gegenseitig zu helfen.

2. Drei Monate später erzählten sie mir, daß ihnen einige ihrer Freunde rieten, Tamar solle zur Überwindung ihrer Trauer schwanger werden. Ich riet ihnen

davon strikt ab und erklärte ihnen, daß sie erst die akute Phase ihrer Trauer hinter sich bringen sollten, bevor sie an ein neues Kind dächten, damit sie die Beziehung zu einem neuen Kind nicht mit ihren ungelösten Gefühlen der Trauer über Arons Tod belasteten. Trotz meines Ratschlages wurde Tamar zwei Monate später schwanger. Ich setzte mich dann sehr dafür ein, daß sie ihre Gefühle und Phantasien über das entstehende Kind von den Gefühlen Aron gegenüber trennen konnte, und zwar um dem neuen Kind eine Chance zu geben, eine für sich eigene Person sein zu können und nicht ein symbolischer Ersatz für Aron. Dies gelang mir weitgehend. Tamar sagte: „Ich habe nicht mehr das Gefühl, das neue Kind sei ein Ersatz für Aron, aber ich habe Bedenken, das Kind könnte nicht normal sein, denn mein Bauch erscheint mir kleiner als bei den früheren Schwangerschaften." Elmer meinte: „Für mich ist das Kind ein eigener, neuer Mensch . . . Insgesamt habe ich den Eindruck, daß unsere Probleme nunmehr normale Alltagsprobleme sind und nicht länger mit Aron verknüpft sind."

3. Ich warnte sie vor der Wahrscheinlichkeit vermehrten Leidens am Jahrestag von Arons Tod und riet ihnen sehr dazu, sich an irgendeinem Ritual zu beteiligen wie etwa einem Gedenkgottesdienst auf dem Friedhof, um so die Situation gefühlmäßig besser bewältigen zu können. Elmer ging nicht mehr täglich zum Kaddish-Gebet und meinte: „Um ehrlich zu sein, vermisse ich das in letzter Zeit, obwohl ich freitags und samstags in die Synagoge gehe." Ich schlug ihnen vor, sie könnten mit ihrem Bekannten, dem Rabbi aus der Nachbarschaft, beraten, wie sie die Trauerfeier abhalten könnten.

4. Am Schluß unseres letzten Gespräches sagten sie, sie glaubten, sie bräuchten keinen weiteren Gesprächstermin. Elmer sagte: „Ich fühle mich weniger depressiv und denke häufig daran, wie Sie sagten, daß solche Phasen nach dem Tod eines Kindes normal seien. Ich habe nun den Eindruck, daß ich meine Depression als Teil meines Lebens annehmen kann, auch wenn ich natürlich täglich an Aron denke, aber ich kann diesen Gedanken jetzt allmählich einen bestimmten Platz zuweisen. Außerdem fällt mir die Arbeit etwas leichter, und ich habe den Eindruck, daß ich wieder mehr Boden unter den Füßen habe." Tamar meinte: „Ich denke täglich an Aron, und der Schmerz ist dabei nicht geringer als im letzten Monat. Ich weine immer noch viel, wenn auch vielleicht etwas weniger als zuvor. Elmer und ich kommen viel besser miteinander aus. Ich tue mein Bestes, um mich um sein Leid zu kümmern, und er beschimpft mich nicht mehr; das hilft mir viel."

Zusammenfassung

Beide Elternteile besitzen Persönlichkeitsmerkmale und haben in der Beziehung miteinander Probleme, die Indikatoren für spezielle Schwierigkeiten darstellen, die sich bei der Anpassung an die Belastung der schweren Krankheit und des Todes ihres Kindes ergeben können. Mir scheint, daß sie angesichts dieser Voraussetzungen ihre mißliche Situation recht gut bewältigt haben und keine Anzeichen vermehrter Anfälligkeit für körperliche Krankheit oder psychopathologische Störungen aufwiesen. Diese positive Entwicklung ist womöglich durch meine unterstützenden Interventionen, besonders meine engagierte, warmherzige und persönliche *Fürsorge,* deren Intensität sich jeweils nach der Unterstützungsbedürftigkeit des Paares richtete, beeinflußt worden. Auch kann die Art, wie ich ihnen *medizinische Informationen vermittelte,* für sie sammelte, aufbereitete und interpretierte, sowie die Art, wie ich ihre Bedürfnisse den Ärzten erklärte, daran mitgewirkt haben. Meine *direktiven Ratschläge* zur Überbrückung ihrer kognitiven Einbußen, die *Förderung und Anerkennung gegenseitigen Rückhaltes* und die *Unterstützung durch Freunde* und religiöse Personen, die *Sicherstellung angemessener Ruhephasen* zur Erhaltung ihrer Energien, die *Unterstützung von Rückzugsmöglichkeiten* bei besonders starker Belastung und schließlich der *Erhalt der Hoffnung* bis zum letzten Lebensmoment des Kindes und danach das Erwecken der Hoffnung, daß es ihnen mit der Zeit gelingen werde, trotz des unvermeidlichen Trauerschmerzes ihr Leben weiterzuleben – dies alles mag zu der positiven Entwicklung beigetragen haben.

6. Kapitel

Probleme der Mutter-Kind-Bindung

Unter dem Begriff Mutter-Kind-Bindung verstehe ich eine andauernde, persönliche Bindung einer Mutter an ihr Kind. Sie betrachtet das Kind als einzigartig zu ihr gehörig, also als „ihr eigenes". Sie ist besondes empfänglich für die Bedürfnisse ihres Kindes und wie es diese anmeldet, sowie besorgt um sein Wohlergehen. Sie schützt und nährt ihr Kind und zeigt ihre Bindung in der Art, wie sie über ihr Kind spricht, wie sie sich ihm gegenüber verhält, wie sie es in den Armen hält, wie sie sich ihm mitteilt und wie sie es tröstet, wenn sie glaubt, daß es ihm schlecht gehe. Augen- und Körperkontakt, Umarmungen, Küsse, Streicheln, Wiegen und Wiegenlieder stellen die wesentlichen Ausdrucksformen der Mutter-Kind-Bindung dar, die sich zudem in der Art des Schutzes und der Fürsorge für das Kind zeigt.

Praktische Fallbeispiele

Fall 1

Dr. *Hadassah LeBow,* eine kinderpsychiatrische Oberärztin und ich besuchten auf der kinderchirurgischen Abteilung des Hadassah-Universitätskrankenhauses in Jerusalem das Kind Renon. Renon war zehn Monate alt und wirkte vom Äußeren und von seinem Verhalten wie ein drei bis vier Monate alter Säugling. Er war klein, schwach, bewegungsarm und apathisch und zeigte wenige bis gar keine Greifreflexe. In seinem Kinderbettchen bewegte er sich gelegentlich seitwärts, konnte aber, auch wenn man ihn stützte, nicht sitzen. Er zeigte fast keinerlei soziale Reaktionen und verweigerte die Nahrung. Wenn man ihm einen Löffel anbot, drehte er seinen Kopf zur Seite, und wenn ihm Nahrung in den Mund eingeführt wurde, spuckte er sie wieder hinaus.

Wegen der nötigen chirurgischen Behandlung einer angeborenen Hypoplasie und einer Hernie des Zwerchfelles war er seit seiner Geburt mit kurzen Unterbrechungen immer wieder in Krankenhäusern gewesen. Er war im achten Monat durch Kaiserschnitt zur Welt gekommen, der wegen einer Schwangerschaftstoxikose der Mutter durchgeführt werden mußte. Sein Geburtsgewicht betrug 1,95 kg. Gleich von Anfang an gab es bei ihm Atemprobleme, und nachdem er im Brutkasten eine Lungenentzündung bekommen hatte, wurde er unter ein Sauerstoffgerät gelegt.

Drei Wochen zuvor war er an unser Hadassah-Krankenhaus verlegt worden, und zwar von einem Ortskrankenhaus in einem anderen Landesteil, in dem er sich von zwei Operationen im Hadassah-Krankenhaus hätte erholen sollen, die zur Behebung der Zwerchfellschäden vor seinem 4. Lebensmonat durchgeführt worden waren. Die Chirurgen forderten eine psychiatrische Konsultation an, nachdem neurologische und kinderärztliche Untersuchungen keine bedeutsame organische Ursache für sein mangelndes Gedeihen ergeben hatten und daher eine psychosoziale Verursachung seines Zustandes in Erwägung gezogen wurde. Anhaltspunkte lieferte dazu das Ortskrankenhaus, wo vermutet wurde, daß es sich hier um einen Fall von Kindesmißhandlung und Verwahrlosung drehe, nachdem einmal auf beiden Gesichtshälften des Säuglings Verletzungen entdeckt worden waren und die Mutter das Kind nur selten im Krankenhaus besucht hatte sowie Instruktionen zur Pflege des Kindes nur ungenügend befolgt hatte.

Wir trafen uns mit den Eltern des Kindes und erfuhren, daß die 27jährige Mutter in Rumänien zur Welt gekommen war und mit ihren Eltern im Alter von 7 Jahren nach Israel gegangen war. Sie hatte insgesamt drei Schwangerschaften gehabt, die letzte davon mit Renon. Die erste endete nach 7 Monaten mit einer Fehlgeburt, nachdem Anzeichen einer Schwangerschaftstoxikose aufgetreten waren. Auch während der zweiten Schwangerschaft hatte sie an Symptomen einer Schwangerschaftstoxikose gelitten und hatte hernach nicht näher bestimmte „Nierenstörungen". Die Geburt war aber normal und zum vorausberechneten Termin verlaufen, und das Kind hatte sich normal entwickelt. Die Ärzte rieten ihr damals von einer weiteren Schwangerschaft ab, und sie war einverstanden gewesen. Gerade als sie sich eine Spirale einsetzen lassen wollte, stellte sich heraus, daß sie erneut schwanger war. Sie wollte einen Abbruch durchführen lassen, aber ihr Ehemann überzeugte sie, die Schwangerschaft auszutragen. Während dieser Schwangerschaft war sie dann ständig krank und die meiste Zeit bettlägerig, als Folge der antiseptischen Medikamente und der Beruhigungstabletten.

Nach dem Kaiserschnitt sah sie ihr Kind sechs Tage lang nicht. Ihr Kommentar dazu lautete: „Als ich ihn besuchte, sah er wie ein gerupftes Hühnchen aus, das durch Schläuche an eine Maschine angeschlossen ist, und ich verspürte keine Lust, ihn wieder zu besuchen. Drei Monate lang gaben ihm die Ärzte kaum Überlebenschancen, die optimistischste Einschätzung lautete 50%."

Die Mutter berichtete, sie habe eine seit langem bestehende Furcht vor Krankenhäusern. Sie war mit einer Verengung der Speiseröhre zur Welt gekommen und mußte daher operiert werden. Danach war sie während ihrer gesamten Kindheit bis zum Alter von 12 Jahren wiederholt in Krankenhäusern.

Der Vater des Kindes war 28 Jahre alt, ein in Israel geborener Ingenieur und ein bodenständiger Mann, der sehr an seiner Frau hing und der sich sehr schuldig fühlte, daß er gegen den Schwangerschaftsabbruch gewesen war. Wegen dieser Schuldgefühle und weil er erwartete, daß der Säugling sterben würde, hatte er versucht, den Kontakt zwischen der Mutter und dem Kind zu verhindern und hatte darauf bestanden, daß er selbst und nicht seine Frau das Kind im Krankenhaus besuchen sollte. Er meinte dazu: „Ich wollte nicht, daß sie eine Bindung zu dem Kind entwickelte und dann leiden müßte, falls das Kind starb."

Als wir auf der Station die Eltern mit dem Kind beobachteten, glaubten wir eine Bindung zwischen Mutter und Kind feststellen zu können. Sie drückte das Kind an sich und hielt es liebevoll bei sich und tat sich sehr schwer, es in seinem Bett alleine zu lassen, wenn sie zu einem Gespräch in mein Büro gehen sollte. Sie berichtete uns: „Ich hatte kein richtiges Gefühl ihm gegenüber, als ich es nach den zwei Operationen aus dem Hadassah-Krankenhaus mit vier Monaten nach

Hause nahm. Aber er war ein so bemitleidenswertes Kind, daß ich allmählich eine Bindung zu ihm entwickelte.“ Als er zur Nachsorge an das Ortskrankenhaus überwiesen wurde, wog er 2,8 kg, weswegen angeordnet wurde, daß die Mutter ihn aufpäppeln sollte. Während seines Aufenthaltes im Krankenhaus war er intravenös und später mit einer nasogastralen Sonde ernährt worden, war aber kurz vor der Entlassung soweit gekommen, daß er Flaschennahrung annahm.

Die Mutter berichtete, daß die Ernährungsschwierigkeiten begannen, kurz nachdem sie das Kind nach Hause genommen hatte. „Er war sehr schwierig, wenn ich ihm in vierstündigen Abständen teelöffel- oder tropfenweise größere Mengen von Milch füttern wollte, wie der Arzt im Ortskrankenhaus es angeordnet hatte. Eigentlich wollte ich ihn mit der Flasche ernähren, aber der Arzt sagte, ein 4 Monate altes Kind sollte lernen, mit dem Löffel zu essen. Er drehte ständig seinen Kopf zur Seite, so daß wir den Kopf festhalten mußten, um ihm die Nahrung einführen zu können, und auf diese Weise kamen die Verletzungen in seinem Gesicht zustande. Zwei Monate später fing er dann an, Gewicht zu verlieren, und wir mußten ihn ins Hadassah-Krankenhaus zurückbringen.“ Während des ersten Monates nach Rückkehr des Säuglings war die Mutter mit ihm alleine gewesen, da ihr Mann auswärts zur Ableistung seines jährlichen Reservedienstes beim Militär war. Ihre Mutter, die zwei Fahrstunden entfernt lebt, hatte versucht, ihre Last zu erleichtern, indem sie den Säugling mit zu sich genommen hatte.

Beide Elternteile zeigten sich nervös, angespannt, ängstlich und schuldbeladen. Die Mutter hatte den Eindruck, ihr werde von den Ärzten vorgeworfen, sie sei für die ausbleibende Besserung bei ihrem Kind verantwortlich, obwohl sie ihr Bestes tat. Sie war der Verzweiflung nahe, und ihrem Mann erging es nur wenig besser.

Ich vermutete eine organische Ursache für die Schwierigkeiten des Kindes nach dem Füttern. Die darauffolgende Untersuchung bestätigte, daß die Nahrungsverwertung infolge von Verdauungsbeschwerden gestört war. Eine Umstellung in der Ernährung und im Rhythmus der Essenszeiten nach der Erhebung dieses Befundes führte dazu, daß der Säugling sich beim Füttern wohler fühlte und kooperativer wurde. Ich hatte den Eindruck, das Kind leide an einem chronischen Mangel sozialer Anregung, weil es seit seiner Geburt während der Krankenhausaufenthalte nicht bemuttert worden war und sich später Störungen in der Mutter-Kind-Beziehung ergeben hatten. Dr. *Hadassah LeBow* wurde dazu bestimmt, dem Pflegepersonal als Modell zu dienen, wie das Kind zu halten und an sich zu drücken sei, und sie hatte die Aufgabe, dem Personal die Bedürfnisse des Säuglings nach Körperkontakt und Anregung zu erklären. Die Wiege des Kindes wurde in nächste Nähe zum Schwesternzimmer gebracht, und das Pflegepersonal wurde ermuntert, das Kind in kurzen Abständen immer wieder aufzunehmen. Nachdem diese Anweisungen durchgeführt wurden, begann das Kind zu reagieren.

Schließlich versuchten wir, die offenkundige Störung in der Mutter-Kind-Beziehung anzugehen. Wir hatten den Eindruck, daß wegen der physischen Trennung von Mutter und Kind während der ersten vier Lebensmonate des Kindes, der Beginn des Bindungsprozesses auf den Zeitpunkt verlegt worden war, da das Kind nach Hause kam. Die Entwicklung der Bindung zwischen Mutter und Kind war in der Folge aber durch viele erschwerende Umstände gestört worden. Zu diesen Umständen gehörte das Schuldgefühl der Mutter, das durch starre ärztliche Vorschriften und abwertende Einstellungen ihr gegenüber verstärkt worden war, sowie der Mangel an persönlichem Rückhalt für sie durch den Vater des Kindes. Als daher die organisch bedingten Schwierigkeiten des Kindes beim Füttern begannen, glaubte die Mutter, dies sei ihre Schuld, und daraus ergab sich ein Teufelskreis, durch den sie immer unsicherer und erfolgloser in ihren mütterlichen Bemühungen wurde.

Nach eine Reihe von Gesprächen mit der Mutter nahmen ihre Schuldgefühle rasch ab, besonders dann, wenn wir ihr unser mitfühlendes Verständnis für die Schwierigkeiten vermittelten, die sich aus der durch die Trennung verzögerten Bindung ergeben hatten. Diese Schuldgefühle waren verstärkt worden, indem sie sich kurz nach der Geburt des Kindes vor der Angst, es würde sterben, dadurch schützte, daß sie keine Bindung zu ihm aufbaute und – analog zu ihrer ersten Wahrnehmung eines „gerupften Hühnchens, das durch Schläuche mit einer Maschine verbunden war“ – das Kind nicht als Person wahrnahm. Wir forderten sie auf, das Kind häufig im Krankenhaus zu besuchen und ermutigten sie, gemeinsam mit den Krankenschwestern das Kind zu halten und an sich zu drükken und es unter Aufsicht zu füttern, nachdem Dr. *LeBow* die Rolle einer entspannten mütterlichen Person, die für die kleinen Winke ihres Kindes empfänglich ist, modellhaft vorgelebt hatte. Im Verlauf dieses Prozesses wurde die Mutter dazu ermutigt, sich auf ihre eigene Eingebung zu verlassen, wenn sie dem Kind häufige kleine Flaschenmahlzeiten anbot. So wurde ihre Selbstachtung anstelle der vorherigen Schuldgefühle und Unsicherheiten aufgebaut. Die Schuldgefühle des Vaters wurden ebenfalls verringert, und in gemeinsamen Gesprächen mit dem Paar wurde ihre frühere Haltung gegenseitigen Respektes und Rückhaltes wieder aufgebaut. Dieses Behandlungsprogramm endete mit einem hervorragenden positiven Ergebnis.

Zusammenfassung: Es handelte sich hier um einen Fall verspäteter Mutter-Kind-Bindung infolge einer viermonatigen Trennung der Mutter vom Kind nach der Geburt und infolge einer späteren Störung der Mutter-Kind-Beziehung, die nicht nur durch den späten Beginn des Bindungsprozesses, sondern auch durch körperliche Umstände beim Kind und durch fehlendes Verständnis der Mediziner für die psychosozialen Komplikationen, die in der Beziehung der Eltern zueinander und zu ihrem Kind auftraten, beeinflußt wurde.

Die Interventionen konzentrierten sich darauf, das Defizit an sozialer Anregung beim Kind auszugleichen, die konflikthafte Störung in der Mutter-Kind-Beziehung zu verringern, der Mutter durch Modellverhalten und entsprechende Instruktionen eine Anleitung zu geben, die die Entwicklung einer normalen Bindung fördern sollte, und den Vater zu bewegen, der Mutter entsprechenden Rückhalt zur Festigung dieses Prozesses zu geben.

Fall 2

Ich sah Jaacov zum ersten Mal anläßlich einer Konsultation auf einer Kinderstation. Er war fünf Monate alt und war nach 6 1/2 Monaten Schwangerschaft mit 900

Gramm zur Welt gekommen. Seine ersten vier Lebensmonate hatte er auf einer Intensivstation für Frühgeborene verbracht. Er war wegen einer gering ausgeprägten Hernie operiert worden und wegen einer Behinderung der Atemwege und Anfällen von Atemnot künstlich beatmet worden. Eine Woche zuvor war er auf die Kinderstation verlegt worden. Bisweilen war er zyanotisch; er hatte eine Atelektase im rechten oberen Lungenflügel sowie eine Lungenentzündung. Die Eltern waren sechs Jahre zuvor aus dem sowjetrussischen Georgien nach Israel eingewandert; sie waren beide 25 Jahre alt. Die Mutter arbeitete als Buchhalterin, während der Vater, ein ehrgeiziger junger Mann, sich als Teilhaber in einem kleinen Lebensmittelgeschäft auf der anderen Seite der Stadt eingekauft hatte. Er arbeitete oft lange und stand nie für Hilfeleistungen zu Hause zur Verfügung Das Paar hatte zwei weitere Kinder, einen 6jährigen Jungen und ein 2 1/2jähriges Mädchen. Ihr ältestes Kind, eine Tochter, war drei Jahre zuvor im Alter von 6 Jahren bei einem Verkehrsunfall überfahren und getötet worden. Die Eltern heirateten, als sie beide 15 Jahre alt waren, und in den zehn Ehejahren hatte die Mutter aus sozioökonomischen Gründen sechs Schwangerschaftsabbrüche durchführen lassen. Es bestand der Verdacht, daß sie bei sich selbst eine Abtreibung vornehmen wollte, als sie mit Jaacov schwanger war; dies war ihr aber mißlungen.

Die Mutter des Ehemannes lebte bei der Familie, versah den Haushalt und versorgte die Kinder, wenn beide Eltern bei der Arbeit waren. Bislang hatte der Vater das Kind kaum im Krankenhaus besucht, denn er kam von seinem Geschäft erst spät am Abend nach Hause. Die Mutter hatte das Kind auf der Intensivstation nicht besucht und kam nur gelegentlich zu Besuch, nachdem es auf die Kinderstation verlegt worden war. Bezüglich des Zustandes ihres Kindes schien sie sehr unbekümmert. Sie sah nur selten voll zu dem Kind hin und machte keinerlei spontane Versuche, ihn zu berühren.

Ich hatte den Eindruck, daß die Mutter keinerlei Bindung zu dem Säugling hatte. Offenbar hatte sie die Schwangerschaft abgelehnt, wie zuvor bei zumindest sechs anderen Schwangerschaften. Das Fehlen des körperlichen Kontaktes während der fünf Monate seit der Geburt hatte den Beginn einer Mutter-Kind-Bindung verhindert. Ich empfahl daher, daß die Mutter zu häufigen Besuchen gedrängt werde und daß versucht werden sollte, sie dazu zu bringen, das Kind auf Station zu halten und zu versorgen, und zwar unter Anleitung und Aufsicht der Stationsschwestern.

Während der folgenden paar Wochen wurde dies zwar versucht, doch ohne größeren Erfolg. Die Situation wurde durch den Umstand erschwert, daß die Mutter des Ehemannes an Diabetes, chronischer Nephritis und später Lungenentzündung erkrankte, weswegen sie drei Wochen nach meinem ersten Besuch bei dem Kind ins Krankenhaus kam. Aus diesem Anlaß mußte die Mutter des Kindes von ihrer Arbeit fernbleiben und den Haushalt versorgen. Sie war nun also mit diesen Aufgaben beschäftigt und wurde auf diese Weise davon abgehalten, ihr Interesse auf den Säugling zu konzentrieren und viel Zeit mit ihm zusammen zu verbringen.

Dennoch besserte sich der körperliche Zusstand des Kindes. Es bekam viel Anregung vom Pflegepersonal und erholte sich von der Atelektase und der Lungenentzündung, litt aber nachts an zeitweiligen Anfällenvon Lufthunger, die zumeist rasch durch verstärkte kurzfristige Beatmung mit einer Sauerstoffmaske behoben werden konnten.

Eine ältere Georgierin wurde nun als Haushälterin angestellt, um so die Krise zu mildern, die durch den Krankenhausaufenthalt der Mutter des Ehemannes entstanden war. Nachdem sie im Haushalt eine Erleichterung brachte, begann die Mutter ihr Kind häufiger im Krankenhaus zu besuchen. Alle Versuche, den Vater an der Pflege des Säuglings oder seiner anderen Kinder zu beteiligen, blieben erfolglos. Mit der Ausnahme gelegentlicher Besuche bei seiner kranken Mutter widmete er auch weiterhin seine Zeit fast ausschließlich dem Geschäft. Ich arrangierte eine gemeinsame Besprechung zwischen dem Kinderarzt, beiden Elternteilen und mir, um eine Gelegenheit zu finden, mit ihnen die Probleme des Säuglings zu besprechen und einen gegenseitigen Rückhalt von Vater und Mutter bei der Pflege des Kindes nach der Entlassung aus dem Krankenhaus anzuregen. Der Vater kam jedoch nicht zu dieser Besprechung.

Trotz der Bemühungen, eine Bindung zwischen Mutter und Kind durch Instruktionen, Modellverhalten und begleitendes Beobachten, wenn sie das Kind hielt und fütterte, in Gang zu setzen, hielt sie das Kind auch weiterhin auf merkwürdige Weise in Armeslänge von sich weg und manchmal mit dem Kopf nach unten, als ob sie Angst vor ihm hätte und als ob sie seine Bedürfnisse nicht wahrnähme. Eine Mitarbeiterin beschrieb dies einmal wie folgt: „Sie hält das Kind wie ein Tablett, aber bestimmt nicht wie einen Säugling."

Der körperliche Zustand des Kindes besserte sich weiterhin, so daß die Kinderärzte den Eindruck gewannen, man könne es aus dem Krankenhaus entlassen. Die Gefahr nächtlicher Atemnot bestand zwar weiterhin, doch sie glaubten, die Beschaffung eines Alarmgerätes für Atemnot und einer Sauerstoffmaske würde diese Gefahr bannen, vor allem wenn man den Eltern beibrächte, in entsprechenden Situationen diese Geräte einzusetzen. Ich hingegen warnte davor, daß auf die Mutter noch kein Verlaß sei in bezug auf einen angemessenen Schutz und der lebensnotwendigen Sorge für das Kind, da sie noch keine Bindung aufgebaut hatte. Daher empfahl ich, man solle eine Kinderfürsorgerin aus Laienkreisen suchen, die dann die Aufgabe bekäme, sich mehrere Wochen lang ganztags um das Kind in seinem Elternhaus zu kümmern und dabei durch entsprechendes Rollenverhalten die Mutter weiter anzuleiten, eine Bindung zu ihrem Kind zu entwickeln. Die Stationssozialarbeiterin versuchte diesen Plan zu verwirklichen, konnte aber die dazu benötigten Zuschüsse aus dem Wohlfahrtsfonds nicht bekommen. Die Eltern selbst meinten, sie könnten sich eine private Fürsorgerin in ihrem Haushalt finanziell nicht leisten. Im weiteren Verlauf des Geschehens ignorierten die Kinderärzte meine Warnungen. Sie glaubten, es werde der Großmutter, die mittlerweile wieder zu Hause war, zusammen mit der Haushälterin gelingen, für den Haushalt und für die Kinder zu sorgen, und sie vereinbarten mit einer Schwester der örtlichen Krankenpflege, daß sie in bestimmten Abständen den Haushalt besuche, um die Pflege des Kindes beratend zu begleiten.

Das Kind wurde schließlich in guter Verfassung entlassen, und die Eltern wurden im Gebrauch des Beatmungsgerätes instruiert. Sechs Tage später starb die Großmutter und zehn Tage später wurde das Kind erneut eingeliefert, diesmal mit einer Atemwegsinfektion. Der Umgang der Mutter mit ihrem Kind im Krankenhaus zeigte deutlich, daß sie noch keine Bindung zu ihm aufgebaut hatte.

Zehn Tage darauf war es von der Atemwegsinfektion genesen und wurde wieder entlassen. Wieder erhob ich Einspruch gegen diese Maßnahme, und zwar mit der Begründung, daß das Fehlen einer Mutter-Kind-Bindung in einem Fall nächtlicher Atemnot und bei der Anfälligkeit für Atemwegsinfektionen lebensgefährlich sei.

Leider setzte sich erneut der zuständige Kinderarzt durch, der glaubte, es sei nicht im Interesse des Kindes, daß es länger im Krankenhaus bleibe, und durch die Bereitstellung des Beatmungsgerätes sowie die Überwachung des Kindes durch die Schwester der örtlichen Krankenpflege sei genügend Sicherheit für das Kind gewährleistet.

Als die Stationssozialarbeiterin fünf Tage später einen Routinebesuch bei dem Kind machte, entdeckte sie, daß das Beatmungsgerät nicht funktionierte. Statt dies als gefährlichen Notfall einzustufen und zu verlangen, daß die Eltern das Kind sofort ins Krankenhaus brächten und es dort ließen, bis das Gerät repariert wäre, sagte sie der Mutter lediglich, sie solle das Gerät am nächsten Tag dem Elektriker des Krankenhauses zur Überprüfung bringen. Um vier Uhr am nächsten Morgen fanden die Eltern ihr Kind, offenbar infolge eines Anfalls von Atemnot, tot in seinem Bettchen.

Zusammenfassung: Es handelte sich hier um einen Fall mangelnder mütterlicher Bindung an ein frühgeborenes Kind. Mehrere Ursachen für die mangelnde Bindung spielten hier zusammen: Ablehnung eines weiteren Kindes durch ein junges, nach oben strebendes Einwandererpaar; mögliche ungelöste Schuldgefühle wegen des Todes des zwei Jahre zuvor in einem Verkehrsunfall umgekommenen älteren Kinders; die Erwartung, daß das Neugeborene wegen angeborener Schädigungen sterben werde; schließlich die längerfristige Trennung von Mutter und Kind wegen der frühen Geburt und der anschließenden Behandlung des Kindes in einer Intensivstation. Die mangelnde Aufmerksamkeit und Sorge gegenüber dem Kind wurde durch die Trauer um die Großmutter und die durch ihren Tod verursachte Krise des Haushaltes verschlimmert, zumal die Großmutter zuvor als Haushälterin fungiert und damit den jungen Eltern ermöglicht hatte, daß sie beide zur Arbeit gehen konnten.

Die Versuche, den Aufbau einer mütterlichen Bindung durch entsprechende Instruktionen und durch Modellverhalten im Krankenhaus anzuregen, schlugen teilweise deshalb fehl, weil die Mutter nicht genügend Zeit auf Station verbrachte. Zudem war kein soziales Netz vorhanden, das weiterführende Schulung für mütterliches Verhalten oder aushilfsweise Pflege und Schutz des Kindes im Elternhaus gewährleistet hätte. Meine Bemühungen, bei den Mitarbeitern der Kinderstation und bei der Sozialarbeiterin ein Bewußtsein für die dadurch entstehende Gefahr für das Leben des Kindes zu wecken, waren recht erfolglos. Zu meinem Leidwesen wurden meine düsteren Vorhersagen wahr, und zwar infolge mangelnden Erkennens der Notsituation auf Seiten der Eltern und der Stationssozialarbeiterin, als das Beatmungsgerät ausfiel und auf diese Weise der Tod des Kindes ermöglicht wurde.

Fall 3

Ich traf Ada zum ersten Mal, als ich wegen einer psychiatrischen Konsultation auf die Kinderstation gerufen wurde. Sie war zwei Monate alt und war vier Tage zuvor wegen schweren Durchfalls aufgenommen worden. Sie war nach 36wöchiger Schwangerschaft durch Kaiserschnitt wegen vorzeitiger Lösung der Plazenta mit 2,25 kg zur Welt gekommen. Die Mutter war nicht häufig auf der Frühgeborenen-Station zu Besuch gewesen und zögerte, das Kind nach Hause zu nehmen, weil sie angeblich keine Heizung in ihrer Wohnung hatte und auch kein Geld, um Milchersatz zu kaufen. Als das Kind seit einer Woche bei seinen Eltern war, bekam es schweren Durchfall, und man entdeckte als Ursache, daß die Mutter dem Mädchen eine doppelte Portion der auf dem Rezept angegebenen Menge Milchersatz gefüttert hatte.

Die Eltern stammten aus Nordafrika und lebten in einer der ärmsten Gegenden von Jerusalem. Die 39jährige Mutter hatte fünf Söhne, von denen der jüngste 6 Jahre alt war. Ada war ihre erste Tochter. Die Eltern hatten die Schwangerschaft nicht gewollt, und der Vater beschuldigte die Mutter, daß sie eine Tochter geboren hätte und dazu noch eine, die er für geschädigt hielt.

In meinem Konsultationsbericht an die Kinderärzte schrieb ich, daß die mangelnde Besuchsfrequenz der Mutter auf der Frühgeborenen-Station, ihr Zögern wegen der Mitnahme des Kindes nach Hause, ihr schwerfälliger Umgang mit dem Kind und ihre mangelnde Bereitschaft, den Rezeptanweisungen zu folgen, insgesamt auf einen Mangel an mütterlicher Bindung hinwies, der mit der Trennung von Mutter und Kind während des Aufenthaltes des Kindes in der Frühgeborenen-Station zusammenhing. Erschwerend kam die ablehnende Haltung in der Familie gegenüber der Geburt einer Tochter hinzu, eine Haltung, die für nordafrikanische Juden der unteren Einkommensklasse allerdings keineswegs ungewöhnlich ist. Ich empfahl, daß die Mutter durch Modellernen und entsprechende Anweisung in mütterlichem Verhalten geschult werde, und daß damit begonnen werden sollte, während das Kind im Krankenhaus war; nach Entlassung des Kindes sollte diese Schulung durch eine Laienfürsorgerin zu Hause fortgesetzt werden.

Das kinderärztliche Team berichtete eine Woche später, daß die Mutter nun das Kind jeden Tag besuche und daß meine psychiatrische Kollegin Dr. *Miriam Gavarin* und die Stationssozialarbeiterin ihr zeigten, wie sie das Kind halten und füttern sollte. Die Mutter lernte allmählich, mit dem Kind besser umgehen zu können, äußerte sich aber verärgert darüber, daß ihr Mann sie geschwängert hatte und ihr gleichzeitig ständig vorwarf, daß es ein Mädchen geworden sei, sowie sie weder im Haushalt noch moralisch unterstütze und ermutige. Dieses Verhalten des Vaters war besonders auffallend, da er, obwohl er nicht sehr gebildet war, ein Gemeindeangestellter mit politischen Ambitionen war, der in seiner Nachbarschaft erhebliches Ansehen genoß. Der Sozialarbeiterin erklärte er, er habe deshalb keine Zeit, im Haushalt mitzuhelfen, weil er so viele öffentliche Versammlungen besuchen müsse. Die Kinderärzte waren von der Wahrscheinlichkeit, daß das Kind auch weiterhin vernachlässigt würde, so überzeugt, daß sie die mögliche Unterbringung in einer Pflegefamilie vorschlugen, doch der Vater lehnte dies strikt ab, weil er offenbar fürchtete, dies werde seinen Ruf in seiner Gemeinde schädigen.

Eine Woche später war der Durchfall verschwunden und das Kind entlassungsfähig. Der Umgang der Mutter mit dem Kind hatte sich gebessert, doch die Konflikte zwischen den Ehepartnern hielten weiter an. Die Familie wurde von einer Studentin der Sozialarbeit betreut. Ihre Supervisorin, die nicht an den wöchentlichen Teamgesprächen auf Station teilgenommen hatte, empfahl, daß die Eltern in eine Paartherapie in eine regionale Beratungsstelle überwiesen würden. Ich erhob dagegen Einspruch, weil ich glaubte, daß der Mann dieses Vorhaben mit großer Wahrscheinlichkeit ablehnen würde, weil es seinem Ruf in der Gemeinde schaden könnte. Stattdessen bestand ich darauf, daß das allerwichtigste die Bereitstellung einer Kinderfürsorgerin sei, die die Entwicklung der mütterlichen Bindung an das Kind in dessen Zuhause fördern und unterstützen sollte.

Eine Woche später stand das Kind vor seiner Entlassung. Noch immer waren Anzeichen einer unvollständigen Mutter-Kind-Bindung zu beobachten. So hielt etwa die Mutter die Flasche während des Fütterns nicht richtig und stellte sich, trotz ihrer früheren Erfahrungen mit fünf Kindern, sehr schwerfällig im Umgang mit dem Kind an. Sie paßte bei Anweisungen zur Zubereitung der Kindernahrung nicht richtig auf, obwohl sie normal intelligent war. Die Supervisorin der Sozialarbeiterin wurde zu unserer wöchentlichen Teambesprechung eingeladen, und ich erklärte ihr, daß die Pflege des Kindes zu Hause und die Instruktionen und Hilfestellungen für die Mutter von medizinischer Seite aus Vorrang hätten und wichtiger als jeder Überredungsversuch für eine psychotherapeutische Behandlung der Eltern seien. Die Supervisorin schien damit einverstanden, betonte aber, es werde schwierig sein, eine Laienfürsorgerin zu finden und zu bezahlen, weswegen sie dafür sorgen wollte, daß eine Schwester der örtlichen Kinderstation regelmäßige Hausbesuche abstatte.

Sechs Wochen später berieten wir erneut über den Fall. Mittlerweile war das Kind daheim, und eine Kinderfürsorgerin für Zuhause war nicht besorgt worden, weil die Mitarbeiter der örtlichen Geburtenstation und die Bezirksfürsorgerin meinten, dies sei nicht nötig; zudem wäre vom öffentlichen Wohlfahrtsfonds kein rasch verfügbarer Zuschuß zu erwarten gewesen, um eine solche Fürsorgerin zu bezahlen. Stattdessen meinten die Sozialarbeiter wie auch die Kinderkrankenschwestern, daß die Eltern wegen ehelicher Spannungen an eine psychotherapeutische Beratungsstelle überwiesen werden sollten. Vom Kind selbst war zu hören, daß es an schwerem Wundsein litt und Fieber habe. Über die Ausprägung der mütterlichen Bindung war nichts zu erfahren, und ich bat daher darum, daß das Verhalten der Mutter mit ihrem Kind beobachtet werde, um so eine Einschätzung der Mutter-Kind-Bindung zu erhalten.

Drei Wochen später trafen die Mutter und das Kind mit Dr. Gavarin und einem Kinderarzt in der Nachsorgeklinik zusammen. Dr. Gavarin berichtete, daß das Kind kein Interesse an seiner Umgebung zeige und sich ab und zu seiner Mutter zuwandte. Die Beziehung der Mutter zum Kind hatte sich verbessert, aber die Bindung war immer noch unvollständig. Sie legte eine passive, gleichgültige Haltung bezüglich ihrer Mutterrolle an den Tag und zeigte eher wenig Sorge um den körperlichen Zustand ihres Kindes. Andererseits berichtete der Kinderarzt, daß der Säugling jetzt gut genährt sei. Er hatte den Eindruck, der Umgang der Mutter mit dem Kind sei zwar nicht so, wie man ihn sich idealerweise erwarte, doch sei er mehr oder weniger angemessen. Von daher sah er auch keinerlei Notwendigkeit für eine Kinderfürsorgerin für Zuhause.

In einer acht Wochen später stattfindenen Nachbesprechung des Teams berichtete Frau Dr. *Gavarin,* daß die Mutter nun eine Bindung zu ihrem Kind aufgebaut habe. Sie habe zwar einen barschen und lauten Umgangston mit dem

Kind, verhalte sich ansonsten aber beschützend gegenüber ihrer Tochter, zeige einen gewissen Mutterstolz und Anzeichen von Eifersucht, wenn sich andere Menschen mit ihrer Tochter abgäben. Wir beschlossen daraufhin, Mutter und Kind weiterhin über die kinderärztliche Ambulanz sowie durch Hausbesuche der Gemeindekrankenschwester beobachten zu lassen.

Zusammenfassung: In diesem Fall handelte es sich um eine verzögerte Mutter-Bindung an ein frühgeborenes Kind. Bis das Kind acht Monate alt war, hatte die Mutter schließlich eine angemessene Form der Bindung aufgebaut, nachdem sie reichlich durch einen Krankenhauspsychiater, eine Sozialarbeiterin und einer Hausbesuche abstattenden Gemeindekrankenschwester instruiert worden war. Die Bindung hatte sich hauptsächlich deswegen verzögert, weil Mutter und Kind getrennt waren, während das Kind auf der Frühgeborenen-Station lag; diese Situation war aber durch die kulturell bedingten Vorurteile des Vaters gegenüber einem Mädchen und seiner daherrührenden Weigerung verschlimmert worden, seine Frau in dieser Lage zu unterstützen. Ein optimales Vorgehen in diesem Fall hätte wohl darin bestanden, eine Fürsorgerin für die Ernährung und Pflege des Säuglings zu finden, die diese Funktionen im Elternhaus des Kindes versehen hätte, bis die Mutter-Kind-Bindung aufgebaut gewesen wäre, wobei dieser Prozeß durch das Modellverhalten der Fürsorgerin hätte beschleunigt werden können. Wegen mangelnder Zusammenarbeit zwischen dem Krankenhaus und den Gesundheits- und Beratungseinrichtungen in der Gemeinde kam es jedoch nicht zur Umsetzung dieses Planes. Zum Glück ergab sich daraus für das Kind kein Schaden, wenngleich auch eine unnötige Verzögerung im Aufbau der Mutter-Kind-Bindung eintrat, wodurch der Zeitraum einer möglichen Gefährdung für das Kind verlängert worden war.

Fall 4

Wegen eines zwölf Monate alten Jungen namens Avraham wurde ich auf einer Kinderstation um psychiatrische Konsultation gegeben. Der Junge war mit nur einem Lungenflügel sowie mit einem Ventrikelseptum-Defekt mit Links-Rechts-Shunt zur Welt gekommen. Seit seiner Geburt war der Junge wiederholt wegen rezidivierender Mittelohrentzündung und Lungenentzündung im Krankenhaus gewesen. Er zeigte Wachstumsstörungen und lag in seiner Entwicklung etwa zwei Monate zurück. Die Eltern waren vor 16 Jahren von Marokko nach Israel gekommen. Der 50jährige Vater war ein einfacher Fabrikarbeiter, der seine Frau im Haushalt nur wenig unterstützte. Die 41jährige Mutter war eher unterdurchschnittlich intelligent und hatte sechs weitere, durchaus gesunde Kinder zur Welt gebracht, deren ältestes eine 15jährige Tochter war. Die Wohnung war viel zu klein für diese große Familie und außerdem stark abgewohnt. Die Familie hatte kein Geld für Arzneien oder Milchersatz für das Kind. Als Folge davon hatte die Mutter Schuldgefühle ihrem Jüngsten gegenüber und fühlte sich im Umgang mit ihm unsicher. Wegen der mehrmonatigen Trennung von ihrem Sohn nach der Geburt hatte sie keine angemessene Bindung zu ihm aufgebaut und glaubte, der beste Ort für ihn sei das Krankenhaus. Jedesmal, wenn das Kind wieder stark genug war, daß es nach nach Hause entlassen werden konnte, vernachlässigte sie es und fütterte es nicht im erforderlichen Maße. So verlor der Junge wieder rasch an Gewicht und bekam nach wenigen Tagen oder Wochen erneut Mittelohrentzündung oder Lungenentzündung, so daß er wieder ins Krankenhaus aufgenommen werden mußte. Die weiteren Behandlungspläne der Ärzte sahen eine Reihe wahlweiser chirurgischer Eingriffe bei dem Kind vor, doch die Kinderärzte waren bestrebt, den Jungen möglichst außerhalb des Krankenhauses zu halten, um seine Entwicklung so wenig wie möglich zu beeinträchtigen.

Meine eigenen Beobachtungen bestätigten die ungenügende Mutter-Kind-Bindung. Ich empfahl daher, daß diesem Umstand durch den täglichen, mehrmonatigen Einsatz einer Laienfürsorgerin im Hause des Kindes begegnet werde, um die Pflege und den Schutz des Kindes zu gewährleisten, bis die Mutter aufgrund des Modellernens eine stärkere Bindung zu ihrem Kind entwickeln würde. Gleichzeitig könne sie dabei angeleitet werden, wie sie ihren Haushalt besser führen könne. Dieses Vorhaben wurde verwirklicht, und nach vier Monaten hatte die Mutter eine gute Bindung zu ihrem Kind aufgebaut. Ihr Bemühen und ihr Einsatz für den Jungen hatten sich deutlich verbessert, was dazu führte, daß die Mittelohrentzündungen und Lungenentzündungen aufhörten und er sich von seinem Entwicklungsrückstand erholte. Der Zustand des Haushaltes verbesserte sich ebenfalls in dem Maße, in dem die Mutter eine erfolgreichere Hausfrau wurde. An diesem Punkt war es dann möglich, die Fürsorgerin aus ihren Diensten zu entlassen, ohne daß dadurch der Zustand des Kindes oder die Stabilität seines Zuhauses betroffen wurde.

Zusammenfassung: Hier handelte es sich um einen Fall ungenügender Mutter-Kind-Bindung im Zusammenhang mit einer ausgedehnteren Trennung von Mutter und Kind nach dessen Geburt, die durch stationäre Behandlung des Säuglings wegen größerer angeborener Anomalien verursacht wurde. Das Bindungsdefizit wurde durch die häufigen Wiederaufnahmen im Krankenhaus weiter verschlimmert, die wegen der rezidivierenden Infektionen des Kindes, welche mit ungenügender mütterlicher Fürsorge zusammenhingen, nötig geworden waren. Nach einer viermonatigen Phase, in der die Mutter zuhause durch eine Laienfürsorgerin in der Pflege des Kindes unterwiesen wurde und diese Fürsorgerin als mütterliches Verhaltensmodell fungierte, war schließlich, als das Kind 16 Monate alt war, eine angemessene Mutter-Kind-Bindung aufgebaut.

Fall 5

Für David, ein fünf Monate altes Kind, das von einem Dorf außerhalb Jerusalems mit Diarrhöe, Erbrechen und körperlicher Unterentwicklung eingewiesen worden war, wurde auf der Kinderstation eine psychiatrische Konsultation angefordert. Der Junge sah schmutzig und vernachlässigt aus und hatte einen schweren Ausschlag im Bereich der Windel. Er wog 2,4 kg, nachdem er bei der Geburt angeblich 2,7 kg gewogen hatte. Die Eltern waren sehr einfache Leute aus Kurdistan. Der Vater war 30 Jahre alt und halbtägig als ungelernter Arbeiter beschäftigt; im übrigen versah er den Haushalt und kümmerte sich um die beiden anderen, drei und fünf Jahre alten Kinder. Die Mutter war 24 Jahre alt und wurde als geistig behindert eingestuft; sie trug nur wenig zur Verrichtung der häuslichen Arbeiten bei. Die Familie war unter langfristiger Betreuung des örtlichen Wohlfahrtdienstes, von dem sie auch finanziell unterstützt wurde, so daß sich der Valter leisten konnte, teilweise zu Hause zu sein und sich um seine Familie zu kümmern.

Er brachte auch das Kind ins Krankenhaus, verschwand aber danach. Über einen zuständigen Sozialarbeiter des Ortes nahmen wir mit ihm Kontakt auf, und er kam dann auf ein Gespräch zu mir. Er schaute dabei das Kind nicht an und sagte, er habe keine Empfindungen für das Kind. Er meinte, er habe Angst, es zu berühren, „weil es so klein sei". Nachdem in dieser Familie der Vater und nicht die Mutter die Fürsorgeperson darstellte, hatte ich den Eindruck, man müsse dem Vater zu einer Bindung zum Kinde verhelfen, die noch nicht stattgefunden hatte, weil ihn die geringe Größe des Kindes abstieß und ängstigte. Daher wurde der zuständige Sozialarbeiter gebeten, den Vater davon überzeugen zu helfen, daß er das Krankenhaus regelmäßig besuchen solle. Zur leichteren Verwirklichung des Vorhabens wurde eine Haushaltshilfe engagiert, die in der jeweiligen Zeit zu ihm nach Hause kam, um sich um die anderen Kinder zu kümmern. Auf diese Weise kam der Vater täglich ins Krankenhaus, und ich selbst wie auch das Pflegepersonal halfen ihm, seine Abneigung gegen das Anfassen des Kindes zu überwinden. Wir pflegten den Säugling in seiner Gegenwart, und, begleitet von unseren Anleitungen, hielt er den Säugling gegen seinen Körper und schaute ihm in die Augen, streichelte, umarmte und fütterte ihn. Nach anfänglichem Zögern begann dieser sehr einfache, aber warmherzige Vater, im Umgang mit dem Kind lockerer zu werden und auf es zu reagieren. Während eines Zeitraumes von zwei Wochen entwickelte er eine Bindung zu ihm, und da das Kind nun bei guter Gesundheit war und rasch an Gewicht zunahm, veranlaßten wir seine Entlassung.

Eine Woche später wurde es jedoch mit einer Infektion der oberen Atemwege wieder aufgenommen. Diesmal jedoch blieb der Vater als Betreuung am Bett des Kindes und zeigte die übliche Form elterlicher Sorge. Zweimal brachte er auch die Mutter des Kindes mit zu Besuch. Sie war in der Tat mittelgradig geistig behindert, schien aber an ihrem Kind zu hängen, wenngleich sie nicht fähig war, für es zu sorgen. Zehn Tage darauf wurde das Kind wieder entlassen, und die Berichte, die wir während des darauffolgenden Jahres von dem zuständigen Sozialarbeiter und der Kinderkrankenschwester der Gemeinde erhielten, bestätigten, daß sich das Kind normal weiterentwickelte und der Vater sich weiterhin gut um es kümmerte.

Zusammenfassung: Bei diesem Fall übernahm der Vater die Fürsorge für das Kind, nachdem er anfänglich keine Bindung zu ihm hatte, da ihn die vergleichsweise geringe Größe des Säuglings angewidert und geängstigt hatte. Beruhigende Gespräche, Ermutigung, Instruktionen, die Vorgabe von Rollenmodellen und die beaufsichtigte Kinderpflege auf der Krankenhausstation waren zusammengenommen erfolgreiche Maßnahmen, um die Bindung des Vaters zum Kind während eines Zeitraumes von zwei Wochen aufzubauen. Der Verlauf der Arbeit mit diesem Vater schien sich in nichts bedeutsam von dem Aufbau der Bindung zwischen einer Mutter und ihrem Kind zu unterscheiden.

Literaturüberblick

Vor mehr als dreißig Jahren diskutierten *David Levy* und *Audrey Hess* (1952) die Entwicklung mütterlicher Gefühle bei normalen Müttern, die sie in New Yorker Säuglingskliniken untersuchten. Sie fanden heraus, daß viele Mütter den Moment, von dem an sie mütterliche Gefühle gegenüber ihrem Kind zu haben beginnen, benennen können. Diese mütterlichen Gefühle scheinen sich entweder ganz plötzlich oder aber über den Zeitraum mehrerer Wochen hinweg allmählich zu entwickeln und werden von den Müttern als Gefühle der Wärme, des Beschützens und des Besitzens beschrieben. Bei einigen seien diese Gefühle gleich nach der Geburt vorhanden gewesen, bei den meisten jedoch entwickelten sie sich nach einer Zeit von bis zu zwei bis drei Wochen, wobei das Entstehen dieser Gefühle mit dem Körperkontakt mit dem Säugling in Zusammenhang zu stehen schien.

Zur selben Zeit führten meine Kollegen und ich eine ähnliche Studie im Hadassah-Lasker-Zentrum in Jerusalem (*Caplan* 1951) durch. Unser Interesse galt der Bestimmung von Mustern der Mutter-Kind-Beziehung in Säuglingsstationen, und unser Ziel war, Methoden der präventiven Intervention bei Fällen gestörter Beziehungen zu entwickeln, um so zu verhindern, daß diese Störungen zu einer psychischen Erkrankung seitens des Kindes führen.

Stone (1955) hat über diese Untersuchungen berichtet und dabei festgestellt, daß folgendes zu einer gesunden Mutter-Kind-Beziehung gehört:

A) Mütterliche Liebe oder Zuneigung, d.h.:
  1) ein intensives Beziehungsgefühl zu dem Kind und seine bedingungslose Akzeptanz;
  2) ein Gefühl für die Bedürfnisse des Kindes, also das Erkennen und Beantworten dieser Bedürfnisse.

B) Schutz und Unterstützung, also die Wahrnehmung vorhandener und möglicher Gefahren in der Umgebung des Kindes und die Wahrnehmung seiner Schwächen.

C) Hilfestellungen zur Entwicklung der Unabhängigkeit des Kindes.

D) Grenzen ziehen und Kontrolle ausüben.

Unsere Untersuchung befaßte sich auch mit der Entwicklung von Methoden einer strukturierten Beobachtung des Mutter-Kind-Verhaltens im Rahmen der Säuglingsstation und des weiteren mit dem Versuch, typische Verhaltensmuster von Müttern zu korrelieren, mit ihren dahinterliegenden Einstellungen und Gefühlen gegenüber dem Kind, und zwar in ähnlicher Weise, wie *David Levy* (1952, 1958) dies in New York vorgeschlagen hatte.

Auf der Grundlage von Untersuchungen, die ich in Harvard vornahm, beschrieb ich im Jahr 1959 den üblichen Ablauf der Entwicklung von Mutter-Kind-Beziehungen während und nach der Schwangerschaft. Dabei betonte ich, daß in den meisten Fällen die mütterlichen Gefühle sehr stark von der körperlichen Erfahrung mit dem neugeborenen Kind und der Wahrnehmung seines Körpers, Aussehens und Verhaltens angeregt werden, auch wenn bei einigen Frauen die Bindung an ihr Kind nach der Geburt eine Fortsetzung einer bereits bestehenden Beziehung darstellt, die sie ihrem Fötus oder ihrem werdenden Kind gegenüber während der Schwangerschaft bereits entwickelt haben, so daß sich keinerlei oder nur eine geringfügige Verzögerung in der Entwicklung der mütterlichen Gefühle ergibt.

Middlemore 1941) beschrieb bereits charakteristische Varianten in den üblichen Verhaltensmustern verschiedener Neugeborener und die Auswirkung dieser Verhaltensmuster auf die Anregung damit übereinstimmender Reaktionen bei verschiedenen Müttern.

Chess u.a. (1959) haben ebenfalls eine Reihe beständiger, konstitutionell bedingter Verhaltensmuster bei Neugeborenen beschrieben, gekennzeichnet im besonderen durch das Aktivitätsniveau und die Reizempfindlichkeit, und haben auf deren anregenden oder hemmenden Einfluß auf Mütter mit verschiedenen Temperamentsarten verwiesen.

Bowlby (1959) meinte, daß bestimmte spezifische Verhaltensweisen eines Säuglings angeborene Auslöser mütterlicher Fürsorgereaktionen seien, also beispielsweise zu weinen, zu lächeln, der aufmerksame Blick, sich festzuhalten und Saugbewegungen.

Robson (1967) hat den Augenkontakt zwischen Kind und Mutter als besonders einflußreich für die Anregung mütterlichen Fürsorgeverhaltens beschrieben.

Brazelton u.a. (1966) haben besondere Aufmerksamkeit auf die ungewöhnliche Fähigkeit des Neugeborenen gelegt, während der ersten Stunden seines Lebens aufmerksam um sich zu blicken und den Gesichtern von Menschen in seiner Nähe mit seinem Blick zu folgen.

Klaus und *Kennell* (1970) haben viele Experimente mit Ziegen, Schafen und Kälbern überprüft, welche zeigen, daß oft größere Störungen im mütterlichen Verhalten auftreten, wenn einem Muttertier das direkte Erleben ihres Jungen durch mehrstündige Trennung während einer kritischen Periode der ersten vier Tage nach der Geburt versagt bleibt.

Obwohl sie keinen überzeugenden Beweis für eine ähnliche kritische Periode beim Menschen erbringen konnten, haben *Klaus* und *Kennell* gezeigt, daß bei menschlichen Müttern oft eine Verzögerung oder eine Störung in der Entwicklung einer normalen zärtlichen und fürsorglichen Bindung zu dem Kind auftritt, wenn sie vom körperlichen Kontakt mit ihrem Neugeborenen mehrere Wochen nach der Geburt getrennt sind, weil der Säugling in einem Brutkasten für Frühgeborene versorgt wird oder wegen der Behandlung angeborener Unterfunktionen oder körperlicher Krankheiten in einer Krankenhausabteilung mit eingeschränktem Besuchsrecht untergebracht ist.

Auf der Grundlage einer Untersuchungsreihe in Cleveland haben diese Autoren die maßgebliche Bedeutung des wiederholten ventralen Körperkontaktes und des direkten Augenkontaktes auf Augenhöhe zwischen Säugling und Mutter für die Anregung des Bindungsprozesses betont. Sie und ihre Kollegen zeigten auch (1972), daß bei normalen, fristgerecht geborenen Kindern eine stärkere Bindung zwischen Mutter und Kind entsteht, wenn während der 16stündigen Ruhephase zusätzlicher Körperkontakt zwischen den Müttern und ihren Säuglingen ermöglicht wird. Diese stärkere Bindung zeigt sich daran, daß die Mütter vier Wochen später mit größerem Widerstreben ihr Kind jemand anderem überlassen, daß sie sich auf ausgeprägtere Weise beruhigend gegenüber dem Kind verhalten und daß sie in einer Standardsituation bei Flaschenfütterung häufiger direkten Augenkontakt zu ihrem Kind suchen und es von sich aus liebkosen.

Leifer u.a. (1972) in Stamford haben die Ergebnisse von *Klaus* und *Kennell* validiert, indem sie das Verhalten von Müttern mit fristgerecht geborenen Kindern und dasjenige von Müttern, die teilweise oder ganz vom Körperkontakt mit ihren frühgeborenen Kindern während drei bis zwölf Wochen nach der Geburt getrennt waren, verglichen. Sie zeigten auf, daß je mehr körperlicher Kontakt, besonders Bauchkontakt und Augenkontakt stattfindet, desto schneller und ausgeprägter die Entwicklung der Mutter-Kind-Bindung abläuft.

Ein Mitglied dieser Forschergruppe aus Stamford, *Leiderman* (1974) hob hervor, daß Mütter, denen der ventrale Körperkontakt mit ihren frühgeborenen Kindern während der Wochen nach der Geburt verwehrt ist, Gefahr laufen, daß sich die Bindung an ihre Kinder mangelhaft oder aber verzögert entwickelt.

Green und *Solnit* (1964) fanden folgende Korrelationsbeziehung: Bei Eltern, denen von Ärzten berichtet wurde oder die selbst glaubten, daß ihr Kind kurz nach der Geburt sterben könnte, zeigte sich in der Folge ein mangelnder Kontakt zwischen Eltern und Kind und eine Anfälligkeit dieses Kindes für nachfolgende schwere emotionale Störungen.

Klaus und *Kennell* (1970) betonen das häufige Auftreten von Gedeihstörungen bei Frühgeborenen. 25 bis 40% ihrer Fälle mit Gedeihstörungen waren Frühgeborene, und in 15 bis 30% dieser Störungen konnte keine organische Grundlage dafür ermittelt werden. Sie berichteten ebenfalls, daß bei zwei Untersuchungsreihen mißhandelter Kinder 39% dieser Kinder während wichtiger Phasen nach der Geburt wegen Frühgeburt oder schwereren körperlichen Erkrankungen von ihren Müttern getrennt waren.

Zimrin (1978) berichtete von einer Untersuchung, in der Methoden zur Veränderung von Mißhandlungspraktiken gegenüber Kinder ausgewertet wurden. 84 Mütter wurden aus 4000 Müttern, die in Jerusalem in Säuglingskliniken kamen, ausgesucht. Dabei waren alle Mütter, die geistig behindert oder in psychiatrischer Behandlung waren, von der Untersuchung ausgeschlossen worden. Die Gesamtgruppe wurde in vier vergleichbare Untergruppen unterteilt. In einer Untergruppe wurde für die Zeit von drei Monaten ein „Laienkindermädchen" in den betreffenden Haushalt geschickt, das den Säugling täglich mehrere Stunden lang in Anwesenheit der Mutter pflegte und dann auf der Grundlage dieses mütterlichen Rollenmodells die Mutter bei der allmählichen Übernahme der Pflegeaufgaben für das Kind beaufsichtigte. Zwei weitere Gruppen wurden in Vorträgen und Seminaren von dem Wert einer nicht strafenden, empathischen mütterlichen Annäherung an das Kind zu überzeugen versucht und wurden theoretisch darin unterwiesen, wie man die Bedürfnisse des Kindes erkennt und befriedigt. „Laienkindermädchen" wurden sodann drei Monate lang zu ihnen nach Hause geschickt. In der einen Gruppe verhielten sich die „Kindermädchen" ganz nach dem Ansatz des Rollenmodellierens und nachherigen Beaufsichtigens der Mütter. In der anderen Gruppe wurde ein Placebo-Ansatz verwendet, indem die „Kindermädchen" die Mütter in unspezifische soziale Interaktionen verwickelten und in Bereichen des Haushaltes mithalfen, die mit der Kinderpflege nichts zu tun haben. Eine vierte Gruppe hatte weder irgendwelchen Unterricht noch Besuche von „Kindermädchen".

In jeder der vier Gruppen wurden vor Beginn und nach Abschluß der Untersuchung Meßdaten erhoben, die auf objektive Beobachterbeschreibungen der Mutter-Kind-Interaktion gründeten, wobei die Beobachter nicht wußten, welcher der Gruppen die beobachteten Personen angehörten. Zusätzlich wurden Meßdaten durch einen Fragebogen an die Mütter gewonnen, der Meinungen über die Bedürfnisse und die notwendige Pflege der Kinder enthielt. Die abschließenden Messungen wurden sowohl zum Ende der einzelnen Interventionen wie auch drei Monate später gemacht.

Die Ergebnisse zeigten eine Verbesserung des mütterlichen Verhaltens am Ende der Intervention, und zwar bei 58% der Beteiligten in den beiden Gruppen mit den Rollenmodellen, bzw. bei 47% drei Monate später; in der Placebo-Gruppe zeigten sich zunächst bei 42% der Beteiligten Verbesserungen, doch verringerte sich diese Zahl auf 17% nach drei Monaten; in der Kontrollgruppe ohne Rollenmodelle oder Placebo waren nur bei 4,2% der Beteiligten Verbesserungen festzustellen. Bei den beiden Gruppen mit Rollenmodellen sorgten die Seminare für keine nennenswerten Unterschiede bei den Ergebnissen.

Diese Befunde validieren die Hypothese, daß die Bereitstellung von Rollenmodellen das mütterliche Verhalten verbessert und daß diese Verbesserung von Dauer ist. Freilich muß man klarstellen, daß *Zimrin* Kindesmißhandlungen und nicht Mütter ohne Bindung an ihr Kind untersuchte. Leider enthält ihre Untersuchung keine Informationen, die uns erlauben würden, die Anzahl der Mütter in ihrer Gruppe, die keine Bindung an ihr Kind hatten, festzustellen, doch darf vermutet werden, daß dies bei vielen der Mütter der Fall war. Wie dem auch sei, stellen aber sowohl ihre Seminare wie auch das Lernen über Rollenmodelle Versuche zur Veränderung mütterlichen Verhaltens dar, die sich gleichermaßen auf mißhandelnde wie auch Mütter ohne Bindung an ihr Kind anwenden ließen. Die Ergebnisse ihrer Untersuchung sind daher vermutlich ebenso relevant für das Thema der Mutter-Kind-Bindung. In ihrer Untersuchung zeigte sich insbesondere, daß diejenigen Mütter, deren Verhalten sich infolge des Modellernens nicht verbesserte, wahrscheinlich Personen mit unreifer Persönlichkeit, starken Abhängigkeitsbedürfnissen und unbefriedigender Ehebeziehung waren. Ihr unveränderlich schädliches Verhalten gegenüber ihren Kindern war vermutlich ein Ausdruck neurotischer Bedürfnisse, die zu einer Entgleisung der Mutter-Kind-Beziehung führten, und weniger eine Folge eines bloßen Bindungsmangels. Ein weiteres Untersuchungsergebnis leitete sich aus den wöchentlichen Beurteilungen von Schwestern der Säuglingsstationen ab, die vom Untersuchungsaufbau und der Zugehörigkeit zu den Untergruppen nichts wußten. Diese Beurteilungen zeigten, daß Verbesserungen im mütterlichen Verhalten beim Lernen am Rollenmodell oft erst einsetzten, wenn die „Kindermädchen" zwei Monate lang in dem jeweiligen Haus gewesen waren. Dieses Ergebnis sollte uns dazu veranlassen, routinemäßig das Modellernen zuhause wenigstens zwei bis drei Monate lang andauern zu lassen, bevor wir Schlüsse darüber ziehen können, ob es sein Ziel verfehlt hat.

Diskussion

Diese Untersuchungsberichte lassen sich auf die von mir beschriebenen Fälle beziehen, und dabei scheinen mir folgende Gedanken von Bedeutung zu sein:

1. Die angemessene Bindung eines erziehenden Elternteils an ein Kind ist für das körperliche und psychische Entwicklungsgeschehen des Kindes wichtig.

2. In unserer Kultur ist der erziehende Elternteil gewöhnlich die biologische Mutter, aber auch wenn wir üblicherweise von *mütterlicher* Bindung sprechen, kann doch ein Vater anscheinend ebenso diese Bindung aufbauen, wie im Fall 5 gezeigt wurde. Gleichermaßen ist dies für andere Erwachsene, die die Elternrolle übernehmen, möglich wie beispielsweise Großeltern, Adoptiv- oder Pflegeeltern, wenn auch die Art und Ausprägung dieser Beziehung unterschiedlich sein mag.

3. Weder bei meinen Fällen noch in der Literatur ergibt sich ein Beweis für eine biologisch determinierte kritische Phase der Bindung bei Menschen, wie sie bei vielen Tieren anscheinend festzustellen ist. Zwar scheint diese Bindung leichter und schneller unmittelbar nach der Geburt oder in den ersten Wochen im Leben des Kindes erreichbar, was vermutlich daher rührt, daß die Abhängigkeit und Hilflosigkeit des Säuglings den verantwortlichen Erwachsenen zwingt, häufiger und andauernder mit dem Kind zu interagieren. Andererseits ist der ältere Säugling jedoch fähig, dem verantwortlichen Erwachsenen unmittelbare Rückmeldungen in Form von Lächeln oder entsprechenden Lauten zu geben, die den Aufbau der Bindung durch verstärkende Belohnungen fördern.

4. Die Bindung entwickelt sich zwar aufgrund vielfacher Bedingungen seitens des Erwachsenen, die ihn bewegen, sich mit dem Kind zu beschäftigen, doch die Entwicklung der liebevollen persönlichen Bindung scheint besonders durch das wiederholte Erleben ventralen Körperkontaktes und direkten Augenkontaktes *auf gleicher Höhe* zwischen Kind und Erwachsenem angeregt zu werden.

5. Fehlen diese Kontaktformen, so kann der Beginn und die Entwicklung der Bindung behindert sein. Sie kann in der Folge dennoch aufgebaut werden, wenn dafür gesorgt wird, daß der ventrale Körperkontakt und der Augenkontakt zwischen dem Erwachsenen und dem Kind in einer entspannten Atmosphäre stattfinden kann. Unsere klinischen Erfahrungen zeigen uns, daß dies in bestimmten Fällen auf der Krankenhausstation durch Instruktionen erreicht werden kann, indem das Stationspersonal dem Erwachsenen zeigt, wie das Kind zu halten ist und wie man ihm beim Trösten oder Füttern in die Augen sieht, und dann den Erwachsenen ermutigt und unterstützt, dieses Modellverhalten nachzuahmen.

6. Wenn wegen medizinischer oder chirurgischer Maßnahmen oder bei Widerstand seitens des Erwachsenen gegen die Eltenrolle oder bei übertriebener Angst vor dem Krankenhaus eine längere Trennung zwischen Elternteil und Kind stattfindet, kann eine mehrmonatige Fortführung der Verhaltensinstruktionen und des Modellernens nach der Entlassung des Kindes vom Krankenhaus in seinem Zuahse notwendig sein.

7. Die Verhaltensinstruktionen und die Funktion als Rollenmodell verlangen keine berufsspezifischen Fähigkeiten, sondern nur einfache menschliche Wärme und entsprechendes Einfühlungsvermögen. Die Instruktionen in der häuslichen Umgebung werden daher am besten von einer Laienkinderfürsorgerin gegeben oder einer Haushaltshilfe, die auf der Basis einer täglichen Vollzeitarbeit in dem Haushalt tätig ist. Vielfach braucht es drei bis vier Monate, bis die Eltern-Kind-Bindung entsprechend aufgebaut ist.

8. Bis zu dem Zeitpunkt, da eine angemessene elterliche Bindung erreicht ist, muß für die Pflege und den Schutz des Kindes verläßlich Sorge getragen werden, besonders wenn eine erhöhte biologische Anfälligkeit für Krankheiten vorliegt. Der Fall 2 veranschaulicht uns, daß dies bisweilen eine Sache von Leben und Tod sein kann. Die Haushaltshilfe hat zudem die Aufgabe, den Säugling so lange zu beschützen, bis die elterliche Bindung aufgebaut ist.

9. Auch wenn die mütterliche Bindung an das Kind einmal erreicht wurde, ist die Art der Beziehung nicht unbedingt optimal zur Förderung einer gesunden Entwicklung des Kindes. Die Beziehung zwischen Mutter und Kind kann durch eine Vielzahl biopsychosozialer Umstände seitens der Mutter und seitens der Familie gestört werden. Das Risiko für die psychische Gesundheit des Kindes wird dann womöglich durch die traditionelle Kinderpsychiatrie mit ihren vorbeugenden und heilenden Interventionen verringert werden müssen. Mit anderen Worten ist die reine Entwicklung der elterlichen Bindung zwar notwendig, aber nicht ausreichend, um die psychische Gesundheit sicherzustellen.

10. Meine Fallbeispiele veranschaulichen einige notwendige Rahmenbedingungen der kinderpsychiatrischen Praxis, besonders die Voraussetzung, daß der Kinderpsychiater gute Arbeitsbeziehungen mit seinen kinderärztlichen Kollegen sowie dem Pflegepersonal und den Sozialarbeitern im Krankenhaus und den relevanten Personen und Institutionen im Gemeinwesen aufbaut.

11. Das Fehlen der elterlichen Bindung kann anhand folgender Anzeichen festgestellt werden:
a. Eine Trennungserfahrung zwischen Eltern und Kind wegen einer Krankheit seitens der Mutter oder wegen Frühgeburt oder körperlicher Krankheit und Krankenhausaufenthalt seitens des Kindes.
b. Fehlende oder unangemessene Besuche der Eltern beim Kind, auch wenn das Krankenhaus Besuche beim Kind fördert und unterstützt.
c. Distanziertes Verhalten der Eltern während der Besuche, das sich in Widerstreben beim Ansehen, Berühren, Halten oder Füttern des Kindes ausdrückt.
d. Ein Widerstreben der Eltern, das Kind nach Hause zu nehmen, wenn das Kind vom Krankenhaus aus für entlassungsfähig erklärt wird.
e. Ein Elternteil zeigt einen Mangel an natürlicher Sorge um das Kind, hält das Kind unbeholfen oder unnatürlich, „wie ein Tablett oder ein Paket oder mit ausgestreckten Armen", berührt, streichelt oder liebkost es nicht, beschützt es nicht, zögert nicht, das Kind wieder zu verlassen oder zeigt keine Eifersucht, wenn andere es halten oder befürsorgen.
f. Einige Kinderärzte haben standardisierte „Minitests" entwickelt, die eine mangelnde Bindung anzeigen können. *David Levy* (1952) sagte gewöhnlich im Gespräch mit einer Mutter, die ihr Kind auf dem Schoß hielt: „Was für ein liebes Kind Sie haben!" Reagierte die Mutter damit, daß sie das Kind ansah, so erachtete er dies als Zeichen für eine Bindung. Falls sie aber stattdessen ihn ansah und sich bedankte, daß er *sie* beglückwünschte, so glaubte er, daß dies auf eine fehlende Bindung hinwies. In Jerusalem erarbeiteten wir zwei ähnliche „Minitests". In einem setzte sich der Kinderarzt auf die der Mutter gegenüberliegenden Seite des Untersuchungstisches, während er das Kind untersuchte. Dann entfernte er sich plötzlich von dem Tisch weg. Eine Mutter mit intakter Bindung reagiert dar-

auf gewöhnlich reflexhaft, indem sie sofort ihre Hand ausstreckte, um das Kind zu halten und zu verhindern, daß es vom Tisch fallen könnte. Eine Mutter ohne Bindung an das Kind machte diese Bewegung gewöhnlich nicht. Im zweiten Test beobachtete der Kinderarzt die Mutter, wenn das Kind beim Messen seines Kopfumfanges mit einem metallenen Maßband zu weinen begann. Eine Mutter mit intakter Bindung reagierte gewöhnlich instinktiv mit dem Versuch, das Baby zu trösten und den Kinderarzt von seinem Vorgehen abzubringen, indem sie ihm ein Zeichen gab oder – wie bisweilen geschehen – ihn gar zur Seite stieß. Eine Mutter ohne Bindung zeigte stattdessen gewöhnlich Anzeichen von Verlegenheit und von Bemühungen zum Spannungsabbau.
g) Die Art, wie Eltern über ihr Kind sprechen, erbringt oft Informationen über der Grad der Bindung. Eine Mutter mit intakter Bindung gibt gewöhnlich eine konkrete Antwort auf die Frage: „Wann haben Sie Ihre mütterlichen Gefühlen zu Ihrem Kind voll entwickelt?" Eine Mutter ohne Bindung wird sich dazu vage äußern oder zu verstehen geben, daß sie die Frage nicht versteht. Eine Mutter mit intakter Bindung spricht über ihr Kind auf warmherzige, besitzerstolze Art. Eine Mutter ohne Bindung zeigt hingegen wenig Besorgnis um ihr Kind oder wenig Wissen über Einzelheiten des Verhaltens und der Bedürfnisse des Kindes. Sie nennt es unpersönlich „es", statt „er" oder „sie" oder mit dem Namen.
h) Anzeichen unangemessener Schutzmaßnahmen und häuslicher Pflege wie Gedeihstörungen, wiederholte Mittelohrentzündung, Atemwegsinfektionen, Erbrechen und Diarrhöe und schwerer Windelausschlag weisen ebenfalls auf Mängel in der Mutter-Kind-Bindung hin.

12. Man kann Bindungsstörungen häufig vorbeugen, wenn man sich bemüht, einen geeigneten Kontakt zwischen Mutter und Kind sicherzustellen, wenn das Kind auf einer Frühgeborenen-Station, einer Intensivstation oder einer chirurgischen Abteilung versorgt werden muß. Wenn es irgendwie durchführbar ist, sollte die Mutter das Kind regelmäßig besuchen und aktiv an seiner Pflege teilnehmen oder zumindest das Kind berühren, streicheln und es *auf Augenhöhe* im direkten Augenkontakt halten.

Trotz der bestmöglichen Absichten seitens der Kinderärzte und Chirurgen können dennoch die technischen Erfordernisse spezieller Pflegemaßnahmen die Möglichkeiten eines risikolosen Körperkontaktes zwischen Mutter und Kind über Wochen oder gar Monate hinweg einschränken. Wenn dies der Fall ist, so ist es wichtig, den Eltern zu versichern, daß trotz einer verzögerten Bindung sie dennoch nach und nach stattfinden kann, sobald die Verfassung des Kindes sich bessert. Inzwischen sollten die Eltern das Kind zumindest besuchen, und ihr Kompetenzempfinden sollte gefördert und vergrößert werden, indem ihnen einige nützliche krankenpflegerische Aufgaben übertragen werden.

Bei schwereren angeborenen Anomalien oder sehr früher Geburt behindern zwei weitere Komplikationen den Aufbau wünschenswerter Muster des Mutter-Kind-Kontaktes gleich nach der Geburt:

a. Solange die Eltern glauben, das Kind könne sterben, werden sie sich nur widerstrebend auf die Art des Kontaktes einlassen, welche die Entwicklung der affektiven Bindung fördert.
b. Ein sehr geringes Geburtsgewicht oder eine schwerere angeborene Anomalie führen zu einer großen psychischen Belastung der Eltern; die zu erwartenden

Gefühle von Schuld, Wut, Angst und Trauer werden sie voll in Anspruch nehmen. Bevor dieser Schock nachläßt und die Eltern sich mit ihrer Enttäuschung und mit ihrem Kummer abgefunden haben, werden sie weder den Willen noch die Energie haben, regelmäßigen Kontakt mit dem gebrechlichen Kind herzustellen, und man sollte sie dazu auch nicht drängen.

Die gegenseitige Unterstützung von Eltern wird bei diesen beiden Ausgangsbedingungen eine wicchtige Quelle zur Gewinnung der nötigen Stärke sein, um sich an die gegebene Situation anzupassen. Wann immer dies möglich ist, sollten Informationen über den medizinischen Zustand des Kindes und über Maßnahmen zu seiner Behandlung beiden Elternteilen in *gemeinsamen* Sitzungen mitgeteilt werden, so daß sie sich *als Paar* mit ihren Betreuungspersonen und ihren Problemen beschäftigen können.

Zitierte Literatur

Bowlby, J.: The nature of a child's tie to his mother. Int. J. Psycho-analysis 39 (1958), 350–373.

Caplan, G.: A public-health approach to child psychiatry. Mental Hygiene 35 (1951), 235–249.

Caplan, G.: Concepts of Mental Health & Consultation. Children's Bureau, Washington D.C. 1959.

Chess, S., A. Thomas und *H. Birch:* Characteristics of the individual child's behavioral response to the environment. Am. J. Orthopsychiat. 20 (1959), 791–802.

Leiderman, P.H.: Mothers at risk: A potential consequence of the hospital care of the premature infant. In: *Anthony, E.J.* und *C. Koupernick* (Hrsg.): The Child in His Family: Children at Psychiatric Risk. Wiley, New York 1974, 149–157.

Levy, D.: Observations of attitudes and behavior in the child health center. Am. J. Public Health, 41 (1952), 182–190.

Levy, D.M.: Behavioral Analaysis. Charles C. Thomas, Springfield Ill., 1958.

Levy, D.M. und *A. Hess:* Problems in determining maternal attitudes toward new born infants. Psychiatry 15 (1952), 273–286.

Middlemore, M.P.: The Nursing Couple. Hamish Hamilton, London 1941.

Stone, F.H.: A critical review of a current program of research into mother-child relationship. In: *G. Caplan* (Hrsg.): Emotional Problems of Early Childhood. Basic Books, New York 1955, 95–117.

Zimrin, H.: Intervention Aimed to Change Battering Behavior and Mothers Towards their Children. Phil. Diss. Hebrew University of Jerusalem, 30.12.78.

7. Kapitel

Vorbeugende Maßnahmen gegen das Entstehen von psychischen und Milieuschäden bei Scheidungskindern

In meiner klinischen Arbeit als Kinderpsychiater bin ich in den letzten paar Jahren zu der Überzeugung gelangt, daß die Scheidung von Eltern von wachsender Bedeutung für die Bedrohung der psychischen Gesundheit der Kinder von heute ist. Aus diesem Grunde half ich beim Aufbau des Familienzentrums in Jerusalem im Jahre 1985 mit. Es handelt sich dabei um einen ambulanten Dienst, der vorbeugend gegen psychische und Milieustörungen bei Kindern zu wirken versucht, indem in den betreffenden Familien während und nach der Scheidungsphase interveniert wird. Die Scheidungsziffern sind in Israel niedriger als in den meisten westlichen Ländern; man rechnet, daß nur eine von sechs Ehen geschieden wird, während vergleichshalber in Großbritannien eine von drei und in den Vereinigten Staaten eine von zwei Ehen geschieden wird. Dennoch stellt auch bei uns die Ehescheidung ein gravierendes Problem dar.

Während der ersten 18 Monate meiner Arbeit im Familienzentrum beriet ich selbst 152 Paare und ihre insgesamt 338 Kinder unter 18 Jahren. Ich stand dabei in Zusammenarbeit mit Juristen, Mitarbeitern der Wohlfahrtsdienste und mit Lehrpersonal, und ich sprach gegenüber unseren Rabbinergerichten und zivilen Gerichten Empfehlungen bezüglich des Sorge- und Besuchsrechts von Kindern aus.

Diese Arbeit war die faszinierendste Erfahrung meiner gesamten Berufslaufbahn, nämlich die Intensität von Gefühlsregungen bei Eltern und Kindern zu erleben und dadurch ein tiefes Mitgefühl für die Opferrolle der Kinder zu spüren, die in dem Kampf zwischen den Eltern gefangen waren. Besonders nahegehend war es, an der Entwicklung dramatischer Ereignisse von offenkundiger Bedeutung für das zukünftige Wohlergehen der Kinder teilzunehmen. In bestimmten Fällen gelang es mir auch, aktiv in dem tumulthaften Familiendrama zu intervenieren, auf diese Weise das Kräftegleichgewicht zu verändern und so meinen grundlegenden Auftrag einer primären Vorbeugung zu erfüllen.

Diese Arbeit lehrte mich, jeden Fall in Übereinstimmung mit seinen ureigenen Komplikationen und persönlichen Elementen zu studieren und zu behandeln und mich vor voreiligen und vereinfachenden Verallgemeinerungen zu hüten. Dennoch sehe ich allmählich vor meinem geistigen Auge bestimmte musterhafte Regelmäßigkeiten, die diesen Fällen gemeinsam sind.

Schädliche Auswirkungen von Ehescheidung

Kalter (1977) untersuchte die Berichte über 400 Kinder, die in der Zeit zwischen 1974 und 1975 zu Gesprächen in die psychiatrische Abteilung der Universität von Michigan gekommen waren. Dabei fand er, daß Kinder von geschiedenen Eltern in der pschychiatrischen Ambulanz prozentual doppelt so häufig registriert wurden wie in der gesamten Bevölkerung, nämlich mit 32,6% gegenüber 16%. Er berichtete, daß Scheidungskinder hauptsächlich an Symptomen litten, die mit mangelnder Aggressionskontrolle zu tun haben. Bei jüngeren Kindern richtet sich diese Feindseligkeit auf die Familie selbst, also auf die Eltern und Geschwister. Bei älteren Kindern und Jugendlichen verlagert sich das Aggressionsverhalten auf asoziale Handlungen und Delinquenz sowie Alkoholismus, Drogenabusus und bei Mädchen auf sexuelle Verwahrlosung.

Kalter und *Rembar* (1981) wiederholten diese Untersuchung mit einer neuen Stichprobe von 500 Kindern, die zu Gesprächen in die psychiatrische Ambulanz der Universität von Michigan in den Jahren 1976 bis 1977 gekommen waren, und sie erhielten im wesentlichen dieselben Ergebnisse.

McDermott (1970) betonte den Stellenwert der Depression im klinischen Zustandsbild von Kindern, deren Eltern mindestens 2 1/2 Jahre vorher geschieden worden waren. Bei 34,3% seiner Stichprobe von 116 ambulanten kinderpsychiatrischen Patienten, deren Eltern geschieden worden waren, stellte er eine mittelgradige oder schwere Depression fest.

Wadsworth, Pekham und *Taylor* berichteten über die Nachuntersuchung einer Langzeitstudie, die sich mit einer über das ganze Land verteilten Stichprobe von 5362 Kindern befaßte, die innerhalb einer Woche im Jahr 1946 in Großbritannien zur Welt gekommen waren. Sie fanden dabei, daß 36.5% derjenigen Männer, deren Familien durch Scheidung, Trennung oder Tod vor ihrem 5. Lebensjahr zerbrochen waren, an psychischen oder sozialen Anpassungsstörungen litten (Krankenhausaufenthalte wegen affektiver psychischer Erkrankungen oder Magengeschwüren oder Kolitis vor dem 26. Lebensjahr, oder aber delinquentes Verhalten vor dem 21. Lebensjahr); diese Indikatoren waren bei nur 17,9% der Männer aus intakten Familien feststellbar. Ebenso fanden sie, daß 23,3% derjenigen Frauen, deren Familien durch Scheidung, Trennung oder Tod vor ihrem 5. Lebensjahr zerbrochen waren, an psychischen Störungen oder sozialer Fehlanpassung litten (die gleichen Indikatoren wie oben plus Scheidung oder Trennung vor dem 26. Lebensjahr oder uneheliche Kinder vor dem 26. Lebensjahr); diese Indikatoren waren bei nur 9,6% der Frauen aus intakten Familien feststellbar.

Wadsworth (1979) stellt weitere Befunde der Langzeitstudie von 1946 tabellarisch zusammen, die uns folgende Berechnungen erlauben: 29% derjenigen Männer, deren Familien durch Scheidung, Trennung oder Tod vor ihrem 16. Lebensjahr zerbrochen waren, litten spätestens ab dem 26. Lebensjahr an psychischen oder sozialen Anpassungsstörungen (Krankenhausaufenthalt wegen affektiver psychischer Erkrankungen, Delinquenz, Scheidung oder Trennung), was nur bei 18% der Männer aus intakten Familien zutraf. 21% derjenigen Frauen, deren Familien durch Scheidung, Trennung oder Tod vor ihrem 16. Lebensjahr zerbrochen waren, litten spätestens ab dem 26. Lebensjahr an psychischen oder sozialen Anpassungsstörungen (gleiche Indikatoren wie oben plus uneheliche Kinder), was nur auf 10,1% der Frauen aus intakten Familien zutraf.

Diese Risikoziffern von 29% bei Männern und 21% bei Frauen können mit den Befunden von *Wallerstein* und *Kelly* (1980) in den USA verglichen werden, daß 35% der Söhne und Töchter geschiedener Elten, die von ihnen untersucht wurden, psychopathologische Symptome oder delinquentes Verhalten zeigten.

Wadsworth und *Maclean* (1986) analysierten noch weitere Daten der Langzeitstudie von 1946. Sie fanden, daß Männer aus Familien der Arbeiterklasse mit 26 Jahren ein bedeutend geringeres Einkommen hatten, wenn sich ihre Eltern vor dem 16. Lebensjahr der Jungen geschieden oder getrennt hatten, als dies bei Männern aus intakten Familien der Fall war. Zudem fanden sie, daß Kinder beiderlei Geschlechts, die von geschiedenen oder getrennten Eltern stammten, gemessen an der Immatrikulation an einer Hochschule oder ähnlichen Institutionen mit 26 Jahren einen bedeutend niedereren Ausbildungsstand aufwiesen als Kinder aus intakten Familien. Vergleichsweise dazu hatte der Tod eines Elternteiles sehr wenig Einfluß auf den späteren Ausbildungserfolg des Kindes; dadurch scheint eher die Möglichkeit, daß die betreffenden Kinder aus Arbeiterfamilien an eine Universität gingen, erhöht worden zu sein. Diese Befunde deuten darauf hin, daß die Scheidung oder Trennung von Eltern beträchtlich schädlichen Einfluß auf das Leben der Kinder nimmt, was sich nicht nur in psychopathologischen Symptomen oder sozialer Fehlanpassung, sondern auch in geringerer Bildungsqualifikation bei beiden Geschlechtern und in geringerem Einkommen bei den Männern ausdrückt.

Psychosoziale Risiken

Um verstehen zu können, wieso die Ehescheidung mit einer erhöhten Wahrscheinlichkeit zusammenhängt, daß die Kinder psychopathologische Symptome oder soziale Fehlanpassung während der Kindheit oder später im Erwachsenenleben zeigen werden, scheint es ratsam, sich auf folgende Faktoren zu konzentrieren:

1. Streit zwischen den Eltern

Den meisten Scheidungen gehen monate- oder sogar jahrelange Streitereien voraus, die oftmals die folgenden drei Phasen durchlaufen:

- Die erste Phase hängt mit Enttäuschungen und Frustrationen bezüglich der gegenseitigen Erwartungen zusammen, welche Anlaß für die Heirat waren, sowie mit einer allmählich deutlich werdenden Unvereinbarkeit der Temperamente oder, bei einer Minderzahl der Fälle, mit Anzeichen von psychischen Störungen bei nur einem oder beiden Ehegatten. Die gegenseitigen Provokationen führen typischerweise zu einer Eskalation der Feindseligkeiten und zu Szenen, in denen sich die Betreffenden sinnlos anbrüllen, herumschreien und sich verbal oder körperlich mißhandeln. Die Kinder sind dabei womöglich als Zuschauer beteiligt. Besonders jüngere Kinder verspüren bei solchen Szenen Angst, doch unabhängig von ihrem Alter werden die Kinder durch den Zusammenbruch rationaler Kontrolle bei ihren Eltern belastet und verstört. Die meisten Kinder scheinen jedoch auf dieser Stufe des Konfliktes nicht zur Parteinahme für die eine oder andere Seite herangezogen zu werden.
- Die zweite Phase beginnt, wenn ein Elternteil oder beide sich entschließen, eine Scheidung einzureichen. Sie beginnen nun, in Gegnerschaft um einen optimalen Anteil ihres gemeinsamen Besitzes zu kämpfen und die Bindungen

mit ihren Kindern abzusichern. Dabei verschärfen sich die Feindseligkeiten meistens, und die Eltern bringen einander psychische und körperliche Wunden bei. In der Folge, und besonders wenn diese Phase länger andauert, kann sich verstärkt gegenseitige Bitternis und Rachsucht zeigen. Sie versuchen oft ganz bewußt, die Kinder auf ihre Seite zu bringen, indem sie den anderen Eltenteil verleumden und die Kinder gegen ihn aufhetzen.
- Die dritte Phase beginnt, wenn sich die Eltern trennen oder scheiden lassen. Vielfach führt die Trennung der kämpfenden Parteien zu einer Zeit relativer Ruhe, und da der Scheidungsvertrag unterschrieben wurde oder der Fall vor Gericht verhandelt wurde, ist der akute Interessenkonflikt beendet. Die vorherige Animosität wird zu einer allmählich verblassenden Erinnerung vergangener Schmerzen, und die einstmaligen Ehegatten stellen sich allmählich auf die Erfordernisse ein, ihr Leben neu aufzubauen und mit den Anpassungsproblemen ihrer Kinder an die neue Situation fertig zu werden.

Oft führt jedoch der Haß und die Verbitterung, die sich durch die narzißtischen Kränkungen in der vorangegangenen Phase gebildet haben oder die in manchen Fällen durch die Introjektion des Bildes des ehemaligen Ehegatten verursacht wurden, das dann zu einem beständigen Teil der psychopathologisch verzerrten Innenwelt des einzelnen wird, zu einer langfristigen, rachsüchtigen Feindschaft. In diesen Fällen dürfte sich die mißliche Lage der Kinder noch weiter verschlimmern. Sie werden dann eher auch weiterhin als Koalitionspartner in dem Kampf eingesetzt, besonders wenn der Zankapfel darin besteht, daß sich die Eltern uneins sind über die Erfüllung der Scheidungsbedingungen in punkto Sorgerecht und Besuchsrecht. Des weiteren spielt dabei eine wichtige Rolle, daß die getrennten Eltern ihren gegenseitigen Haß nicht länger im unmittelbaren Kontakt oder auch am Telefon ausleben können und daher ihre feindseligen Botschaften über die Kinder ausrichten lassen.

2. *Interessenkonflikte zwischen Eltern und Kindern*

Paare, die ständig miteinander streiten, überlegen sich im Laufe der Zeit, ob es nicht besser sei, den Schaden zu begrenzen und ihre Ehe zu beenden. Ihre Kinder werden jedoch nur in seltenen Fällen für eine Scheidung stimmen. Meiner Erfahrung nach fühlen sich zwar die meisten Kinder streitender Eltern durch den ständigen Krach belastet, erkennen aber in nur wenigen Fällen eine Scheidung als Lösung an, weil sie den Eindruck haben, daß sie durch die Zerstörung der familiären Gemeinschaft und durch die Trennung von einem ihrer beiden Elternteile in noch größere Schwierigkeiten geraten werden. Sogar viele Kinder aus gewalttätigen Verhältnissen sagen, sie zögen den derzeitigen Zustand mit seinen schmerzhaften Seiten einer ungewissen und angsterregenden Zukunft nach einer Scheidung vor. Der 9jährige Gideon erzählte mir beispielsweise: „Oft geht es zu Hause ziemlich schlimm zu, besonders wenn Papa betrunken nach Hause kommt und uns zu schlagen beginnt. Aber ich liebe ihn trotzdem und möchte nicht, daß ihn meine Mutter auf immer hinauswirft."

Viele Kinder glauben, daß ihre Interessen von ihren Eltern übergangen werden und daß sie passive Opfer von Entscheidungen der Erwachsenen über Erwachsenenprobleme sind. Der 14jährige Shimon meint dazu: „Unsere Eltern entschieden sich für eine Scheidung. Wir Kinder sind wütend darüber, daß sie sich nicht darum kümmerten, was dies für uns bedeuten würde. Bevor sie diese Entscheidung getroffen hatten, sprachen sie nicht einmal mit uns darüber." Im Grunde dürften diese Kinder recht haben, was aber nicht bedeuten soll, daß die Eltern eine andere Entscheidung getroffen hätten, wenn sie sich der Bedürfnisse und Ansichten ihrer Kinder voll bewußt gewesen wären. Sie hätten aber vielleicht Möglichkeiten gefunden, das zusätzlich große Belastung schaffende Gefühl der Passivität und Hilflosigkeit seitens der Kinder zu verringern.

3. *Mitteilungsprobleme*

Das Gefühl, in einer passiven Opferrolle zu stecken, wird bei Kindern häufig dadurch verschlimmert, daß die Eltern die Kinder nicht rechtzeitig auf eine Scheidung vorbereiten und ihnen nicht erklären, was während und nach der Scheidung abläuft. Solche Mitteilungen würden den Kindern ermöglichen, wenigstens im kognitiven Bereich Herr ihrer schwierigen Situation zu werden. Dies gilt vor allem für Kinder im Vorschulalter und in den ersten Schulklassen (*James* 1897). Die 5jährige Esther erzählte mir beispielsweise: „Vor drei Monaten erwachte ich eines Morgens und bemerkte, daß Papi verschwunden war. Mami erzählte mir, er sei zu seiner Reserveübung bei der Armee eingerückt, doch das kann nicht stimmen, weil er immer am Ende des Monats von seinem Wehrdienst nach Hause zurückkommt. Sie erzählt mir einfach nicht, wo er hingegangen ist!"

Dieses Fehlen eines ehrlichen Gespräches führt häufig dazu, daß das Kind Angstphantasien entwickelt, nämlich daß der fortgehende Elternteil es nicht mehr liebt und die Familie verlassen hat, weil das Kind so schlecht oder böse ist. Esther meint hierzu: „Ich glaube, er hat uns verlassen, weil ich soviel Krach gemacht habe und er das nicht aushalten konnte."

Eine weitere und ernsthafte Gefahr besonders für ältere Kinder besteht darin, daß sie von ihren Eltern für Botendienste zwischen den Erwachsenen benutzt werden. Die ihnen aufgetragenen Mitteilungen sind zumeist schwer befrachtet mit Haß und Verunglimpfung. Auch für Kinder, die nicht von einer der beiden Kampfpartien für sich gewonnen wurden, ist das Ausrichten solcher feindseligen Botschaften äußerst verwirrend und beunruhigend.

Diese Gefahr vergrößert sich noch, wenn – wie häufig – ein Kind gegen sein Gefühl der Passivität aufbegehrt, indem es sich entscheidet, eine aktive Rolle im elterlichen Konflikt einzunehmen. Dieses Kind verändert dann die Botschaften, die es dem jeweiligen Empfänger ausrichten soll. Bisweilen wird dadurch der Ton der feindseligen Botschaften entschärft, um die Animosität zwischen den Eltern zu dämpfen; oft aber verdreht das Kind diese Botschaften wie auch die Geschichten, die es jedem Elternteil über den anderen erzählt, und erreicht damit, daß weiterer Unfrieden gestiftet wird. Was immer das Kind auch tut, solch ein aktives Eingreifen gibt ihm das Gefühl, daß es die Situation auf irgendeine Weise aktiv bewältigt. Der 14jährige Haviv meint dazu: „Ich kann es nicht aushalten mitanzusehen, wie sehr meine Mutter verletzt ist, wenn ich ihr die Botschaften meines Vaters ausrichte. Daher ändere ich sie ab, und das macht alle zusammen glücklicher. Wenn meine Eltern sich nur nicht so kindisch verhielten, daß ich sie immer wieder beruhigen muß."

4. Kinder als Kampfgenossen

Ein Kind kann einen Elternteil zu hassen beginnen, weil es von dem anderen Elternteil stark beeinflußt und aufgestachelt wurde. Aufgrund seiner eigenen Beurteilung der anteilmäßigen Verdienste der Widersacher kann es für einen Elternteil Partei ergreifen, und zwar besonders dann, wenn ein Elternteil wiederholt gewalttätig wurde oder derjenige ist, der nach Meinung des Kindes den Bruch der Familie verursacht. Die 11jährige Talia erzählte mir beispielsweise: „Meine Mutter veränderte sich plötzlich. Sie begann, hysterische Szenen zu machen und die Polizei anzurufen, damit Vater aufhörte, sie zu schlagen; eigentlich aber war sie es, die ihn angriff und die auch den Arm meines Bruders verkratzte. Sie blamierte uns vor den Nachbarn, und ich begann, sie zu hassen. Sie war die Ursache des ganzen Aufruhrs in unserer Familie." Das Kind erliegt dabei der Versuchung,einen Elternteil immer mehr als den *vollends guten* und den anderen als den *vollends schlechten* wahrzunehmen. Die Erwartungen gegenüber dem schlechten Elternteil und die Wahrnehmung seines Verhaltens werden gewöhnlich durch die Phantasie des Kindes gefärbt, was die Ablehnung und Angst gegenüber diesem Elternteil fördert. Daraufhin versucht das Kind typischerweise, das Zusammensein mit dem schlechten Elternteil zu verringern, und es verhält sich herausfordernd, wenn es doch mit ihm zusammentrifft. Dies führt häufig zu feindseligen Reaktionen seitens jenes Eltenteils, welche die Vorurteile des Kindes weiter verstärken. Talia sagte: „Meine Mutter rächt sich an mir, weil sie weiß, daß ich auf Vaters Seite bin." Ihre Mutter hingegen berichtete mir:„Sie ist einfach unmöglich, greift mich ständig an und verhält sich wie eine rebellische Göre!" Solche Verhaltensweisen lassen die Feindseligkeiten weiter eskalieren, was bei dem Kind und oft auch bei dem betroffenen Elternteil einen völligen Bruch der Beziehung zur Folge hat. Das Kind erwirkt in diesem Sinne eine Scheidung von jenem Elternteil oder wird von ihm verlassen.

Das Gericht hat nur beschränkte Möglichkeiten, ein widerspenstiges Kind, auch wenn es erst 8 oder 9 Jahre alt ist, zu zwingen, einen von ihm abgelehnten Elternteil zu besuchen. Die 10jährige Rifka erzählte mir: „Ich weigere mich absolut, diesen Mann zu besuchen. Er ist einfach nicht mehr mein Vater. Auch wenn mich die Polizei holt und dazu zwingen will, werde ich nicht zu ihm gehen; eher springe ich vom Balkon und bringe mich um. Wenn Sie mich in Ihre Praxis bestellen und ich weiß, daß er auch dort hinkommt, so werde ich nicht zu Ihnen kommen."

Das Ergebnis einer solchen Entwicklung ist äußerst bedauernswert. Der fehlende Kontakt ermöglicct einen Wildwuchs der Phantasien des Kindes über die teuflische Boshaftigkeit seines Elternteils, ohne daß das Kind die Möglichkeit hätte, seine stereotypen Urteile durch eine wirkliche Erfahrung zu verändern. Dies fördert das Weiterbestehen einer zwiespältigen Wahrnehmungsweise beim Kind: Nicht nur seine Eltern erlebt es womöglich als aufgeteilt in einen vollends guten und einen vollends schlechten Teil, sondern auch alle anderen Menschen, einschließlich seiner selbst. Es kann den bösen oder schlechten Teil als vom schlechten Elternteil übernommenen, ablehnenswerten Teil seiner eigenen Psyche verinnerlichen. Rifka, ein zutiefst religiöses, artiges, scheues und wählerisches Mädchen, sagte: „Vor ein paar Jahren, als ich meinen Vater manchmal besuchte, lagen er und die Hure, mit der er zusammenwohnt, halbnackt auf dem Wohnzimmersofa und benahmen sich auf abstoßende Weise. Sie wetteiferten auch miteinander, wer am lautesten seine Winde ertönen lassen konnte." Später meinte sie: „Er ist ein fertiges Ungeheuer. Einmal versuchte er, meine Mutter zu würgen, als sie sich nach einer Krankheit schwach fühlte." Tatsächlich ist ihr Vater ein ungehobelter, unsensibler und brutaler Mensch, und doch ist er erpicht darauf, die Verbindungen zu seinen Kindern wiederaufzunehmen, wenngleich er nicht weiß, wie er sich sinnvoll ihnen gegenüber verhalten sollte.

Da dieses verinnerlichte, schlechte Elternbild stark durch feindselige und sexuell aggressive Aspekte gefärbt sein dürfte, die mit den aktuellen oder phantasierten Aspekten der Konflikte zwischen den Eltern verbunden sind, kann dies im Jugendalter, wenn das psychische Gleichgewicht des Kindes durcheinandergerät und die zuvor abgelehnten Impulse oberhand gewinnen, der Entwicklung von Gewalttätigkeit, von Alkohol- und Drogenmißbrauch und von sexueller Promiskuität förderlich sein.

5. *Verlassenwerden*

In mehreren meiner Fälle wurden die Kinder von dem Elternteil, der nicht das Sorgerecht hatte, einfach verlassen. In einem Fall setzte sich eine Mutter ohne vorherige Warnung mit ihrem Liebhaber nach Australien ab und ließ ihre drei kleinen Kinder bei ihrem Mann zurück, von dem sie sich hernach scheiden ließ. In etlichen Fällen weigerte sich ein geschiedener Vater, seine Kinder zu sehen, weil sie lieber bei ihrer Mutter leben wollten. In anderen Fällen rächte sich der Vater an seiner früheren Frau, indem er die Verbindung mit den gemeinsamen Kindern mit der Begründung abbrach, daß seine Frau in Sünde mit einem anderen Mann lebte. In anderen Fällen kam der Vater nicht mehr zu den Kindern, weil er behauptete, die Mutter hätte sie gegen ihn aufgehetzt und seine Besuche bei den Kindern behindert. Andere Väter wiederum besuchten ihre Kinder in unregelmäßigen, langen Abständen und handelten damit den Scheidungsbedingungen, die sie unterschrieben hatten, zuwider. In all diesen Fällen litten die Kinder sehr unter diesen Umständen. Der 6jährige David erzählte mir: „Papi ist weggegangen und hat uns verlassen. Das macht mich sehr, sehr traurig. Ich kann nachts nicht einschlafen und habe schlimme Träume. In der Schule denke ich ständig an ihn und passe im Unterricht nicht auf. Ich sehne mich nach ihm und weine viel."

Die vierjährige Myriam sagte: „Papi wohnt nicht mehr bei uns. Ich weiß nicht, was ich gemacht habe, um ihn zu verjagen. Manchmal ruft er an und ich bitte ihn, uns zu besuchen. Er verspricht es mir dann, hält aber seine Versprechungen nie ein."

Viele dieser Eltern, die ihre Kinder verlassen, sind psychisch gestört und leiden zumeist an schweren Persönlichkeitsstörungen paranoider, narzißtischer oder grenzpsychotischer Art. Bevor sie ihre Kinder verließen, haben sie sich auf irgendeine Weise grausam ihnen gegenüber verhalten, was mit ihrer mangelnden Liebesfähigkeit zusammenhängt. Wenn ich auch glaube, daß Kinder idealerweise die Gelegenheit erhalten sollten, die menschliche Realität ihrer Eltern zu erkennen, meine ich doch, daß das Leiden dieser Kinder bisweilen vergrößert würde, wenn ich einen Kontakt zwischen ihnen und einem kranken Elternteil herstellen würde. Die 14jährige Leah erzählte mir beispielsweise: „Ich habe meinen Vater letzte Woche besucht. Ich hatte gedacht, daß er netter als früher zu mir wäre, nachdem er mich nun ein Jahr lang nicht gesehen hat, aber er hat während meines Besuches nur herumgebrüllt und -geschrien. Er erzählte mir, er hätte Beweise, daß meine Mutter mit mehreren verschiedenen Männern ein Verhältnis habe und daß sie mich mit allen Mitteln beeinflusse, damit ich seine Feindin werde. Er verlangte von mir, daß ich sie sofort verlasse und zu ihm ziehe, weil ich sonst genau wie sie zur Hure würde. Er sagte, daß er mich nicht mehr als seine Tochter akzeptieren werde, wenn ich nicht zu ihm ziehe; wenn ich das nicht tue, sei ich für ihn gestorben.“ Ihr Vater leidet an einer grenzpsychotischen Persönlichkeitsstörung mit paranoiden Zügen.

Ich habe gelernt, in solchen Fällen nicht dogmatisch zu sein: Ich fördere den Kontakt zwischen Kindern und einem kranken Elternteil also nicht um jeden Preis, sondern wäge vor einer Intervention genau ab, damit ich nicht zur Verschlimmerung einer ohnehin schlechten Situation beitrage.

6. Nach der Scheidung: Das Zuhause mit einem Elternteil

Scheidungskinder leiden gewöhnlich daran, daß der regelmäßige Kontakt mit einem Elternteil bedeutsam verringert wird. Der stundenweise wöchentliche Kontakt mit einem Elternteil, der nicht mehr im gemeinsamen Haushalt wohnt, ist kein echter Ausgleich für die Unterbrechung des Eltern-Kind-Kontaktes. Eine angemessene Erfüllung der Elternrolle erfordert, daß der Vater oder die Mutter in beständiger Form das Kind ernährt, überwacht, anleitet und ihm durch aktive Beteiligung an den Einzelheiten seines täglichen Lebens Unterstützung gewährt. Ein Kind braucht zwei Elternteile, die komplementäre Rollen in der Kinderpflege und Erziehung spielen, sich gegenseitig helfen, das Kind bei der Bewältigung seiner Entwicklungsschritte zu unterstützen, und die zwei verschiedenartige Geschlechtsrollenmodelle darstellen, mit denen es sich identifizieren kann, um so den Kern seiner eigenen Identität formen zu können. *Weiss* (1975) hat über die Forschungsergebnisse an unserer Abteilung für Gemeindepsychiatrie in Harvard berichtet, in denen die zu erwartenden Belastungen des Zuhauses mit einem Elternteil sowohl für den Elternteil wie auch für die Kinder dargestellt wurde. Daraus ließ sich ableiten und hervorheben, daß eine Scheidung nicht zu „*Familien* mit einem Elternteil“, sondern zu *getrennten Familien mit zwei Elternteilen* und zu einem *Zuhause mit einem Elternteil* führt. Leben die geschiedenen Eltern in räumlicher Nähe, können sich einander ungezwungen mitteilen und sind bereit, in den elterlichen Aufgaben gut zusammenzuarbeiten, so können einige Belastungen für diese Kinder verringert werden, indem gemeinsame Vereinbarungen getroffen werden, denen zufolge die Kinder jeweils einen Teil der Woche bei dem einen oder dem anderen Elternteil wohnen. Sind diese Vereinbarungen erfolgreich, so können sie den Kindern erlauben, auf gesündere Weise mit beiden Eltern in Verbindung zu bleiben und können den Eltern erlauben, ihre Erzieherrolle besser zu erfüllen. Halten die Feindseligkeiten und Mitteilungsprobleme zwischen den Eltern nach der Scheidung jedoch an, so können derartige Vereinbarungen für die Kinder zu einer besonderen Belastung werden.

In Scheidungssituationen versuchen Eltern häufig, Konflikte über das Sorgerecht der Kinder derart zu lösen, daß sie die Kinder aufteilen. Dies löst aber nicht das Problem auf Seiten der Kinder, daß sie nämlich den täglichen Kontakt mit demjenigen Elternteil verlieren, mit dem sie nicht mehr zusammenwohnen. Zudem wird die gegenseitige Unterstützung, die sich die Kinder als stabile Geschwistergruppe geben können, dadurch geringer, was oft dazu führt, daß die Kinder durch die unbefriedigte Sehnsucht nach den abwesenden Geschwistern wie auch nach dem abwesenden Elternteil belastet sind.

Viele Kinder verlieren nach der Scheidung der Eltern die Überzeugung, daß sie bis zum Erwachsensein von ihren Eltern versorgt und beschützt werden. Das Zusammenbrechen des gemeinsamen Zuhauses und die Tatsache, daß sie glauben, einen Elternteil verloren zu haben, erweckt oft die Angst, daß sie auch noch den anderen Elternteil verlieren könnten. Diese Angst kann sich noch verstärken, wenn der zurückgebliebene Elternteil, zumeist die Mutter, während des Tages wegen der Arbeit außer Haus gehen muß und müde nach Hause kommt sowie wegen des Fehlschlages ihrer Ehe und wegen der Belastung, alles alleine erledigen zu müssen, an depressiver Verstimmung leidet. Das Kind kann dann den Eindruck gewinnen, daß es beide Eltern verloren hat oder verlieren wird; dies wiederum führt zu dem Gefühl, alleine und ohne Rückhalt zu sein, wodurch seine Kraft, sich widrigen Situationen zu stellen und sie zu bewältigen, geschwächt wird (*Rutter* 1985).

7. Der Verlust an Einkommen

Zwei Haushalte kosten logischerweise mehr als einer. Nahezu alle Familien sind nach einer Scheidung finanziell schlechter gestellt, auch wenn sich die Mutter, bei der die Kinder zumeist bleiben, bemüht, ihr Einkommen zu steigern und so die Einbußen wettzumachen; ebensowenig können Familienzuschüsse, wie sie in einigen westlichen Ländern zur Milderung der finanziellen Not gewährt werden, daran im Grund nichts ändern. *Wadsworth* und *Maclean* (1986) haben unlängst die Untersuchungsergebnisse von *Fogelman* (1983) bestätigt, daß das Haushaltseinkommen nach einer Scheidung fast immer verringert ist und dies eher zu einem gesellschaftlichen Abstieg führt; die Kinder geraten so in eine sozioökonomisch benachteiligte Stellung, die wiederum mit einem geringeren Bildungsgrad und mit niedrigeren Erwerbsmöglichkeiten in der Zukunft ihres Erwachsenenlebens einhergeht.

8. Ortswechsel

Ein Kind bezieht besonders in seinen jungen Jahren einen bedeutenden Teil seines grundlegenden Sicherheits- und Geborgenheitsgefühls aus der Stabilität seines Zuhauses und seiner Nachbarschaft und aus den beständigen Beziehungen zu Kindern und Erwachsenen aus der Nachbarschaft oder aus dem Bereich seines Kindergartens oder seiner Schule. Infolge einer Scheidung müssen Kinder und der bei ihnen verbliebene Elternteil häufig einen Ortswechsel vornehmen. Nicht selten ist eine Mutter gezwungen, die Kinder mit sich zu nehmen, um für eine Weile bei Verwandten zu wohnen. Eine Familie, die sich sozial verschlechtert, ist häufig genötigt, wiederholt umzuziehen, bis die Mutter eine für sie erreichbare Arbeitsstelle bekommt oder sie eine preisgünstige Wohnung findet. Häufig genug finden diese Umzüge mitten in einem Schuljahr statt. Jeder dieser Umzüge dürfte eine Unterbrechung für das schulische Lernen der Kinder darstellen und sie von ihren Freunden aus der Nachbarschaft trennen. Ebenso stellt sie jeder Umzug vor die schwierige Aufgabe, sich an neue Klassenzimmer und neue Lehrer zu gewöhnen und neue Freundschaften zu schließen. Das Gefühl von Sicherheit und Geborgenheit wird bei den Kindern durch diese häufigen Umzüge weiter ausgehöhlt.

9. Stigmatisierung

Die rasch zunehmende Häufigkeit von Scheidungen führt allmählich zu einer Abschwächung des gesellschaftlichen und religiösen Stigma, das eine Scheidung noch vor einer Generation begleitete. Dennoch ist der Status des Scheidungskindes nicht die allgemeine Norm, wenn man einmal von Gegenden wie Kalifornien absieht, wo vermutlich zwei von drei Kindern bald Scheidungskinder sein werden. Schulkinder sind besonders empfindlich, wenn sie als verschieden von anderen betrachtet werden, und fühlen sich dann häufig minderwertig. Sie neigen leicht dazu, unter der Stigmatisierung seitens der Gleichaltrigen zu leiden.

10. Die Rolle der Sexualität

In Scheidung endende Ehekonflikte gründen häufig auf unbefriedigte sexuelle Beziehungen. Wütende Vorwürfe wegen sexueller Untreue oder wegen Ehebruchs gehören zu den immer wiederkehrenden Mustern verbaler Schlagabtausche zwischen den Eltern. Kinder bekommen auch oft mit, wie ein Elternteil sich bei Freunden oder Bekannten bitterlich über den Ehebruch des anderen Elternteils beklagt. Ein kleines Kind dürfte die Bedeutung dieser Klagen nicht ohne weiteres verstehen, sondern wird das, was es hört, mit seinen eigenen Phantasievorstellungen ausfüllen. Seine sexuelle Neugierde dürfte durch diese heftigen Vorwürfe stark angeregt werden, wie dies übrigens hervorragend von *Henry James* (1897) dargestellt wurde.

Nach einer Scheidung bricht für viele Elternteile eine Phase sexueller Überaktivität an, mit der sie Minderwertigkeitsgefühlen wegen der fehlgeschlagenen Ehe entgegentreten wollen. Nach dieser Phase beginnen die Betroffenen eine Reihe möglicher Geschlechtspartner im Hinblick auf eine eventuelle nächste Heirat zu sondieren.

Solche Situationen dürften bei den Kindern eine frühzeitige Entwicklung sexueller Neugierde anregen und sie dazu verleiten, sich die unnatürliche Rolle des Kritikers oder des Polizisten im Sexualleben ihrer Eltern anzumaßen. Wenn Kinder den Respekt für die sexuelle Reife ihrer Eltern verlieren, wird dadurch eine wichtige Unterstützungs- und Kontrollfunktion innerhalb der Familie ausgehöhlt, was sich besonders negativ während der Pubertät auswirkt, wenn Eltern normalerweise gefühlvoll ihren Kindern dabei helfen sollten, auf gesellschaftlich akzeptable Weise mit den Schwierigkeiten ihres heftigen sexuellen Erwachsens fertig zu werden.

Anpassungsreaktionen

Kinder reagieren auf diese psychosozialen Belastungen und auf die Verminderung des elterlichen Rückhaltes mit typischen Anzeichen von Spannung, die bis zu mehreren Wochen oder Monaten nach der Scheidung anhalten können. Diese Symptome sind je nach Alter und Entwicklungsstand der Kinder etwas unterschiedlich. Jüngere Kinder sind verwirrt, verängstigt und klammern sich an die Erwachsenen. Ältere Kinder sind wütend, reizbar und unruhig; die elterlichen Auseinandersetzungen und das Zusammenbrechen ihres Zuhauses versetzen sie in Angst und Sorge und führen zu Konzentrationsstörungen in der Schule. Viele Kinder aller Altersstufen haben Einschlafschwierigkeiten und werden im Schlaf durch Alpträume gestört. Nach einer Scheidung werden viele Kinder traurig und depressiv. Sie neigen zu aggressivem Verhalten gegenüber ihren Geschwistern und Schulkameraden sowie ihren Freunden in der Nachbarschaft. Pubertierende haben große Probleme mit der Impulskontrolle und neigen zu übermäßigem rebellischen Verhalten.

Bei meinen Jerusalemer Fällen klangen diese Anpassungsreaktionen bis zum Ende des ersten Jahren im allgemeinen ab, doch in 15% der Fälle folgten ihnen Anzeichen psychischer Störungen, die ich an früherer Stelle in diesem Kapitel beschrieben habe. Nach meiner Erwartung dürfte eine Nachuntersuchung zeigen, daß vermutlich weitere 15 bis 20% meiner Fälle in der Zukunft ähnliche Anzeichen einer psychiatrischen Krankheit entwickeln werden, auf der Grundlage ihres derzeitigen klinischen Zustandsbildes und ihrer Anpassungsreaktionen kann ich jedoch nicht vorhersagen, welche Krankheitszeichen dies sein werden. Solche Vorhersagen müssen zurückgestellt werden, bis neue Forschungsergebnisse vorliegen. Inzwischen sollte man die unmittelbaren Anpassungsreaktionen als normale Spannungszeichen betrachten und nicht als Vorzeichen drohender psychischer Störungen werten, auch wenn einige davon sich im nachhinein als solche herausstellen dürften.

Ethische und politische Aspekte vorbeugender Interventionen

Die grundlegende Vorbeugung psychischer Erkrankung und Fehlanpassung bei Scheidungskindern erfordert Interventionen zur Veränderung der Lebensbedingungen der Kinder, die *im Vorfeld* einer Scheidung stattfinden. Das bedeutet, daß Helfer, die Veränderungsprozesse in der Familie einzuleiten versuchen, von sich aus die Familie ansprechen, ohne eine Aufforderung der Eltern zur Intervention erhalten zu haben. Unser Ziel ist dabei, schädigende Einflüsse festzustellen und zu verändern oder unterstützende Maßnahmen einzuleiten, bevor viele Eltern sich der Risiken für ihre Kinder überhaupt bewußt werden. Sie übersehen diese Risiken womöglich, weil sie mit ihren eigenen Konflikten und dem komplizierten Ablauf der Scheidung vollauf beschäftigt sind und daher weniger Aufmerksamkeit als gewöhnlich auf die Bedürfnisse ihrer Kinder richten wollen und können. Aus unserem Ansatz ergeben sich jedoch bedeutsame ethische und politische Fragen.

In demokratischen Gesellschaften sind die elterlichen Fürsorge- und Schutzfunktionen weitgehend Sache der elterlichen Privatsphäre. Vertreter der Gesellschaft dürfen in diese Sphäre nur dann eintreten, wenn überzeugende Beweise vorliegen, daß ein Eltenteil durch Mißhandlung oder durch Verwahrlosung und Entbehrung dem Kind erheblichen Schaden zufügt. Diese Rechtsauffassung ist deshalb gerechtfertigt, weil sich die überwiegende Mehrheit der Eltern aus eigener Kraft oder mit Hilfe anderer, von ihnen ausgesuchter Personen angemessen um ihre Kinder kümmert. In den meisten Ländern wird das Recht der Eltern, die Erfüllung ihrer elterlichen Erziehungsaufgaben als Privatsache zu betrachten, vom Gesetz und durch die öffentliche Meinung geschützt und wird von Verfechtern der bürgerlichen Freiheit auf politischer Ebene gegen geplante Übergriffe aus Regierungs- oder Fachkreisen verteidigt.

Im Falle einer Scheidung verändert sich diese Situation jedoch. Indem sie sich aus freien Stücken ans Gericht wenden, um den Ehevertrag auflösen zu lassen, öffnen Eltern ihre Privatsphäre der Überprüfung und Intervention durch die Öffentlichkeit. Ihr Scheidungswunsch stellt eine formale Aussage darüber dar, daß ihre Ehe kaputt ist, und lädt die öffentlichen Vertreter der Gesellschaft zur Festlegung der daraus entstehenden Folgen für Eltern und Kinder ein. Tatächlich sehen die meisten Scheidungsgesetze ausdrückliche Vorsorgemaßnahmen für den Schutz der Interessen der Kinder vor, welche durch den Umbruch der Scheidung und ihre Nachwirkungen als gefährdet betrachtet werden.

Ich habe im übrigen bereits durch Zitate belegt, daß die bloße Tatsache einer Scheidung für die betroffenen Kinder bedeutend größere Gefahren mit sich bringt, als sie für Kinder in intakten Familien bestehen. Die Ehescheidung muß daher als Anzeichen für die Notwendigkeit gesellschaftlicher Intervention gewertet werden, welche diese Kinder vor einem vermutlichen Schaden, der nicht einfach ganz der Privatsphäre der Eltern überlassen werden kann, bewahren soll. Hier handelt es sich um einen besonderen Fall, und wir dürfen uns nicht von den Argumenten eifriger politischer Verfechter der bürgerlichen Freiheit überzeugen lassen und verklärt die alleinige Zuständigkeit der Eltern betonen, wenn diese keine stabile Ehebeziehung aufrechterhalten können und daher ihre Kinder dieser beträchtlichen Gefahr für ihre psychische Gesundheit aussetzen.

Andererseits können trotz der Notwendigkeit richterlicher Entscheidungen über die Sorge für die Kinder nach einer Scheidung, die Einzelheiten dessen, wie die Kinder in den Jahren nach der Scheidung als Abhängige von ihren Familien versorgt werden, nicht ausschließlich von gerichtlichen Vorschreibungen bestimmt werden. Diese Einzelheiten müssen früher oder später wieder der Verantwortung der Eltern im Rahmen der neu gegründeten Privatsphäre überlassen werden. Die Interventionen durch Vertreter der Öffentlichkeit müssen notwendigerweise vorübergehender Natur sein. Meinem Empfinden nach sollten sie so kurz wie möglich sein und sollte die Anrufung oder Androhung behördlicher Zwangsmaßnahmen auf ein Minimum reduziert werden, damit nicht eine gegenteilige Wirkung erzielt wird, wenn die Aufsicht über die Kinder unvermeidlich wieder an die Eltern zurückgegeben wird.

Auch wenn es manchmal notwendig ist, Eltern während des laufenden Scheidungsverfahrens oder nach einem das Sorge- oder Besuchsrecht betreffenden Gerichtsurteil zu zwingen, ihr Verhalten zum Wohle ihrer Kinder zu verändern, glaube ich doch, daß eine stabilere und längerfristigere Fürsorge für die Kinder meistens dadurch erreicht wird, daß die Eltern durch entsprechende Unterweisung und Anleitung dazu befähigt werden, ihre eigenen Pläne zu machen, die ihre speziellen Bedürfnisse einbeziehen und die sie freiwillig anzunehmen bereit sind. Nach meiner Erfahrung werden viele Scheidungsvereinbarungen über die zukünftige Fürsorge der Kinder nicht eingehalten, weil die Eltern im Laufe der Zeit tun, was sie wollen und nicht was sie gezwungenermaßen annehmen mußten.

Die Wahrscheinlichkeit, daß Scheidungsvereinbarungen tatsächlich durchgeführt werden, ist bei ansonsten gleichen Bedingungen und bei Fehlen psychopathologischer Störungen desto größer, je mehr freie Wahlmöglichkeiten den Beteiligten bei Unterzeichnung des Vertrages eingeräumt wurden. Ich bin damit aber nicht gleicher Meinung wie jene, die ein rein vermittelndes Vorgehen befürworten, in dem Sinne, daß sich ein Vermittler zur Zeit der Scheidung darauf beschränken sollte, die Eltern zu befähigen, freiwillig die zukünftige Fürsorge ihrer Kinder so zu planen, wie sie es für richtig halten. Ich bin der gegenteiligen Auffassung, nämlich daß der Vermittler, sofern er eine Fachperson für die Entwicklung der kindlichen Psyche ist, in die Planungsgespräche Informationen einbringen sollte, die das Wissen und Verständnis der Eltern bezüglich der Bedürfnisse und Entwicklung der Kinder, der Kinderfürsorge und der besonderen, bei Scheidungskindern häufigen Probleme vertiefen helfen. Gewiß sollte der Vermittler vermeiden, den Eltern seinen eigenen Plan aufzuzwängen, doch sollte er andererseits seine Meinung über den Nutzen von Vorschlägen der Elternteile für ihre Kinder nicht verbergen.

Wenngleich ich den Beginn einer solchen Vermittlung befürworte, ohne daß abgewartet wird, bis die in Scheidung befindlichen Eltern darum bitten, glaube ich, daß nach Herstellung des Kontaktes die wichtigste Aufgabe des Vermittlers darin bestehen muß, die Eltern dazu zu bewegen, seine weitere Mithilfe bei der Planung anzunehmen, wie sie ihre Ehe unter geringstmöglichen Schaden für ihre Kinder beenden können. Ich befürworte diesen Ansatz unabhängig von den jeweiligen Aussichten einer solchen Vermittlung, egal ob sie von einer privaten Initiative außerhalb des Gerichtes oder von einer entsprechenden Einrichtung im Rahmen der Rechtssprechung angestrebt wird. Alle diese mit der Scheidung verbundenen Interventionen werden von den Eltern zumeist als formell oder informell mit dem gerichtlichen Scheidungsverfahren verbunden empfunden. Von daher fühlen sich Eltern gewöhnlich genötigt, Abmachungen für ihre Kinder zu treffen, von denen sie glauben, daß sie den Bedingungen des nachfolgenden Gerichtsurteil genügen werden (*Mnookin* 1978).

Die Rahmenplanung von Vorbeugemaßmnahmen

Im Lichte der vorhergehenden Zeilen halte ich es für richtig, daß umfassende Vorbeugemaßnahmen eine Reihe von Fürsorgediensten vorsehen, die aufeinanderfolgend und je nach Fall Interventionen in der Bevölkerung vornehmen, die zwar hauptsächlich aus normalen Eltern und ihren Kindern besteht, aber auch eine ansehnliche Minderheit von Eltern mit psychischen Störungen zählt. Die Vorbeugemaßnahmen werden sich vor allem auf die Gerichte konzentrieren müssen, bei denen alle scheidungswilligen Paare vorsprechen müssen, und sollten bis in Einrichtungen des Gemeinwesens ausgedehnt werden, die ihre Dienste auf freiwillige Anfrage hin anbieten. Diese Dienste können unter der Schirmherrschaft verschiedenster Organisationen stehen, die nicht unbedingt unter der Kontrolle der Gerichte stehen und nicht unbedingt formale Verbindungen untereinander haben müssen. Keiner dieser Dienste sollte jedoch isoliert tätig sein, sondern freiwillig mit anderen Organisationen und mit hauptamtlichen oder Laienfürsorgern im Gemeinwesen zusammenarbeiten; jeder Dienst sollte seine eigene Rolle als Teil der übergreifenden, langfristigen Aufgabe des Gemeinwesens ansehen, die Gefahren psychopathologischer Störungen und sozialer Fehlanpassung in der kindlichen Entwicklung bei allen betroffenen Scheidungskindern zu verringern.

Die umfassenden Vorbeugemaßnahmen sollten aus folgenden Einzelelementen bestehen:

1. Informationsweitergabe

Über die Massenmedien könnte die breite Bevölkerung mit Informationen über die Bedeutung der Ehescheidung für Kinder und über die zu erwartenden Reaktionen und den Umgang damit versorgt werden. Die Gerichtsbehörden könnten zudem Broschüren herstellen lassen, die sich speziell an scheidungswillige Eltern richten. Solche Informationen sollten auch durch Weiterbildungsmaßnahmen und Fallkonsultationen den damit hauptamtlich Befaßten zugängig gemacht werden, also Richtern, Rechtsanwälten, Hausärzten, Krankenpflegern, Sozialarbeitern, Lehrpersonen, Religionslehrern und Geistlichen.

2. Praktische Anleitung

Durch persönliche Kontakte mit einzelnen oder in Gruppen sollten derartige Informationen allen Eltern, die eine Scheidung anstreben, zugänglich gemacht werden, so daß die Problempunkte auf eine Weise besprochen werden können, die den individuellen Bedürfnissen und geistigen Fähigkeiten der einzelnen entspricht.

3. Schlichtungsversuche vor der Scheidung

Für Paare mit Ehekonflikten sollte die Möglichkeit einer Eheberatung zur Verfügung stehen, die einem Teil der Eltern den Verzicht auf eine Scheidung ermöglicht und sie vielleicht besser verstehen läßt, welche Bedeutung eine Scheidung für die Kinder hätte.

4. Schlichtungsversuche im laufenden Scheidungsverfahren

Die Tätigkeit der Vermittler mit und ohne fachliche Ausbildung sollte in Scheidung befindliche Paare befähigen, auf freiwilliger Basis einen gegenseitig annehmbaren Vertrag auszuarbeiten, in dem das Sorge- und Besuchsrecht der Kinder und andere Aspekte der Kindefürsorge sowie die Aufteilung der elterlichen Verantwortung nach der Scheidung festgehalten werden.

5. Berichte an den Familienrichter

Fachpersonen sollten die familiären Beziehungen bewerten und, darauf aufbauend, Empfehlungen zum Sorge- und Besuchsrecht ans Gericht weiterleiten.

6. Das Urteil des Scheidungsrichters

Der Urteilsspruch des Richters sollte eine juristische Bewertung des Nutzens der im Scheidungsvertrag enthaltenen Fürsorgemaßnahmen zum Schutz der kindlichen Rechte enthalten. Zudem sollte der Richter die Möglichkeit haben, im Zweifelsfall oder bei fortdauernden Konflikten weitere Konsulationen durch Fachleute anzuordnen.

7. Die Überwachung der Scheidungsbedingungen

In zweifelhaften Fällen sollten für eine gerichtlich angeordnete Langzeitüberwachung entsprechende Dienste zur Verfügung stehen, die die Einhaltung der im Scheidungsvertrag festgelegten Bedingungen und damit den Nutzen dieser Bedingungen für die Kinder sicherstellen sollen. Für andere Fälle sollte eine Überwachung auf freiwilliger Basis zur Verfügung stehen, die in bestimmten Zeitabständen erfolgt oder auf Anforderung einer der beteiligten Personen.

8. Krisenintervention nach der Scheidung

Wenn neue Konflikte über die Erfüllung der Fürsorgemaßnahmen zwischen den Eltern entstehen oder die Maßnahmen den Bedürfnissen der kindlichen Entwicklung nicht dienlich zu sein scheinen, sollte dafür eine Dienststelle, die von einem Elternteil oder einer Fachperson angerufen werden kann, zeitweilig kurze Interventionen anbieten können. Solche Interventionen sollten darauf abzielen, ein Aufschaukeln der Feindseligkeit zwischen den Eltern zu verhindern und ihnen Anleitung zur angemessenen Kinderfürsorge anzubieten, sowie Möglichkeiten, wie sie in diesem Punkt als Eltern am besten zusammenarbeiten können.

Methoden und Techniken

Eine systematische Darstellung von vorbeugenden Methoden und Techniken kann erst nach der Bewertung weiterer Erfahrungen erfolgen. Ich möchte mich daher im Schlußteil dieses Kapitels auf eine kurze Zusammenfassung wesentlicher Aspekte der vier Vorgehensweisen beschränken, die ich in meiner Arbeit in Jerusalem wertvoll fand.

1. Informationsweitergabe

Im folgenden werden die Hauptpunkte aufgeführt, die bei einem entsprechenden Informationsprogramm weitergegeben werden sollten:

1.1 Es gibt eine durchgängige Diskrepanz zwischen den Interessen und Bedürfnissen der Kinder und denjenigen ihrer Eltern im Hinblick auf eine Scheidung. Die meisten Kinder widersetzen sich einer Scheidung, auch wenn sie unter den Streitereien der Eltern leiden.

1.2 Kinder ergreifen oft spontan Partei, ohne daß sie von einem der Elternteile dazu angestiftet worden wären. Dies ist bedauerlich, weil es einer gesunden Persönlichkeitsentwicklung des Kindes schadet.

1.3 Kinder wehren sich oft gegen das Gefühl der Passivität und Hilflosigkeit, das sich aus dem Umstand ergibt, daß sie bei der Entscheidung über das Zerbrechen ihres Elternhauses nicht mitsprechen dürfen; sie tun dies, indem sie eine aktive Rolle bei der Verringerung oder Verschlimmerung des Konfliktes zu spielen versuchen: sie verzerren Botschaften, die ihnen aufgetragen wurden, und berichten den Eltern Unwahrheiten über den jeweils anderen Elternteil.

1.4 Ein geschiedener Elternteil befürchtet oft, daß der andere Elternteil den Kindern schaden wird. Diese Befürchtung kann durch entsprechende Berichte der Kinder oder durch Haßgefühle oder Verdächtigungen unter den Eltern entstehen oder übertrieben verstärkt werden. Hier kann es hilfreich sein, unvoreingenommene Dritte zu bitten, daß sie abschätzen mögen, in welchem Ausmaß eine tatsächliche Grundlage für solche Befürchtungen vorliegt.

1.5 Von größter Wichtigkeit ist die Bewahrung der guten Beziehung des Kindes zu dem fernen Elternteil sowie die Förderung häufiger Kontakte mit ihm. Der nahe Elternteil sollte sich in seinen Kommentaren über den fernen Elternteil den Kindern gegenüber neutral oder positiv verhalten.

1.6 Nach Möglichkeit sollten Kinder wenigsten einmal pro Woche bei dem fernen Elternteil übernachten, damit er eine echte Elternrolle und nicht nur eine Gastgeberrolle übernimmt.

1.7. In Ausnahmefällen kommt es vor, daß der ferne Elternteil geistig gestört ist. Die Kinder können aus dem Zusammensein mit ihm Schaden nehmen, so daß es wünschenswert sein kann, die Kontakte auf ein Minimum zu verringern. Dies sollte jedoch nur auf Anraten und unter Anleitung einer psychiatrischen Fachperson geschehen.

1.8. Lang andauernde Konflikte bezüglich des Sorge- und Besuchsrechts im Verlauf der Scheidung können die Bitterkeit, Feindseligkeit und Rachsucht zwischen den Eltern verschlimmern, was eine Parteinahme der Kinder begünstigen und so ihre psychische Gesundheit gefährden kann. Solche Konflikte sollten so bald wie möglich durch Schlichtungsverhandlungen oder ein Gerichtsurteil gelöst werden.

1.9 Je eher die Einzelheiten einer Scheidungsvereinbarung ohne Druck und Zwang von den Eltern ausgehandelt werden desto wahrscheinlicher ist es, daß sie auch so erfüllt werden. Dennoch müssen wir mit zeitweiligen Konflikten zwischen getrennten Elternteilen in den Jahren nach einer Scheidung rechnen, und zwar wegen noch ungelöster Streitpunkte oder Veränderungen in den Lebensumständen oder wegen der Entwicklung der kindlichen Persönlichkeit. In allen Scheidungsverträgen sollte es eine Klausel geben, welche besagt, daß jede Seite das Recht hat, von Zeit zu Zeit eine ad hoc-Vermittlung oder Fachkonsultation durch einen beidseitig akzeptablen, neutralen Vermittler einzuberufen, um so eine sich abzeichnende Eskalation feindseliger Spannungen zu unterbinden.

1.10 Eltern mit Scheidungsabsichten sollten die bevorstehende Auflösung der Familie mit ihren Kindern besprechen, und zwar zu einem für die Kinder geeigneten Zeitpunkt und in Worten, die ihrem Alter und ihrem Entwicklungsstand entsprechen. Nach Möglichkeit sollten die Eltern dies gemeinsam tun und ihnen zeigen, daß sie sich in ihren Mitteilungen einig sind. Dabei sollten die folgenden Punkte berücksichtigt werden:

a. Die Eltern möchten getrennt leben und ihre Ehe beenden, weil sie einander nicht mehr lieben und nicht länger zusammen leben können; die Scheidung hat also nichts mit den Kindern und ihrem Verhalten zu tun.
b. Das Paar möchte auch weiterhin den Kindern Eltern sein, sie lieben und für sie sorgen, bis sie erwachsen sind.
c. Die Kinder werden bei einem Elternteil wohnen und den anderen in regelmäßigen Abständen besuchen. Beide Elternteile sind daran interessiert, daß alle Kinder den Kontakt mit jedem der beiden Teile aufrechterhält, da sie wissen, daß ein Kind den fortdauernden Kontakt mit seinen zwei Elternteilen als Grundlage für eine gesunde Entwicklung braucht.
d. Die Scheidung wird von Dauer sein. Wenn die Eltern nach der Scheidung nicht mehr miteinander streiten und freundlich miteinander umgehen, bedeutet das nicht, daß sie wieder zusammenziehen werden.
e. Es ist den Eltern klar, daß sich die Kinder vermutlich ihrer Scheidung widersetzen werden. Die Kinder können aber an der Situation nichts ändern und sollten dies auch nicht versuchen.
f. Die Eltern wissen, daß die Kinder durcheinander, wütend, traurig und verunsichert sein werden. Sie werden ihnen helfen, diese verständlichen Gefühle zu meistern, was den meisten Kindern im Verlauf von ein paar Monaten gelingt.
g. Die Kinder sollten sich aus den Streitigkeiten zwischen den Eltern heraushalten. Sie sollten nicht Partei ergreifen. Auch wenn die Eltern einander nicht mehr lieben, empfinden sie doch weiterhin Liebe zu ihren Kindern und wünschen sich, daß die Kinder auch den jeweils anderen Elternteil weiter lieben

h. Die Eltern wünschen nicht, daß die Kinder dem jeweils anderen Elternteil Botschaften von ihnen ausrichten, und versprechen, den Versuch zu unterlassen, ihnen solche Botschaften aufzutragen.

Eine Weiterbildung von Fachpersonen sollte hauptsächlich in Form von Seminaren stattfinden, deren Aufbau die oben genannten Themen umfassen sollte. Das Ziel dieser Weiterbildung wäre, daß alle teilnehmenden Fachpersonen selbst die Informationen und Anleitungen an in Scheidung befindliche Eltern und Kinder weiterleiten, ganz im Sinne eines festen Teils ihrer täglichen Arbeit. Des weiteren sollten alle Helfer die folgenden Indikationen für eine Überweisung an psychiatrisch tätige Fachperson lernen:

a. Anzeichen, die den Verdacht auf eine psychische Störung, besonders auf eine Psychose oder schwere Persönlichkeitsstörung, bei einem Elternteil nahelegen.
b. Anzeichen einer psychischen Erkrankung bei einem Kind, die länger andauern als bei Anpassungsreaktionen zu erwarten wäre: Schulversagen, soziale Isolation, Spielunfähigkeit, Depression, langfristiges regressives Verhalten und dadurch eine Beeinträchtigung der Persönlichkeitsentwicklung, psychosomatische Symptome, ausgeprägte und langanhaltende Aggressivität und Verlust der Impulskontrolle, Drogen- oder Alkoholmißbrauch, Delinquenz und häufig wechselnde Sexualbeziehungen.
c. Ausübung von Druck auf das Kind, um es als Bündnispartner zu gewinnen, indem es gegen den anderen Elternteil aufgehetzt wird oder dieser verunglimpft wird.
d. Aktive Parteinahme eines Kindes und seine einseitige Verunglimpfung eines seiner Elternteile.
e. Schwere Eingriffe des nahen Elternteils bezüglich des Besuchsrechts des fernen Elternteiles.
f. Verlassenwerden der Kinder durch den fernen Elternteil.

2. *Schlichtungsversuche im laufenden Scheidungsverfahren*

Dies ist die interessanteste Methode im Rahmen der Vorbeugemaßnahmen für Scheidungskinder. Mein eigenes Vorgehen, das im wesentlichen demjenigen meiner Kollegen in Großbritannien, Kanada und den Vereinigten Staaten ähnelt, enthält folgende Punkte:

2.1. Das Vertrauen der Eltern, daß der Vermittler sich nicht mit einer Seite gegen die andere verbündet, ist von entscheidendem Einfluß darauf, daß sie einen optimalen Plan für die Sorge für ihre Kinder nach der Scheidung ausarbeiten; dazu kommt ihr Respekt vor seinen Vermittlungsfähigkeiten und vor seinem Wissen um die kindliche Entwicklung und die Probleme von Kindern während und nach einer Scheidung. Ich fördere die Entwicklung einer solchen Beziehung zu mir nicht dadurch, daß ich eine kühle und neutrale Haltung einnehme, sondern indem ich aktiv für beide Seiten Partei ergreife. Ich zeige durch mein Verhalten mein Engagement und meine Besorgtheit um jeden der beiden Ehegatten, und ich versuche, jedem der beiden zu helfen, sein oder ihr Ziel zu erreichen, das meiner Meinung nach am ehesten mit dem Wohl der Kinder in

Einklang zu bringen ist. Man kann sagen, daß ich mich dabei so verhalte, wie jemand, der mit sich selbst Schach spielt und immer wieder von einer Seite des Brettes zur anderen wechselt, um einmal mit Weiß und einmal mit Schwarz zu ziehen. Ich treffe mich zuerst mit beiden Eltern gemeinsam und lasse sie dabei erleben, daß ich für ihrer beiden Ansichten empfänglich bin; gleichzeitig haben sie so die Möglichkeit zu beobachten, daß ich mich dem einen gegenüber nicht anders verhalte als dem anderen. Ich verweise darauf, daß ungeachtet ihrer Konflikte beide und auch ich eine gemeinsame Verpflichtung teilen, nämlich das übergeordnete Ziel des Wohlergehens der Kinder zu sichern, was keiner von uns im Alleingang bewältigen kann.

2.2. In einer kurzen Geprächsreihe lasse ich beide ihren jeweiligen Standpunkt beschreiben und helfe ihnen dabei, Gefühlsblockaden, stereotype Wahrnehmungen und Erwartungen zu überwinden, die ihre gegenseitige Mitteilungsfähigkeit behindern.

2.3. Ich verhindere, daß einer vom anderen in seiner Meinung untergraben oder eingeschüchtert wird, indem ich auf jeder Seite die Ausübung von Zwang unterbinde.

2.4. Ich kontrolliere als Gesprächsleiter konsequent den Gesprächsverlauf, veranlasse die Eltern dazu, sich auf das vorliegende Problem zu konzentrieren, einen Scheidungsvertrag auszuarbeiten, und gebe ihrer natürlichen Neigung, ausführlich über vergangene Probleme in ihrer Beziehung zu sprechen, nicht nach.

2.5. Ich lasse den Ausdruck negativer Gefühle nur begrenzt zu und unterbreche alle offenen und versteckten Angriffe der Partner aufeinander. Ich trage so zur Abkühlung der emotionalen Atmosphäre bei, so daß wir uns alle auf die vorliegende Aufgabe der Vertragsverhandlung konzentrieren können.

2.6. Ich akzeptiere, daß die beiden Elternteile verschiedene Standpunkte einnehmen und betone, daß ich weder die Absicht noch die Fähigkeit habe, eine „objektive Wahrheit" zu bestimmen oder zu urteilen, was richtig und was falsch sei. Ich rufe sie auf, diejenigen Punkte im Zusammenhang mit der Sorge für ihre Kinder zu benennen, in denen sie bereit sind, übereinzustimmen.

2.7. Ich kläre und formuliere diejenigen Aussagen der Beteiligten neu, die sinnvolle Vorschläge darstellen, und stelle sicher, daß sie von der anderen Person gehört und verstanden werden. Wenn der „emotionale Geräuschpegel" in gemeinsamen Sitzungen zu hoch ist oder wenn gegenseitige Verdächtigungen und Verteidigungshaltungen zu stark sind, beleuchte ich die Standpunkt eines jeden mit jedem Partner in getrennten Sitzungen, und ich pendle zwischen ihnen hin und her, um so die nächste gemeinsame Sitzung vorzubereiten. Dabei trage ich nicht passiv die Botschaften von einer Gegenpartei zur anderen, sondern formuliere und interpretiere die Botschaften derart, daß ihre aufgabenorientierten Elemente betont werden und sie möglichst frei von den provozierenden und feindseligen Worten sind, in denen sie womöglich vorgebracht wurden.

2.8. Diese Schlichtungstätigkeit sollte wie jede andere Vermittlung schrittweise verlaufen. Das günstigste Vorgehen ist dabei, Bereiche der Übereinstimmung zu finden, diese zu benennen und sie dann auszuweiten. Die schwierigsten Konfliktbereiche sollten bis zum Schluß aufgespart werden, und wenn keine Übereinstimmung in ihnen möglich ist, sollten sie begrenzt und, so lange sie nicht existentiell wichtig sind, auf die Seite gestellt werden. In dieser Angelegenheit kann das Streben nach Höchstleistung das Erreichbare gefährden. Sobald ein Einvernehmen in den einzelnen Punkten erreicht ist, beginnt die mißtrauische Haltung der Betroffenen zu schwinden.

2.9. Leicht werden die Kinder zu aktiven Teilnehmern in der Konfliktgestaltung zwischen den Eltern. Ich treffe mich gewöhnlich mit allen Kindern gemeinsam und, falls notwendig, auch einzeln; meine Eindrücke von den Kindern bringe ich dann in die Gespräche mit den Eltern ein. Manchmal lade ich die Kinder auch ein, an diesen Gesprächen teilzunehmen. Sowohl den Kindern wie auch den Eltern biete ich auch Information über erwartungsgemäße Reaktionen in Familien während und nach der Scheidung an.

2.10. Abgesehen von meiner Gesprächsleiterrolle nehme ich an der Entscheidungsfindung als Experte teil, der sich Gedanken über die vermutliche Bedeutung verschiedener von den Eltern vorgebrachter Vorschläge für die Kinder macht. Ich tue dies, um die Palette ihrer Vorschläge zu erweitern. Dabei dränge ich ihnen nicht meine eigenen Vorstellungen auf, sondern drücke meinen Standpunkt offen und klar aus und manipuliere nicht ihre Wahlmöglichkeiten durch rhetorische Tricks.

2.11. Ich verhindere einen vorschnellen Abschluß der Verhandlungen, und wenn ein vorläufiger Plan erst einmal entwickelt ist, fordere ich die Betroffenen auf, ihn „innerlich durchzuarbeiten", indem sie sich ein Bild davon machen, wie der Plan in der Praxis umgesetzt wird. Dabei betone ich, daß sie erst nach einer Erprobungszeit die nötige Zuversicht gewinnen können, daß die Vereinbarungen tatsächlich funktionieren.

2.12. Diese Überlegungen veranlassen mich in den meisten Fällen darauf zu drängen, daß die Eltern eine Vertragsklausel einbauen, die sie dazu bringt, nach der Scheidung Einzelheiten des Sorge- und Besuchsrechts und der gemeinsamen Sorge für die Kinder neu zu bewerten, und die gleichzeitig für jede Partei eine Möglichkeit bietet, bei Mißlingen der Vereinbarungen eine vermittelnde Beratung anzufordern. Auf diesem Wege wecke ich in ihnen die Erwartung, daß eine oder zwei Sitzungen mit Kriseninterventionen durch mich oder einen anderen vertrauensvollen Vermittler ihnen helfen werden, das, was wir in der Theorie miteinander ausgearbeitet haben, in die Praxis umzusetzen.

3. Berichte an den Familienrichter

In Israel existiert eine gesetzliche Regelung, daß ein Sozialarbeiter in allen Fällen von Ehescheidung die Familiensituation untersuchen und dem Gericht Vorschläge für die künftige Regelung des Sorge- und Besuchsrechts und der Sorge für die Kinder nach Auflösung des gemeinsames Haushaltes unterbreiten sollte. In komplizierten Fällen kann der Sozialarbeiter einen Psychiater oder Psychologen um Konsultation bitten, und auch der Richter selbst kann eine Begutachtung von einem gerichtlich anerkannten Gutachter anfordern. In meiner Arbeit habe ich beide Gutachterfunktionen bereits kennengelernt.

In etwa 90% der Fälle kommen israelische Eltern mit einer beidseitig akzeptierten Vereinbarung über das Sorge- und Besuchsrechts zum Gericht, die sie entweder in Eigenarbeit oder unter Mithilfe eines Rechtsbeistandes oder Anwaltes ausgearbeitet haben. Ähnliche statistische Zahlen liegen aus den Vereinigten Staaten, Kanada und Großbritannien vor. In 10% der Fälle konnten sich die Eltern nicht einigen und möchten ihren Konflikt durch das richterliche Urteil regeln lassen. Nach meiner Erfahrung sind viele der elterlichen Vereinbarungen vor der Scheidung nicht geeignet, das Wohlergehen der Kinder zu sichern. Berichte von Sozialarbeitern und psychiatrischem Fachpersonal sind daher ein äußerst wichtiges Mittel, um die Aufmerksamkeit der Richter auf Punkte zu lenken, welche die zukünftige psychische Gesundheit der Kinder betreffen und im geschäftigen Treiben des Gerichtsalltages womöglich unberücksichtigt bleiben.

Im folgenden gebe ich die Anhaltspunkte wieder, die ich bei meiner Untersuchung dieser Punkte für wichtig befand:

3.1. Als erstes treffe ich mich gemeinsam mit beiden Elternteilen, um mir ein Bild von der Art ihrer Beziehung und ihrer Fähigkeit, nach der Scheidung als Eltern in der Kindererziehung zusammenzuarbeiten, zu machen. Da sie gewöhnlich vom Gericht die Anordnung erhalten, mich aufzusuchen und mir zu erlauben, mit ihren Kindern sprechen zu können, besteht meine erste Aufgabe darin, mich in meiner Rolle als unabhängiger Experte mit dem Auftrag, dem Richter über die zukünftige Fürsorge der Kinder Vorschläge zu machen, ihnen gegenüber zu definieren. Trotz des unfreiwilligen Rahmens unserer Beziehung bitte ich sie, ungezwungen mit mir zusammenzuarbeiten, und unterstelle ihnen, daß sie trotz ihres Ehezwistes zu ihren Kindern Liebe empfinden. Ich erkläre ihnen, daß es für ihre Kinder und langfristig gesehen auch für sie besser sein wird wenn ich ihnen helfen kann, beidseitig annehmbare Vereinbarungen auszuarbeiten, die ich dann dem Richter vorschlagen werde. Ich verspreche ihen auch, sie beide in meinen Bericht Einsicht nehmen zu lassen, bevor ich ihn ans Gericht weiterleite, und ihre Reaktionen darauf zu berücksichtigen, was auch zu einer Änderung der Vereinbarungen führen kann.

3.2. Ich bitte die Eltern um Erlaubnis, mich mit ihren Anwälten zu treffen. Bislang wurde nur in einem Fall, bei einem Vater mit paranoider Persönlichkeit, diese Erlaubnis verweigert. Meistens treffe ich mich gemeinsam mit beiden Anwälten in Abwesenheit ihrer Klienten, sobald ich vorläufige Informationen von den Eltern und ihren Kindern gesammelt habe. Bei diesem Treffen bitte ich die Anwälte, zusätzlich zu ihrer Aufgabe, die individuellen Rechte ihrer Klienten zu vertreten, als Verfahrensbeteiligte auch dem Schutz des Wohlergehens der Kinder verpflichtet zu sein. Meiner Erfahrung nach sind die meisten Anwälte an meiner Interpretation der individuellen Bedürfnisse der ihnen persönlich unbekannten Kinder interessiert; ohne die Anwaltsfunktion für ihre Klienten zu verletzen, erklären sie sich gewöhnlich bereit, mit mir und mit dem Anwaltskollegen der Gegenseite informell zusammenzuarbeiten, um die Prozeßgegner zu einer Erweiterung ihrer Perspektive und zur positiven Beurteilung von Vereinbarungen zu bringen, die meiner Meinung nach ihren Kindern nützen werden.

Da die Anwälte wissen, daß meine Expertenempfehlungen vor Gericht viel Gewicht haben werden (in den juristischen Kreisen in Jerusalem ist es bekannt, daß alle meine Empfehlungen bezüglich des Sorge- und Besuchsrechts in den vergangenen 1 1/2 Jahren vor Gericht voll akzepiert wurden), versuchen sie, mich zu überreden, die besonderen Bedürfnisse und Vorzüge ihres eigenen Klienten sowie die Fehler und Mängel der Gegenseite entsprechend zu beachten. Dies erlaubt mir häufig eine neue Einsicht in die Komplexität des Falles, die mir zuvor entgangen war, und bereichert meine Wahrnehmung, so daß sich daraus bedeutsame Änderungen meiner Einschätzung ergeben können. Solche Gespräche führen oft zu einer Milderung des rauhen Tons der Verhandlungstaktik der Anwälte vor Gericht, da sie für die möglichen negativen Auswirkungen dieser Taktiken auf die Kinder empfindsamer geworden sind.

Während des gesamten Verfahrens bleibe ich in Kontakt mit den Anwälten und bespreche meine Empfehlungen mit ihnen telefonisch oder in gemeinsamen Sitzungen, bevor ich meinen Bericht schriftlich abfasse. Oft weist ein Anwalt auf mögliche Folgen oder Nebenwirkungen meiner Vorschläge hin, die mich dazu bewegen, Einzelheiten meiner Empfehlungen zu ändern, um die Vereinbarungen in der Praxis durchführbar zu machen. Im Falle unversöhnlicher Differenzen zwischen den Parteien schildere ich diese in meinem Bericht an den Richter.

3.3. Ich komme auch mit den Kindern als Gruppe, mit der gesamten Familie, mit den Kindern einzeln und mit einem Kind und einem Elternteil zusammen. Dabei sammle ich nicht nur verbale Informationen über die Persönlichkeit, Interessen und die Beziehungen all dieser Familienmitglieder, sondern beachte besonders nonverbale Verhaltenshinweise, die mir die Art der Beziehung zwischen den Eltern und den Kindern einzuschätzen erlauben. Insbesondere geht es mir dabei um die Empfänglichkeit jeden Elternteiles für die Bedürfnisse des Kindes und die elterliche Fähigkeit, fürsorglich, kontrollierend und beschützend zu sein wie auch den Bedürfnissen der Kinder Vorrang einzuräumen, wenn diese mit den Bedürfnissen des betreffenden Elternteiles in Konflikt geraten.

3.4. In bestimmten Fällen treffe ich mich mit jeweils einem Elternteil und Kind und gebe ihnen eine gemeinsame Aufgabe, z.B. ein Bild zu zeichnen oder eine gemeinsame Antwort auf eine Testtafel des TAT zu finden. Dies ist manchmal ein günstiger Weg, um Unterschiede im Beziehungsverhalten eines Vaters und einer Mutter gegenüber ein und demselben Kind festzustellen.

3.5. Mit jedem Familienmitglied führe ich eine Art klinischen Gesprächs, um die individuellen Eigenschaften beurteilen zu können. Falls notwendig, bitte ich einen klinischen Psychologen um eine davon unabhängige Beurteilung möglicher psychopathologischer Störungen und der Triebkräfte der Persönlichkeit, und zwar auf der Grundlage von Antworten auf eine Batterie projektiver Tests, die zumeist aus dem MMPI, Rorschach, TAT und projektiven Familienzeichnungen besteht. Bezüglich der Eltern bitte ich um eine psychologische Beurteilung elterlicher Fähigkeiten und der möglichen Gefährdung der Kinderfürsorge durch intrapsychische oder psychosoziale Faktoren. Da mir viele Fälle überwiesen werden, weil Richter und Sozialarbeiter vermuten, daß ein Elternteil an einer psychiatrischen Krankheit leidet, ist unter meinen Fällen ein hoher Anteil mit psychopathologischen Störungen behaftet. Vielfach wirft ein Gatte dem anderen vor, psychisch krank zu sein, und oft bestehen diese Vorwürfe gegenseitig. Manchmal sind sie tatsächlich gerechtfertigt. In solchen Fällen ist es sehr lohnenswert, eine Standard-Testbatterie anzuwenden, die ohne Gesichtsverlust akzeptiert wird, wenn beide Ehegatten die genau gleiche Untersuchung mitmachen. In anderen Fällen überweise ich beide Elternteile zur Testuntersuchung, weil sich für mich im klinischen Gespräch der Verdacht ergibt, daß einer von beiden an einer unerkannten Geisteskrankheit leidet wie einer bislang nicht festgestellten zyklothymen Erkrankung oder, wie häufiger, einer Persönlichkeitsstörung.

Wenn ein Elternteil den anderen verdächtigt, an einer psychiatrischen Störung zu leiden, ist es ebenso wichtig, „objektive" Beweise vorzulegen, welche diesen Verdacht entkräften, wie solche, die ihn bestätigen, denn der Widerstand eines Elternteils mit Sorgerecht gegen den Kontakt des anderen Elternteils mit den Kindern entstammt häufig der Überzeugung, daß dieser Kontakt für die Kinder schädlich sei. In den Fällen, in denen der andere Elternteil tatsächlich geistesgestört ist, ist die Bestimmung der Größe und der Art der Gefährdung der Kinder und der Möglichkeiten einer Gefahrenminderung von besonderer Bedeutung.

3.6. Oftmals ist es leicht, die Vorschläge dem Gericht zu unterbreiten, dann nämlich, wenn Eltern und Kinder sich einig sind, die Geschwister beieinander bleiben können und bei einem Elternteil, der gesund ist und sich um die Kinder kümmert, wohnen können, die Kinder in der bisherigen Wohnung bleiben können oder aber in der Nähe ihrer bisherigen Schulen und Freundeskreise und sie regelmäßig den Kontakt mit dem anderen Elternteil und den Großeltern halten können. In anderen Fällen kann man die Vorschläge ans Gericht kaum auf eine begründbare Basis stellen und ist aufgefordert, ein „salomonisches Urteil" zu fällen. Dies ist beispielsweise der Fall, wenn man sich zwischen einem paranoiden Vater und einer passiv-aggressiven oder hysterischen Mutter entscheiden soll, die beide weit von den Vorstellungen idealer Eltern entfernt sind, aber aus Gründen der Selbstgefälligkeit oder der Befehdung des anderen das Sorgerecht über ihre Kinder verlangen. Die Entscheidung fällt ebenso schwer, wenn zwei durchaus gesunde und fürsorgliche Elternteile, die beide geeignet wären, nicht zustimmen können, von ihren geliebten Kindern getrennt zu sein. In solchen Fällen, besonders bei verbissenen Sorgerechtskonflikten, halte ich es für sinnvoll, zwei mögliche Folgeverläufe gegeneinander abzuwägen: Inwieweit wird es dem Verlierer gelingen, das Gerichtsurteil zu unterlaufen bzw. wie groß ist die Wahrscheinlichkeit, daß er oder sie das Unvermeidliche akzeptiert und das Beste daraus macht?

Die Einstellungen und Wünsche des Kindes können ausschlaggebend sein, und zwar ungeachtet eines Expertenurteils über die elterlichen Fähigkeiten der gegnerischen Elternteile. Eine starke Parteinahme eines Kindes kann wichtiger als alle anderen Punkte werden. Dies gilt unabhängig davon, ob das Kind, auf der Grundlage seiner eigenen Einschätzung der Eltern und seiner Wahrnehmung ihres Verhaltens ihm selbst und einander gegenüber, „spontan" Partei ergriff oder ob es absichtlich durch erfolgreiche Erpressung, Beeinflussung oder Aufstachelung von einem der Elternteile dazu gebracht wurde. Wir sollten allerdings vermeiden, unsere Verantwortung als Erwachsene abzugeben, indem wir die Macht der Wahl, bei wem es bleiben will, dem Kind übergeben, weil sich daraus unerträgliche Schuldgefühle beim Kind oder ein schwerer Schaden in der Beziehung des abgelehnten Elternteils dem Kind gegenüber ergeben kann. Ergreift ein Kind andererseits aktiv und leidenschaftlich Partei, so wird es wenig Sinn haben, auch wenn es erst sieben Jahre alt ist, noch weniger bei älteren Kinder, dem Richter zu empfehlen, daß er das Sorgerecht demjenigen Elternteil zusprechen solle, den das Kind haßt.

3.7. *Gemeinsames Sorgerecht:* In sorgfältig ausgewählten Fällen ist der Vorschlag lohnenswert, daß die Kinder abwechselnd ein längeres Zeitintervall bei jedem einzelnen Elternteil verbringen, entweder drei bis vier Tage pro Woche oder im wöchentlichen Wechsel. Dabei haben die Kinder in der Wohnung jedes Elternteils ihren eigenen Wohnraum und so im Endeffekt zwei verschiedene Zuhause. Gelingt diese Vereinbarung, so erspart man den Kindern das Erleben, einen Elternteil zu verlieren, und jeder Elternteil bekommt die Gelegenheit, seine elterliche Verantwortung zu erfüllen und die damit verbundene Befriedigung zu erleben.

Nach meiner Erfahrung und den gleichlautenden Berichten in der Fachliteratur gelingt die Ausübung des gemeinsamen Sorgerechtes nur dann, wenn die Eltern nach der Scheidung eine freundschaftliche und kooperative Beziehung unterhalten. Dazu gehört: Ein unbehinderter Informationsfluß und die Übernahme gemeinsamer Verantwortung für Entscheidungen, die bezüglich der Fürsorge, Kontrolle, Erziehung, Gesundheit und der religiösen und der Freizeitaktivitäten der Kinder getroffen wurden. Eine weitere Bedingung für das Gelingen der Ausübung des gemeinsamen Sorgerechts ist die räumliche Nähe der Wohnungen der beiden Elternteile und damit auch der Schulen und der Freundeskreise der Kinder. Sind diese Bedingungen nicht gegeben, so scheitert der Versuch des gemeinsamen Sorgerechts kläglich und führt oft zu psychischen Störungen bei den Kindern.

Vorschläge bezüglich des Besuchsrechts sollten der allgemeinen Maßgabe unterstehen, daß ein Maximum an *elterlicher Fürsorgemöglichkeit* für den fernen Elternteil gesichert wird. Eine Beurteilung sollte sich in diesem Zusammenhang auf die Fähigkeit und Bereitschaft dieses Elternteils konzentrieren, elterliche Verantwortung zu übernehmen, also den Kindern eine Übernachtungsmöglichkeit zu geben und ihre Ernährung, Körperpflege, den Schlaf, die Hausaufgaben und ihre Freizeitaktivitäten zu beaufsichtigen; ebenso sollte bei einer solchen Beurteilung die offene oder versteckte Unwilligkeit des nahen Elternteils gegenüber solchem Zugang zu den Kindern beachtet werden. In Fällen anhaltenden Mißtrauens und Hasses zwischen den Eltern nach der Scheidung und besonders, wenn die heftige Parteinahme des Kindes die Lage weiter kompliziert, ist kaum zu erwarten, daß die Vorschläge regelmäßiger elterlicher Fürsorge seitens des fernen Elternteils ausgeführt werden. Wird diese Situation noch weiter durch den Umstand erschwert, daß der ferne Elternteil an einer Psychose oder schweren Persönlichkeitsstörung leidet, so wird es äußerst schwierig, einen Vorschlag zu unterbreiten, der dem Kind möglichst wenig schadet. Es trifft eben nicht immer zu, daß das Erleben eines Elternteils im realen Umgang durch das realistische Überprüfen der kindlichen Phantasien zu einem bessereen Bild dieses Elternteils in der Wahrnehmung des Kindes führt. Solch ein Kontakt kann stattdessen zu einer weiteren Traumatisierung des Kindes führen. In solchen extremen und glücklicherweise seltenen Fällen ist es tröstlich zu bedenken, daß, auch wenn ein Experte aus theoretischen oder philosophischen Gründen einen regelmäßigen Kontakt empfiehlt, das Kind und der nahe Elternteil gewöhnlich stillschweigend dafür sorgen werden, daß diese Anordnung nicht durchgeführt wird.

4. Krisenintervention nach der Scheidung

Dies ist ein ganz wesentlicher Punkt umfassender Vorbeugemaßnahmen. Vielfach wachsen die Gefahren für die Kinder nach einer Scheidung, da die in Konflikt stehenden Eltern ihre Streitigkeiten nach der Trennung weiterführen oder verschärfen und sich womöglich auf nicht enden wollende Rachefeldzüge einlassen; häufig beziehen sich diese auf Punkte des Sorge- und Besuchsrechts, die in den Scheidungsvereinbarungen oder dem gerichtlichen Urteil scheinbar geregelt wurden. Auch in Fällen, in denen die Scheidungsvereinbarungen zwischen den Parteien frei ausgehandelt wurden, können bei der Durchführung Schwierigkeiten bei der Zusammenarbeit in der gemeinsamen elterlichen Fürsorge der Kinder auftreten; diese haben dann mit den wechselnden Schwierigkeiten zu tun, älter werdende Kinder zu erziehen, die kein gemeinsames Zuhause haben, ganz zu schweigen von den Gegensätzen in den Persönlichkeiten oder Wertsystemen der Eltern, welche zur Scheidung geführt hatten. Noch wahrscheinlicher werden solche Probleme, wenn ein Elternteil den Eindruck hat, er oder sie hätte die Vereinbarung über die Kinderfürsorge unter Zwang unterzeichnet, weil entweder eine Partei ungebührlichen Druck ausgeübt oder das Gericht sich über ihre Einwände hinweggesetzt hätte.

Es ist bezeichnend, daß in den ersten zwei Jahren seines Bestehens 61% der Aufnahmen in unser Jerusalemer Familienzentrum aus Elternpaaren bestanden, die nach dem Zusammenbruch ihrer Ehe Hilfe suchten. Etwa die Hälfte davon tat dies innerhalb des ersten Jahres und der Rest im Zeitraum von zwei bis zehn Jahren nach der Scheidung. Von den Fällen, die zunächst vor oder während des Scheidungsverfahrens zu uns kamen, haben viele den zeitweiligen Kontakt mit uns auf zeitlich unbegrenzter Basis aufrechterhalten, um uns zu ermöglichen, die Anpassungsreaktionen der Kinder zu überwachen, und unseren Rat zu suchen, wann immer sie bei der Durchführung der gemeinsam beschlossenen Fürsorgevereinbarungen auf ernsthafte Schwierigkeiten stoßen. Unsere Arbeitsform steht diesbezüglich im Gegensatz zu vielen Familienzentren in den Vereinigten Staaten, Kanada und besonders Großbritannien, die sich fast ausschließlich auf die Vermittlung zwischen in Scheidung befindlichen Ehepaaren konzentrieren, um ihnen bei der Ausarbeitung einer Vereinbarung bezüglich des Sorge- und Besuchsrechts behilflich zu sein, und die ihre Interventionen mit dem Zeitpunkt der Scheidung abschließen, ohne weitere Kontakte ausdrücklich vorzusehen.

Ich bin derzeit noch dabei, diesen Aspekt unseres methodischen Vorgehens genauer zu untersuchen, um die Methoden und Techniken, die uns nutzbringend erscheinen, zu definieren und zu beschreiben. Im folgenden möchte ich einige meiner vorläufigen Formulierungen wiedergeben, die angesichts weiterer Erfahrungswerte durchaus verändert werden können und sicherlich verfeinert werden:

a. Aufbau eines Rahmens für zukünftige Interventionen

In den meisten unserer Fälle, die vor einer Scheidung stehen, versuche ich, den Aufbau einer wohlwollenden Beziehung zu jedem Elternteil und Kind zu fördern und weise dabei ausdrücklich auf die Wahrscheinlichkeit hin, daß sie nach der Scheidung ab und zu den Wunsch haben werden, auf ein bis zwei Sitzungen zu mir zu kommen, um meine Hilfe bei Problemen zu erhalten, die sich aus den Komplikationen der Teilung der Familie ergeben können. Ich biete ihnen an, sie jederzeit einzeln oder gemeinsam zu treffen, wenn sie dies wünschen. Dabei wecke ich in ihnen die Erwartung, daß diese Art zeitweiligen Kontaktes während der Kindheit und des Jugendalters der Kinder fortgeführt werden kann und daß meine Tür immer für sie offen ist. Falls erforderlich, wirke ich dem Eindruck entgegen, es handle sich um Schwäche oder Abhängigkeit, wenn sie mich in einer Krise zeitweilig um Rat bitten. Ich erkläre ihnen, daß dies hingegen eine gesunde Einsicht in die tatsächlichen Schwierigkeiten darstellt, die sich aus der Sorge für die Kinder nach einer Scheidung ergeben, und daß sie damit erkennen, daß die kurzfristige Unterstützung durch eine Fachperson ihre Fähigkeiten, diese Schwierigkeiten sinnvoll zu bewältigen, vergrößern wird.

b. Abbau von Hemmschwellen gegenüber Kriseninterventionen

Wir richten es so ein, daß jeder Elternteil oder jedes Kind innerhalb der nächsten paar Tage nach einem Anruf einen Termin bekommen kann. Die Interventionen erfolgen in unregelmäßigen Abständen, und die erwartungsgemäßen zwei bis vier Krisensitzungen konzentrieren sich gewöhnlich auf einen Zeitraum auf zwei bis drei Wochen. Ich reserviere mir in unserem Zentrum zweimal wöchentlich eine Stunde, um mich für Krisenanfragen frei zu halten. Ich stehe auch täglich für Telefonate in meiner Praxis zur Verfügung und ermuntere Eltern in Krisen, mich notfalls zuhause anzurufen. Dies hat bisher nur selten zu ungebührlichen Verletzungen meines Privatlebens geführt, und es fiel mir nicht schwer, diese abzustellen. Für Menschen in Schwierigkeiten bedeutet es sehr viel, daß nur ein Anruf nötig ist, um Hilfe zu erhalten.

Meine Sekretärin hat die Anweisung, jeden Anruf, der sich nach einem Krisenanruf anhört, sofort zu mir durchzustellen, auch wenn ich gerade unterrichte oder mit einem anderen Klienten spreche. Sowohl für die Studenten wie auch für Klienten ist es nämlich wichtig, zu merken, daß ein wesentlicher Teil meiner täglichen Arbeit das unmittelbare Beantwoten einer Bitte um Krisenintervention darstellt. Dieses Vorgehen hat in unserem Zentrum den höchsten Vorrang. Ich achte zwar darauf, den Namen meines Gesprächspartners am Telefon nicht zu erwähnen, finde aber nichts dabei, den anwesenden Studenten oder Klienten in meiner Praxis zu erlauben, das Gespräch indirekt mitzuhören.

c. Interventionsformen

Die strukturierte Art unseres Aufnahmeverfahrens beinhaltet beispielsweise die Bedingung, daß die erste Sitzung in der Regel zwischen mir und den beiden

Elternteilen gemeinsam anberaumt wird, und danach entscheide ich, wann ich die Kinder als Gruppe, einzeln oder mit einem oder beiden Elternteilen treffen werde. Im Gegensatz dazu überlasse ich ihnen bei den Interventionen nach der Scheidung, welcher Elternteil oder welches Kind alleine oder mit anderen Familienmitgliedern mich treffen möchte. Unser Kontakt wird zunächst durch ihre aktuellen Anliegen bestimmt und strukturiert, die sie mir zumeist während eines kurzen Telefonates nennen. Nach diesem ersten Kontakt entscheiden die Eltern oder Kinder gemeinsam mit mir, wen ich als nächstes treffen sollte. Ich schlage dann womöglich ein Treffen mit beiden Elternteilen oder zusätzlich mit ausgewählten Mitgliedern der erweiterten Familie vor. Bei solchen Treffen kommt auf mich häufig die Aufgabe zu, zwischen den beiden Elternteilen zu vermitteln, so daß sie bestimmte Aspekte der Besuchsregelung neu bewerten und aushandeln können. Eine andere Aufgabe ist, den Eltern und Kindern bezüglich ihres Umganges miteinander Rat und Anleitung anzubieten, oder für zusätzlichen Rückhalt von Seiten der Großeltern oder einflußreicher Mitglieder der erweiterten Familie zu sorgen, um den Eltern und Kindern über eine gegenwärtige Krise hinwegzuhelfen.

Die Anlässe für Interventionen nach einer Scheidung sind sehr unterschiedlich, so daß man eine breite Palette von Interventionsmustern kennen muß, um auf die Erfordernisse der einzelnen Situationen angemessen reagieren zu können. Haben die Elternteile eine recht gesunde Persönlichkeitsstruktur, so sind gewöhnlich „Befähigungstechniken“ angezeigt, also Instruktionen, Anleitungen und Vermittlungsversuche. Solche wenig direktiven Techniken können jedoch dort nicht ausreichen, wo ein oder beide Elternteile psychisch gestört sind (ein beachtlicher Anteil meiner Fälle) und wo die Krise mit einem Versagen der Scheidungsvereinbarungen wegen der psychopathologischen Störung des Elternteils verknüpft ist oder aber mit kindlichen Störungen infolge gestörten Elternverhaltens während der Besuchszeiten. Die Befähigungstechniken gehen davon aus, daß man die vorhandenen Fähigkeiten von Eltern unterstützen und erweitern kann, so daß sie sich ihre eigene Lösung des familiären Probleme erarbeiten können. Dieser Ansatz darf jedoch nicht verabsolutiert werden, denn in bestimmten Fällen kommt man damit einfach nicht weiter, da die Irrationalität eines der Elternteile durch verbale Überzeugungsversuche und Appelle an elterliche Liebe und Verantwortung nicht bedeutsam gebessert wird.

Je mehr solche irrationalen Elemente, die oft narzißtischen Schuldgefühlen, paranoiden Phantasien oder einer psychotischen Ideenbildung entstammen, im Vordergrund stehen, desto wichtiger wird für den Vermittler, eine direktivere Rolle einzunehmen, um das Wohlergehen oder die psychische Gesundheit der Kinder zu schützen. In meiner Arbeit stelle ich in solchen Situationen meinen persönlichen Status als anerkannter Fachmann mit langjähriger Erfahrung auf dem Gebiet der Kinderpsychiatrie heraus und verstärke dies, falls notwendig, mit der Bemerkung, wieviel meine Meinung in kirchlichen Krisen und vor Gericht gilt. In Fällen, in denen auch dies nicht die nötige Wirkung entfaltet, um dem irrationalen Verhalten des gestörten Elternteils entgegenzuwirken, und in denen auch die Überweisung in psychiatrische Behandlung nicht akzeptiert wird oder nicht zur Aufhebung zerstörerischer Verhaltensmuster führt, zögere ich nicht, dem anderen Elternteil zu raten, durch ein Gerichtsurteil das Unterbinden dieses Verhaltens zu erwirken, und sende dem Gericht einen Bericht mit entsprechend begründeten Empfehlungen. Nur in sehr wenigen extremen Fällen fühlte ich mich bisher gezwungen, die Einleitung eines Verfahrens zu begünstigen, das zu einer Sofortintervention des Gerichtes zum Schutz der Kinder führte, in mehreren anderen Fällen jedoch habe ich die Elternteile davon informiert, daß ich gewillt bin, diesen Schritt zu tun. Diese Drohung genügte, um den gestörten Elternteil zum Einlenken zu bewegen.

Auch wenn ich die Einleitung eines Verfahrens in Aussicht stelle oder betreibe, biete ich den beiden Elternteilen dennoch an, für sie weiterhin als Ratgeber zur Verfügung zu stehen. Solche drastischen Schritte belasten natürlich meine Beziehung mit dem kranken Elternteil erheblich, und es ist verständlich, daß er oder sie mich von diesem Zeitpunkt an als persönlichen Feind betrachtet und allen weiteren Kontakt zu mir abbricht. Überraschenderweise war jedoch in etlichen Fällen der gesunde Persönlichkeitsanteil dieses Elternteils stark genug, positiv auf mein Angebot zukünftiger Hilfe zu reagieren, so daß ich auch weiterhin beide Elternteile bei der Erfüllung ihrer elterlichen Aufgabe beraten konnte. Der Elternteil,der glaubte, ich hätte ihn verletzt, war zu weiterer Zusammenarbeit bereit, da er oder sie erkannte, daß es nicht möglich war, mich loszuwerden.

d. Die Zusammenarbeit mit Helfern im Gemeinwesen

Wie bei allen Kriseninterventionen ist auch hier die Anregung von Unterstützung durch Helfer im Gemeinwesen von großer Bedeutung. Ich bitte sie nicht nur, Eltern und Kinder dabei zu unterstützen, mit der aktuellen Problematik fertig zu werden, die die Erfüllung der Scheidungsvereinbarungen für die Sorge für die Kinder nach der Scheidung verhindert. Auch bin ich den Helfern bei der Ausarbeitung von Möglichkeiten behilflich, die Familien dauerhaft und langfristig bei den Bemühungen um die soziale Anpassung und um die Befriedigung der kindlichen Bildungsbedürfnisse zu unterstützen und anzuleiten. Als Helfer kommen Lehrer, Berater und Verwaltungspersonal von Schulen und Kindergärten, Sozialarbeiter, Mitarbeiter des Gemeindezentrums und Hausärzte in Frage. Gewöhnlich erfrage ich von diesem Personenkreis zusätzliche Informationen über die Kinder und ihre Familie und bitte diese Helfer, mich über zukünftige Fortschritte oder Schwierigkeiten zu informieren. Ich wecke in ihnen das Bestreben, den Kindern und ihren Eltern gegenüber besondere Achtsamkeit zu zeigen, und biete ihnen für den Fall, daß sie in ihrer täglichen Arbeit mit den Kindern auf Schwierigkeiten stoßen, kostenlose Konsultation am Telefon oder in persönlichen Treffen an. In einer Reihe von Fällen haben sich Mitabeiter der Schulen, Sozialarbeiter oder Hausärzte wegen solcher Konsultationen an mich gewandt; wir haben dann, mit minimaler Anstrengung meinerseits, eine informelle Team-Kooperation geschaffen.

e. Offene Gruppensitzungen

Wir haben in unserem Zentrum eine Einrichtung geschaffen, die als Beratungsangebot an Eltern nach einer Scheidung besonders wertvoll zu sein scheint. Ich habe mir pro Woche eine Stunde am frühen Abend reserviert, in der mich Eltern ohne vorhergehende Anmeldung im Rahmen einer Gruppensitzung über gegenwärtige oder angekündigte Schwierigkeiten mit ihren Kindern befragen können. Ursprünglich hatte ich diese Gruppensitzungen als Forum gedacht, um scheidungswillige Eltern über den bestmöglichen Umgang der zu erwartenden Reaktionen ihrer Kinder vorsorglich beraten zu können. Anfangs hielt ich bei jeder Gruppensitzung einen kurzen Vortrag, dem dann Fragen der Zuhörer folgten. Ich fand aber bald heraus, daß nicht nur Eltern kamen, die vor oder in einem Scheidungsverfahren standen, sondern auch Eltern erschienen, die Monate oder Jahre nach ihrer Scheidung mit ihren Kindern Schwierigkeiten hatten. Schließlich waren die Sitzungen als offen für Eltern, die Probleme mit ihren Scheidungskindern besprechen wollten, angekündigt worden. Statt also Vorträge zu halten, deren Inhalt auf zwei Sitzungen verteilt war und sich danach bei einer neuen Gruppe wiederholte, hielt ich die Sitzungen ganz in der Frage-und-Antwort-Form ab und richtete sie auf die Bedürfnisse der Teilnehmer aus, die häufig mehrere dieser Sitzungen besuchten. Daraus ergab sich eine sehr interessante Gruppe für Erziehungsfragen ohne festgesetzten Abschluß.

Mein Bestreben ist, daß die Teilnehmer dieser Gruppen ihre Fragen allgemein und unpersönlich formulieren, wie dies für einen solchen Rahmen paßt, der ja keine Gruppentherapie vorsieht. Dennoch hat bisweilen ein Elternteil, der in einer besonders belastenden und drängenden Krise vor oder nach der Scheidung stak, private und persönliche Einzelheiten über seine gegenwärtige Notlage in die Gruppe hineingebracht, wie etwa körperliche Gewaltanwendung des Gatten oder Ex-Gatten oder plötzliches Imstichlassen der Kinder durch den anderen Elternteil. Wenn dies vorkam, habe ich die betreffende Person meistens gebeten, einen Termin für eine Einzelberatung mit mir auszumachen, bin aber auch vor der Gruppe darauf eingegangen, indem ich auf unpersönliche Weise die verallgemeinerbaren Folgen und Komplikationen dieser Notlage besprach. Bei solchen Anlässen haben oft andere Zuhörer den Betreffenden hilfreiche Vorschläge und mitfühlende Unterstützung angeboten. Nachdem sich dies häufte, entwickelten diese Sitzungen allmählich Anzeichen einer Gruppe für gegenseitige Hilfe. Eine Kerngruppe von Eltern mit langfristigen Problemen bezüglich ihrer Ex-Gatten oder ihrer Kinder hat sich über den Rahmen meiner Unterstützung hinaus zu einer Selbsthilfegruppe vereinigt, deren Mitglieder sich gegenseitig unterstützen. Einige Teilnehmer haben Woche für Woche an unseren Sitzungen teilgenommen, sagten oft nicht ein Wort und waren offenbar froh, sich als Teil der Gruppe fühlen zu können und Trost daraus zu gewinnen, die Probleme anderer Eltern und meine Ratschläge zu hören. Gelegentlich äußerte sich solch ein Teilnehmer mit den Worten: „Es hilft mir viel, meine Schwierigkeiten und diejenigen meiner Kinder im Blickfeld der Erfahrung anderer geschiedener Eltern zu sehen. Ich fühle mich dann wieder mehr im Gleichgewicht."

f. Häufige Problempunkte und ihre Behandlung

Bei den Eltern und Kindern, die mich um Hilfe baten, begegnete ich häufig folgenden Problempunkten:

1. Eingriff der Eltern in die Besuchsregelung

Dies war der häufigste Anlaß bei der Bitte um Hilfe; er wurde zumeist vom fernen Elternteil, dem Vater, vorgebracht, der die Mutter beschuldigte, die Kinder davon abzuhalten, ihn nach der vereinbarten oder vom Gericht festgelegten Maßgabe zu treffen. Bei meinem Zusammentreffen mit den Eltern und Kindern empfand ich diese Anschuldigungen oft für gerechtfertigt, wenngleich die Situation nicht selten durch unkluges Verhalten des Vaters erschwert wurde, der seine Enttäuschung durch Verunglimpfung des anderen Elternteils oder der Kinder abreagierte, denen er vorwarf, sich gegen ihn zu stellen.

In meiner Intervention machte ich die Mutter als nahen Elternteil gewöhnlich darauf aufmerksam, daß sie die psychische Gesundheit ihrer Kinder gefährde, indem sie sie bewußt oder verdeckt daran hinderte, angemessenen Kontakt mit ihrem Vater zu unterhalten. Danach befragte ich sie nach den Gründen dieses Verhaltens. Oft wurde dabei eine zuvor ungeäußerte Überzeugung deutlich, daß der Vater psychisch gestört sei und durch den Kontakt mit den Kindern ihnen Schaden zufügen könnte. In solchen Fällen half ich der Mutter, die reale Grundlage für diese Befürchtungen zu untersuchen. Wenn es mir angezeigt erschein, bat ich unseren Psychologen, die Persönlichkeitsstruktur des Vaters durch eine umfangreiche Testbatterie zu untersuchen, und bestätigte so, daß diese Befürchtungen einer reellen Grundlage entbehrten.

Der nächste Schritt war von großer Bedeutung: Ich traf mich gemeinsam mit den beiden Elternteilen und half ihnen zu verstehen, daß die gegenseitige negative Einschätzung eine zu erwartende Folge der nach einer Scheidung häufigen, fortdauernden Feindseligkeit und des Vertrauensmangels sei. Ich erklärte ihnen, wie sich dies leicht zu einem Teufelskreis entwickeln kann, der teils durch die Mißdeutung des Verhaltens des anderen und teils durch die Erzählungen der Kinder über den jeweils anderen Elternteil entstehen kann. Ich sagte ihnen, daß jeder von ihnen ständig vor der natürlichen Neigung zur Voreingenommenheit und zur negativen Bewertung gegenüber dem anderen auf der Hut sein müsse und diese Neigung auch beim anderen akzeptieren müsse. Beide müßten sich also besonders anstrengen, die gegenseitigen Verdächtigungen bei der Erfüllung der gemeinsamen Vereinbarungen für das Wohlergehen ihrer Kinder auf der Seite zu lassen. Sie müßten sich immer darüber im klaren sein, daß sie das übergeordnete Ziel verbinde, den regelmäßigen Kontakt der Kinder mit beiden Elternteilen als eine wesentliche Voraussetzung für eine gesunde Persönlichkeitsentwicklung sicherzustellen. Im Dienste dieses Ziels müßten sie die unvermeidlichen Schwierigkeiten des anderen verstehen lernen und sich einig werden, sich gegenseitig davor zu bewahren, daß diese Komplikationen die getroffenen Vereinbarungen gefährden. Die menschliche Natur bringe es mit sich, daß – wie im vorliegenden Fall – solche Vereinbarungen ab und zu nicht eingehalten werden. Wenn dies passiere, sollten sie jedoch nicht ihren Groll gegeneinander weiter hegen, sondern sich an mich wenden, damit ich ihnen helfen könne, ihre gemeinsamen Fürsorgeaufgaben trotz des fortdauernden Vertrauensmangels ineinander wieder zu erfüllen.

Nach meiner Erfahrung gelingt es mit diesem Vorhaben zumeist, die Schwierigkeiten in drei bis vier Sitzungen zu beenden, vorausgesetzt, keiner der beiden leidet an einer schwereren Persönlichkeitsstörung und die Eltern warten nicht ungebührlich lange, bis sie mich um Hilfe bitten. Unternehmen sie aber nichts zur Behebung der Schwierigkeiten und kristallisiert sich ein Bruch im Kontakt zwischen den Kindern und dem fernen Elternteil heraus, so erweckt dies bei den Kindern meist einen Widerstand gegen den Kontakt, und die Schwierigkeiten sind nicht so einfach behebbar. Bei seit langem andauernden Schwierigkeiten oder in Fällen, in denen psychische Störungen eines Elternteils eine größere Rolle spielen, unterstütze ich den fernen Elternteil bei einem Ansuchen an das Gericht, um diese Sackgasse zu durchbrechen. In wirklich schwierigen Fällen kann aber auch dieses Vorgehen erfolglos sein.

2. Beeinträchtigung der Besuchsregelung durch das Kind

Nicht selten beeinflußt der sorgeberechtigte Elternteil die Kinder offen oder verdeckt, um zu erreichen, daß sie sich gegen Besuche bei dem fernen Elternteil sträuben. In anderen Fällen sträuben sich die Kinder von selbst gegen diese Besuche, entweder weil sie sich mit negativen Einstellungen des nahen Elternteils identifizieren oder weil sie vom unklugen Verhalten des anderen Elternteils während der Besuche beeinflußt werden, das sich besonders in Form zwiespältigens Verhaltens sowie mangelnder Fürsorge und fehlender Unterhaltungsangebote den Kindern gegenüber zeigt oder aber in Form von offen geäußerten Verunglimpfungen gegenüber dem nahen Elternteil. Das Kind kommt dann aufgewühlt nach Hause und kann in der Schule wie auch zu Hause Verhaltensstörungen zeigen, die in klarem Zusammenhang mit diesem Besuch stehen. Nicht selten versucht der nahe Elternteil, das Kind zu schützen, indem ihm erlaubt wird, die Besuche zu umgehen, und zwar unter dem Motto: „Kann ich mein Kind denn zwingen, gegen seinen Willen seinen Vater zu besuchen?“

In solchen Situatinen ist rasches Handeln angezeigt. Zum Zeitpunkt der Scheidung warne ich Eltern immer vor einer solchen Sitatuation und versuche, ihnen zu verstehen zu helfen, daß die Erwachsenen zu entscheiden haben, was den Interessen des Kindes am meisten dient, und daß die Frage regelmäßigen Kontaktes mit dem fernen Elternteil keine Angelegenheit für ein „demokratisches“ Verhandlungsgespräch mit dem Kind darstellt. Ergibt sich dann solch eine Situation nach der Scheidung, so treffe ich mich mit den Kindern allein und erforsche die Gründe für ihr Sträuben. Gewöhnlich bleiben sie zäh bei der Behauptung, daß sie durch den sorgeberechtigten Elternteil nicht beeinflußt worden sind, sondern lediglich durch das negative Verhalten des fernen Elternteils oder dessen ständige Verhöre über die der Mutter unterstellten Untaten und seine herabsetzenden Kommentare dazu. Trotz dieser Haltung ist es zumeist nicht allzu schwer, das Kind zu dem Einverständnis zu bewegen, daß es seinen Vater ebenfalls liebt und nichts gegen Besuche bei ihm einzuwenden hätte, wenn sich sein Verhalten besserte. Ich biete ihm dann an, daß ich versuchen möchte, eine Verhaltensänderung bei jenem Elternteil zu bewirken. Daraufhin treffe ich jenen Elternteil, und ich erkläre ihm, was das Kind denkt und fühlt. Fast ausnahmslos bekomme ich zur Antwort, daß das Kind eine „Gehirnwäsche“ vom nahen Eltenteil erhalten habe und von ihm aufgestachelt worden sei. Während ich einräume, daß dies eine Rolle spielen mag und daß ich versuchen möchte, dies zu ändern, versuche ich, ihn davon zu überzeugen, daß auch er neue Wege finden muß, um sensibler mit den Bedürfnissen des Kindes umzugehen, und biete ihm Anleitung an, wie er diese Bedürfnisse befriedigen kann. Als nächstes treffe ich mich gemeinsam mit beiden Elternteilen und betone die absolute Wichtigkeit einer gemeinsamen elterlichen Linie in der Einhaltung der Besuchsregelung. Schließlich treffe ich mich ein- oder zweimal gemeinsam mit dem Kind und dem Vater und fungiere als Vermittler zwischen ihnen, um ihnen zu helfen, sich einander sinnvoll mitteilen zu können und die Besuche weniger belastend und befriedigender verlaufen zu lassen.

Liegen keine psychopathologischen Störungen bei den Eltern vor, so richten sich die Ergebnisse dieser Intervention nach dem Zeitpunkt, zu dem sie erfolgt. Je länger die Problemsituation schon andauert, desto schwerer läßt sie sich verändern, besonders bei einem bereits älteren Kind, das zu einem eingeschworenen Kampfgenossen geworden ist. In solchen Fällen nützt auch die Autorität des Gerichtes oft wenig. Liegt beim fernen Elternteil eine deutliche psychopathologische Störung vor, muß man sich im Laufe der Zeit womöglich einfach damit abfinden, daß der Kontakt zwischen Kind und Eltenteil nicht mehr aufrechterhalten werden kann, oder es muß eine künstliche Form des Kontaktes geschaffen werden, wie etwa zeitweilige gemeinsame Besuche in meiner Praxis oder in der Dienststelle eines Sozialarbeiters.

3. Verletzung der Intimsphäre

Ein häufiger Streitpunkt besteht darin, daß der ferne Elternteil, zumeist der Vater, nicht wahrhaben will, daß er nach der Scheidung kein Recht mehr hat, die Wohnung seiner Ex-Gattin ohne ihre Erlaubnis zu betreten. Er darf sich auch nicht einfach erlauben, in ihr Leben einzudringen, indem er die Kinder bei ihr zu Hause anruft, ohne daß sie damit ausdrücklich einverstanden wäre. Häufig endet das damit, daß die Mutter durch solche Übertritte immer wütender wird und der Vater den Grund für ihre Wut nicht verstehen kann, sondern sie als Mangel an innerem Gleichgewicht darstellt.

Diese Situation kann leicht behoben werden, indem mit den beiden Elternteilen besprochen wird, was für sie eine Trennung der vormals gemeinsamen Intimsphäre im einzelnen bedeutet und sie zu Gesprächen angeregt werden, wie sie, im Sinne ihrer gemeinsamen elterlichen Verantwortung, über die Grenzen der neuen Intimbereiche hinweg handlungs- und mitteilungsfähig werden können.

4. Unterschiedliche Wertsysteme bei der Kinderfürsorge

Fehlende Übereinstimmung bezüglich der Einstellungen und Vorgehensweisen in der Kindererziehung ist oft einer der Hauptkonfliktpunkte zwischen den Eltern, der schließlich zur Scheidung führt; das Weiterbestehen dieses Konfliktpunktes nach der Scheidung führt häufig zu Störungen bei der gemeinsamen Erfüllung der elterlichen Aufgaben. Jeder Elternteil glaubt dabei, sein Ansatz in der Fürsorge und Erziehung der Kinder sei der einzig richtige und die Lebensart des anderen Elternteils sei für die gesunde Entwicklung der Kinder schädlich. Es kommt dann zu Streitigkeiten, weil jeder Elternteil in dem angenommenen schädlichen Einfluß des anderen eine Gefahr sieht, insbesondere da dieser Einfluß nicht mehr durch die eigene Präsenz verändert oder gemildert werden kann. Diese Streitigkeiten führen von Zeit zu Zeit zu einer Verschärfung der feindseligen Spannung.

Nach meinem Empfinden ist dieser Konfliktpunkt relativ leicht zu behandeln. Ich bringe die Eltern in einer oder zwei gemeinsamen Sitzungen dazu, ihre Meinungen und Befürchtungen zu äußern. Dann zeige ich ihnen auf, wie wichtig es für Eltern, die unter dem gleichen Dach wohnen, ist, ihre Meinungsverschiedenheiten zu klären und einen gemeinsamen Standpunkt in der Sorge für die Kinder einzunehmen, weil sonst die Kinder durch inkonsequente und gegensätzliche Erwartungen und Verhaltensweisen verwirrt werden oder versuchen, die einfachste Lösung für sich darin zu finden, die beiden Elternteile gegeneinander auszuspielen. Diese elterlichen Meinungsverschiedenheiten verlieren nach der Scheidung jedoch an Wichtigkeit, weil jeder Elternteil die Möglichkeit hat, sein Leben gemäß seinen Wertvorstellungen einzurichten. Solange die Eltern den Kindern nicht erlauben, sie zu manipulieren, lernen die Kinder rasch, sich in jedem Haushalt den Anforderungen des jeweiligen Elternteils gemäß zu verhalten, genauso wie sie sich den Vorschriften in einem anderen Rahmen anzupassen lernen, also etwa bei den Großeltern und anderen Verwandten und bei den verschiedenen Lehrern in der Schule. Solange jeder Elternteil seine Erwartungen und sein Wertsystem klar und konsequent mitteilt, können die Kinder nicht verwirrt werden. Nachdem sich Kinder ohne psychischen Schaden an sehr unterschiedliche Erziehungsmuster anpassen können, können sich die beiden Elternteile darauf verlassen, daß der jeweils andere den Kindern keinen Schaden zufügen kann, solange sein Verhalten auf der Liebe zu den Kindern gründet. In diesem Zusammenhang ist die Beobachtung interessant, daß trotz der Verschiedenheit im Verhalten die meisten Eltern zugeben, daß der andere Elternteil die Kinder liebt und an ihnen hängt.

5. *Kindliche Verhaltensstörungen*

Ein Punkt, der häufig zu Familienkrisen führt, ist das Entstehen von Verhaltensstörungen bei einem oder mehreren Kindern. Auf die Bitte, solch eine Situation zu beurteilen, reagiere ich immer sehr rasch, auch wenn ich zum Zeitpunkt der Scheidung den Eindruck hatte, das Kind sei relativ gesund. Weist die Beschreibung der Eltern auf eine neuere Veränderung im Verhalten des Kindes hin, nehme ich rasch eine diagnostische Neubewertung vor. Dabei stellt sich zumeist heraus, daß das Kind charakteristische Anzeichen einer zu erwartenden Anpassungsstörung zeigt. Ist dies der Fall, so beruhige ich alle Beteiligten und biete den Eltern meinen Rat an, wie sie dem Kind mehr psychosozialen Rückhalt geben können. Stellt sich aber heraus, daß das Kind an einer ernsten psychischen Störung zu leiden beginnt, so überweise ich Kind und Eltern in Psychotherapie.

Eine Form der Verhaltensstörung, die ein besonderes Vorgehen erfordert, liegt vor, wenn ein Jugendlicher unkontrolliertes Verhalten zeigt, seiner Mutter das Sorgerecht zugesprochen wurde und sein Vater teilweise oder ganz seiner elterlichen Verantwortung entsagt hat. Solch eine Situation wird gewöhnlich noch durch eine Depression und durch das Gefühl von Hilflosigkeit seitens der Mutter erschwert, die viel Arbeitszeit zur Erhaltung ihres Zuhauses aufwenden muß. Nach meiner Erfahrung bringt es hier wenig, Maßnahmen wie Einzelfallarbeit oder Psychotherapie für die Mutter und Beratung für den Jungen einzuleiten, besonders wenn auch noch jüngere Kinder im Haushalt sind und es sich um einen männlichen Jugendlichen handelt, der seine Geschwister schlägt und gegen die elterliche Autorität seiner Mutter rebelliert sowie erste Anzeichen von Delinquenz zeigt. In solchen Fällen empfehle ich die Einweisung dieses Kindes in ein Internat oder Erziehungsheim. In Israel ist dies recht einfach, da das Land ein gut entwickeltes Netz solcher Institutionen besitzt, die einerseits mit den talmudischen Internatsschulen der religiösen Universitäten und andererseits mit Einrichtungen verbunden sind, die sich ursprünglich um Einwandererkinder kümmerten, die ohne Eltern nach Israel kamen oder deren Eltern wegen ihrer eigenen Integrationsprobleme in die israelische Gesellschaft sich nicht angemessen um sie kümmern konnten. Wenn ein Jugendlicher also sein Elternhaus verläßt und in einem Internat untergebracht wird, so ergibt sich daraus für ihn kaum ein Ehrverlust oder ein Stigma.

6. Neue Beziehungen oder Wiederverheiratung eines Elternteils

Nicht selten wurde ich von einem Elternteil und manchmal von älteren Kindern um Rat gebeten, wenn es um gesteigerte sexuelle Neugierde der Kinder oder um ihre Versuche ging, das Geschlechtsleben ihrer Eltern durch Einmischung zu stören und zu kontrollieren. Dies hängt bisweilen mit einem stürmischen Wiederaufleben der sexuellen Interessen eines Elternteils zusammen, der sich von den Zwängen des vergangenen Ehelebens befreit und „über die Stränge schlägt" oder der sich durch ein wahlloses Geschlechtsleben über Gefühle der Depression und der Ablehnung seiner Bedürfnisse durch den Ex-Gatten hinwegzusetzen versucht. Eine oder zwei Beratungssitzungen genügen oft, um solchen Eltern zu helfen, die Situation mit ihren Kindern wieder in den Griff zu bekommen und eine gefestigte Position gegenüber den Kindern wiederzugewinnen, die sich, veranlaßt durch ihre Verunsicherung, ungebührlich in das Intimleben ihrer Eltern eingemischt haben. Ich bespreche diese Situation auch mit den Kindern, die für meine Intervention meist äußerst empfänglich sind.

Erwähnt einer der Elternteile die Absicht, sich wieder zu verheiraten oder unterläßt bisweilen eine solche Ankündigung aus Angst, die Kinder damit zu verwirren, die diese Absicht schließlich aber mitbekommen, so entsteht in ihrer gegenseitigen Beziehung erhebliche Unsicherheit. Trotz der durch Wiederverheiratung unvermeidlichen Komplikationen in den familiären Beziehungen stabilisiert dieser Schritt häufig die Lebenssituation dieses Elternteils und erhöht damit potentiell die Möglichkeiten angemessener Bedürfnisbefriedigung der Kinder. Daher ist solch eine Entwicklung als grundsätzlich positiv zu betrachten und sollte so auch von den Kindern und dem anderen Elternteil wahrgenommen werden.

Gewöhnlich treffe ich mich zuerst mit demjenigen Elternteil, der sich wieder verheiraten möchte und bespreche mit ihm die möglichen Komplikationen dieses Schrittes und wie er sie bewältigen kann. Dann treffe ich mich gemeinsam mit diesem Elternteil und den Kindern und vermittle ein Gespräch über die möglichen Folgen und Probleme bezüglich der Wiederverheiratung, besonders über die Beziehung der Kinder mit dem zukünftigen Stief-Elternteil und möglichen Stiefgeschwistern und etwaigen Befürchtungen der Kinder, ihre elterliche Bezugsperson könnte ihnen Liebe entziehen und sie den Rivalen geben oder sie könnten durch die Heirat umziehen und daher ihre Schule und ihren Freundeskreis verlassen müssen.

Als nächstes treffe ich mich mit diesem Elternteil und dem zukünftigen neuen Gatten und bespreche mit ihnen vorausschauend, welche Probleme entstehen und wie sie mit ihnen umgehen könnten. Wenn möglich treffe ich mich schließlich gemeinsam mit dem neuen Paar und dem anderen Elternteil, um ihnen bei der Überwindung zukünftiger Verständigungsbarrieren zwischen den beiden Haushalten zu helfen, die ansonsten die gemeinsame Fürsorge der Kinder behindern könnten. Nach meiner Erfahrung ist es zumeist nicht allzu schwer, den Betreffenden zu helfen, die anfängliche Peinlichkeit der Situation zu überwinden und eine minimale Verständigungsform zu entwickeln, die um der Kinder willen eine zukünftige Partnerschaft begünstigt.

Zitierte Literatur

Fogelman, K.: Growing up in Great Britain. Macmillan, London 1983.

James, H.: What Maisie Knew. The Bodley Had, London 1897.

Kalter, N.: Children of divorse in an outpatient psychiatric population. Am. J. Orthopsychiatry 47 (197), 40–51.

Kalter, N. und *J. Rembar:* The significance of a child's age at the time of parental divorce. Am. J. Orthopsychiatry 51 (1981), 85–100.

McDermott, J.F.: Divorce and its pychiatric sequelae in children. Arch. Gen. Psychiat. 23 (1970), 421–427.

Mnookin, R.: Bargaining in the Shadow of the Law. Centre for Sociolegal Studies, Oxford University, Oxford 1978.

Rutter, M.: Resilience in the face of adversity. British Journal of Psychiatry 147 (1985), 598–611.

Wadsworth, M.E.J.: Roots of Delinquency. Barnes and Noble, New York 1979.

Wadsworth, M.E.J. und *M. Maclean:* Parents' divorce and children's life chances. Children and Youth Services Review. In press.

Wadsworth, M.E.J., C.S. Pekham und *B. Taylor:* The role of national longitudinal studies in prediction of health, development, and behavior. In: *D.B. Walker* und *J.B. Richmond* (Hrsg.): Monitoring Child Health in the United States. Harvard University Press, Cambridge, Mass., 63–83.

Wallerstein, J.S. und *J.B. Kelly:* Surviving the Breakup. Basic Books, New York 1980.

Weiss, R.S.: Marital Separation. Basic Books, New York 1975.

Sachregister

Aktivität, Auswirkung auf Streßbewältigung 35f.
Atemnot, Anfälle 93
Aufmerksamkeit, geordnete und Konzentration 33
Aufruhr, innerer 31, 43

Beatmungsgerät 94f.
Belastungssituationen, Bewältigung 30
–, –, Gefühl 36
Beobachtung, strukturierte, Säuglingsstation 101f.
Bericht, Familienrichter 128ff.
Besuchsregelung, nach Scheidung 138ff.
Bewältigung, moralische 47
Bindung, Cleveland-Untersuchungen 102
–, direkter Augenkontakt 107
–, kritische Phase 105
–, Minitest 106f.
–, Mutter-Kind, Definition 89
–, Rollenmodelle 91f., 94, 99, 103, 105
–, Stamford-Untersuchungen 103
–, Vater-Kind 99ff.

Ehescheidung, Abwehr von Trauer 86
–, Bedingungen, Überwachung 123
–, elterliche psychopathologische Störung 135, 140
–, Informationsweitergabe 122, 124ff.
–, nachträgliche Krisenintervention 123ff.
–, psychosoziale Risiken 111ff.
–, unterschiedliche Wertsysteme 140f.
–, Vermittlungsversuche 121, 125, 126ff.
–, Vorbeugemaßnahmen, Planung 121ff.
–, Wiederverheiratung 142f.
Erinnerungsvermögen, Krise 33
Erschöpfung, vorbeugende Maßnahmen 43

Fallaufzeichnung, Form 19f.
Familienpsychiatrie, bevölkerungsorientierte, Definition VIII
Familientherapie 21f.
Familienzentrum, Jerusalem 109, 133
Flexibilität, Aufrechterhaltung der Homöostase 28
Freiwilliger Einsatz, Belastungssituationen 46
Frühgeborenes Kind 92f., 96
Fürsorge, liebevolle 57
Fürsorger und Laien, Rolle 16, 23

Gafferreaktion 40f.
Gedeihstörungen 89, 99, 103
Gegenseitige Hilfe, Eltern 71f.
–, –, Gruppe 48, 137
–, –, Paare 63ff.
–, –, Vereine 67ff.
Gemeindepsychiatrische Bewegung 11f.

Helfergruppe, Bildung 51ff.
Helfersysteme, Definition 51f.
–, „natürliche" 52
–, Überwachung 58ff.
Hilflosigkeit, gelernte 36ff.
Hoffnung, Erhalt 46f., 76, 80f.
Hoffnungslosigkeit 38

Identität, Belastungssituation 34, 36
–, Erhalt, Maßnahmen 45
–, –, Unterstützungsmaßnahmen 45
Interventionen, stützende 73ff.
–, vorbeugende, ethische und politische Aspekte 119ff.
–, vor Ehescheidung 119f.

Kampfgenossen, Kinder 114f.
Kampfmoral 46
Kinderpsychiatrische Klinik, Aufgaben 10ff.
–, –, Verwaltung 12ff.
Kindesmißhandlung 103
Kindstod 95
Kognition, affektive und stimmungsbedingte Einbußen 34f.
–, Auswirkung von Erschöpfung 35
Kognitive Desorganisation 32f.
–, Einschränkungen, Krise 16
–, Funktionen, Hilfe 43f.
–, Reaktionen, Belastungssituation 30ff.
Kompetenz 15, 28
Krisenmodell 15f.

Luftangriffe, 2. Weltkrieg 38f.

Modellkonzepte 13ff.
Muttergefühle 101
Mütterliche Einstellung 10
Mütterliche Liebe 101

Pathetisches Erleben 40f.
Privatsphäre, elterliche 120, 140

Prophylaxe, primäre, Modell 15
–, Modell, familienorientiert 14f.
Psychische Entwicklung, Kind 9f.
Psychohygienische Zentren 11

Risikofaktoren, biopsychosoziale 15
Rückhalt, für Helfer 56ff.
–, sozialer 27, 51
–, –, Organisation 77, 82f.
–, –, Organisationsmodell 16f.
–, –, Systeme 27, 29, 41ff.
–, –, Yom-Kippur-Krieg 30, 45
Rückzug, psychischer 42, 77, 84
Rückzugsreaktionen, Belastungssituation 42f.
Ruhephasen, Belastungssituationen 43, 82

Schaulust 39ff.
Schuldgefühle, entkräften 78f.
Schwangerschaft, Verarbeitung von Trauer 86f.
Selbstkonzept, Verwirrung 33f.
Sorgerecht, gemeinsames 132
Sorge- und Besuchsrecht 128f., 131ff.
Soziale Arbeitskreise 68
Sterbebräuche 40
Streit, elterlicher 111f.
Streß 27, 29
Suggestibilität, Kognition 34

Terroristenangriff, Tel Aviv, Country Club 35
Trauer, Jahrestag 87
Trennung, Mutter-Kind 90, 91f.
Tutoren, Einsatzmöglichkeiten 68

Unverletzlichkeit 28

Verdauungsbeschwerden, Säugling 91
Verlassenwerden 115f.
Vorbeugung, primäre, sekundäre, tertiäre 14f.

Warteliste, Vermeidung 17
Widerstandskraft, Quellen 27f.
Witwenstand, Untersuchung 43

Zugehörigkeitsbedürfnis 34
Zuhause, ein Elternteil 116f.
Zusammenarbeit, Fürsorger und Laien 24
–, Scheidungsanwälte und Gericht 129f.